ATITUDE MENTAL POSITIVA

NAPOLEON HILL

COAUTOR W. CLEMENT STONE

Título original: *Success Through a Positive Mental Attitude*

Atitude Mental Positiva

17ª edição: Setembro 2022

Autor:
Napoleon Hill

Coautor:
W. Clement Stone

Tradução e preparação de texto:
Lúcia Brito

Revisão:
3GB Consulting

Criação e diagramação:
Dharana Rivas e Jéssica Wendy

DADOS INTERNACIONAIS DE CATALOGAÇÃO NA PUBLICAÇÃO (CIP)

H647a Hill, Napoleon
Atitude mental positiva / Napoleon Hill, W. Clement Stone. – Porto Alegre : CDG, 2018.
320 p.

ISBN: 978-85-68014-05-9

1. Sucesso pessoal. 2. Autorrealização. 3. Autoajuda. 4.Psicologia aplicada. I. Stone, W. Clement. II. Título.

CDD - 131.3

Produção editorial e distribuição:

CITADEL Grupo Editorial

contato@citadel.com.br
www.citadel.com.br

OS PODERES DA MENTE
– DA SUA MENTE –
SÃO ILIMITADOS!

Atitude Mental Positiva mostra como usar AMP para livrar sua mente da confusão – como mirar um objetivo e alcançá-lo por meio do pensamento persistente e da ação positiva.

Em linguagem simples e direta, os autores apresentam cinco automotivadores que proporcionam um trampolim para o sucesso, seis passos para o entusiasmo (um fator vital nas relações humanas) e três maneiras de se livrar da culpa (uma barreira comum para o sucesso).

Comece agora a sua caminhada rumo ao sucesso nos negócios e na vida social. Leia o que outros fizeram e como fizeram. Lembre-se de que você também pode fazer.

Atitude Mental Positiva

"... mudou a minha vida de perdedor para ganhador. Se você quer ser um vencedor constante, leia este livro uma vez por ano. Faço isso e aprendo algo novo a cada vez."

– Denis Waitley, autor de *Seeds of Greatness* e *Psicologia do sucesso*

"... é um dos dez livros que tiveram mais impacto na minha fé e na minha filosofia. É um livro de primeira linha, um clássico. A educação de uma pessoa não está completa sem os conceitos nele articulados tão sabiamente e tão bem."

– reverendo Robert H. Schuller

Este livro é dedicado a

ANDREW CARNEGIE, cujo lema era

"Qualquer coisa na vida que valha a pena ter,

vale a pena trabalhar para ter",

e à PESSOA MAIS IMPORTANTE DO MUNDO.

PREFÁCIO

O grande filósofo dinamarquês e pensador religioso Søren Kierkegaard uma vez escreveu: "O sinal de que um livro é bom é quando o livro lê você".

Você tem em mãos um livro desse tipo – que não apenas se tornou um clássico no campo da autoajuda, mas também tem a rara capacidade de se relacionar com seus problemas, solidarizar-se e então aconselhá-lo a respeito das soluções como um velho e sábio amigo faria.

Ainda assim, devo adverti-lo.

Atitude Mental Positiva não fará nada por você. Mas, se você verdadeiramente deseja mudar sua vida para melhor e está disposto a pagar um preço em tempo, pensamento e esforço para alcançar suas metas – e não está se enganando –, então tem em mãos um diamante arrancado de uma praia de seixos, um roteiro para um futuro melhor, um projeto valioso que permitirá reestruturar completamente o seu futuro.

Falo por experiência própria. Há muitos anos, devido à minha estupidez e defeitos, perdi tudo o que era precioso para mim – família, casa e trabalho. Quase sem dinheiro e sem nenhuma orientação, comecei a vagar pelo país à procura de mim mesmo e de respostas que tornassem minha vida suportável.

Passei muito tempo em bibliotecas públicas porque tinham entrada franca – e eram aquecidas. Li de tudo, de Platão a Peale, buscando uma mensagem que pudesse explicar onde eu tinha errado – e o que eu poderia fazer para salvar o resto da minha vida.

Finalmente encontrei minha resposta em *Atitude Mental Positiva*, de W. Clement Stone e Napoleon Hill. Empreguei técnicas e métodos simples encontrados neste que é um clássico há mais de quinze anos, e eles me proporcionaram riqueza e felicidade muito além de qualquer coisa que eu mereça.

De um vagabundo sem dinheiro e sem uma única raiz, acabei me tornando o presidente de duas corporações e editor-executivo da *Success Unlimited*, a melhor revista do mundo na sua categoria. Também escrevi seis livros, e um deles, *O maior vendedor do mundo*, tornou-se o livro mais vendido para vendedores de todos os tempos, foi traduzido em quatorze idiomas e já vendeu mais de três milhões de cópias.

Nada disso teria sido alcançado sem a aplicação diária dos princípios de sucesso e de vida que encontrei no clássico de Stone e Hill. Se eu pude realizar o que realizei a partir do zero, imagine só o que *você* pode fazer com tudo o que já tem em andamento.

Vivemos em um mundo estranho e veloz; a cada dia surge um novo falso profeta pregando um estilo próprio de obtenção de felicidade e sucesso. Como bambolês e pedras de estimação, todos eles desaparecerão tão rápido quanto apareceram, e, quando o nevoeiro se dissipar, a verdade do livro de Stone e Hill ainda estará mudando a vida de milhares que ainda estão para nascer.

Você realmente quer mudar sua vida para melhor?

Se quer, *Atitude Mental Positiva* pode ser a melhor coisa que já lhe aconteceu. Leia. Estude. Leia de novo. Em seguida, entre em ação. Realmente, é tudo muito simples se você se decidir a trabalhar nisso.

E maravilhas vão começar a acontecer.

Sei muito bem disso.

— OG MANDINO

SUMÁRIO

PARTE IV

PREPARE-SE PARA TER SUCESSO!

PARTE V

AÇÃO, POR FAVOR!

INTRODUÇÃO

O maior segredo do sucesso é: ele não tem nenhum segredo.

Isso foi descoberto por centenas de milhares de homens e mulheres que leram este livro nos 25 anos desde o lançamento. A fórmula para o sucesso – longe de ser secreta, inacessível ou difícil de entender – é claramente enunciada nas páginas a seguir.

Como os grandes empreendedores que o precederam com as ideias aqui contidas, você vai descobrir que algo maravilhoso acontece como resultado da leitura – se você estiver pronto. Você vai alcançar saúde física, mental e moral, felicidade, riqueza ou qualquer outro objetivo digno cuja realização não viole as leis de Deus ou os direitos dos seus semelhantes.

Uma vez que esta edição se dirige a uma geração inteiramente nova de leitores, talvez seja útil oferecer alguns antecedentes da colaboração entre mim e o falecido Napoleon Hill.

Quem pensa enriquece

Em 1937, eu possuía e comandava a Combined Registry Company, organização nacional de vendas dedicada exclusivamente a seguro de acidentes. Morris Pickus, um conhecido executivo, conselheiro de vendas e palestrante, deu-me um livro que acabara de ser publicado, intitulado *Quem pensa enriquece – Edição original e oficial de 1937 (lançado pela Citadel Editora)*, de Napoleon Hill. Li com ávido interesse, pois a filosofia exposta no livro coincidia muito intimamente com a minha. Na verdade, gostei tanto que mandei exemplares para cada um de meus representantes de vendas nos Estados Unidos.

Bingo! Dei a maior sorte, pois fiz uma descoberta rentável. Descobri nesse livro uma ferramenta de trabalho que motivou meus representantes de vendas a aumentar suas vendas e lucros – e algo mais: adquirir riqueza ao reagir à mensagem inspiradora de autoajuda do livro. A partir daí, o livro de Hill tornou-se parte fundamental do pacote de orientação dado a todos os novos representantes de vendas em minhas empresas.

Conheci Hill em 1951. Ele estava com 68 anos de idade e, com exceção de palestras ocasionais, havia se retirado para levar a vida de um cavalheiro rural em Glendale, Califórnia. Nos demos bem imediatamente. Nossa conversa deflagrou uma gama de ideias, por isso pedi a ele para sair do isolamento e retomar a carreira em treinamento motivacional e redação de livros. Ele disse que sairia com uma condição – que eu fosse seu gerente-geral. Concordei, embora, como chefe de uma empresa internacional multimilionária de seguros, eu tivesse trabalho além do suficiente para me manter ocupado.

A revista *Success*, que começou como uma publicação de bolso para os membros dos nossos clubes AMP – A Ciência do Sucesso, foi um dos primeiros resultados de nossa colaboração. Nós a chamamos *Success Unlimited* quando a criamos, em 1954. O objetivo era dar aos membros uma recarga mensal de motivação. Acreditávamos que motivação é como um fogo: você deve continuar adicionando combustível, senão ele apaga. A ideia funcionou, e nossa revistinha cresceu lenta, mas firmemente, ao longo dos anos, mudando para o tamanho padrão, encurtando o nome e acrescentando páginas de publicidade nacional, até tornar-se a publicação proeminente que é hoje. Ao longo de todas as mudanças, a *Success* tem mantido as ideias fundamentais apresentadas por mim e Hill na primeira edição. Esses conceitos positivos são tão vitais para o sucesso de empreendedores dos anos 1980 como eram naquele tempo. Eles estão no coração deste livro.

Pode parecer incrível para os leitores não familiarizados com o desenvolvimento da literatura de autoajuda neste país, mas as ideias deste livro remontam a uma entrevista cedida a Napoleon Hill em 1908 pelo grande empresário da siderurgia, filósofo e filantropo Andrew Carnegie.

Hill, nascido na pobreza, nas montanhas de Wise County, Virgínia, em 1883, foi abençoado com uma madrasta calma e paciente que o persuadiu a não seguir sua inclinação indisciplinada, mas obter educação e definir metas elevadas para si mesmo. Hill se sustentou durante a faculdade trabalhando como jornalista em jornais e revistas. Esperava um dia ter condições de frequentar a escola de direito. Isso mudou, no entanto, no dia em que foi designado para entrevistar Carnegie. O grande homem ficou tão impressionado com o jovem escritor que o convidou à sua casa. Eles conviveram praticamente sem interrupção por três dias. O homem mais velho narrou em tom romanceado a vida dos grandes filósofos e o impacto de suas ideias sobre a civilização ao longo dos séculos. Aquilo causou grande impressão no jovem Hill, que ouviu com atenção arrebatada.

Um desafio

Andrew Carnegie conhecia a natureza humana. Uma maneira de motivar um indivíduo extrovertido e agressivo com um alto nível de energia, que tem ímpeto e firmeza nas coisas e cuja razão e emoções estão em equilíbrio, é desafiá-lo. O jovem convidado era uma pessoa assim, e Carnegie concebeu um desafio intrigante.

"O que existe no clima desta grande nação que permitiu que eu, um estrangeiro, construísse um negócio e adquirisse riqueza?", perguntou Carnegie. "Como qualquer um aqui pode chegar ao sucesso?" Antes que Hill pudesse responder, ele continuou: "Desafio você a dedicar vinte anos de sua vida ao estudo da filosofia da realização americana e a chegar a uma resposta. Aceita?".

"Sim!", exclamou Hill.

Andrew Carnegie tinha uma obsessão: *qualquer coisa na vida que valha a pena ter, vale a pena trabalhar para ter*. Ele estava disposto a ceder seu tempo pessoal para o jovem autor consultá-lo, dar a ele cartas de apresentação para que tivesse acesso aos americanos proeminentes da época e ressarci-lo de quaisquer despesas complementares necessárias, como viagens para encontrar os entrevistados. Mas, quanto ao resto, Hill ficaria por conta própria e teria que ganhar seu sustento enquanto trabalhava no projeto.

Nos vinte anos seguintes, Napoleon Hill entrevistou mais de quinhentos homens bem-sucedidos. Entre esses, Henry Ford, William Wrigley Jr., John Wanamaker, George Eastman, John D. Rockefeller, Thomas A. Edison,

Theodore Roosevelt, Elbert Hubbard, J. Ogden Armour, Luther Burbank, Alexander Graham Bell e Julius Rosenwald.

Hill ganhou o próprio sustento – aplicando muitos dos princípios aprendidos com Carnegie e os homens que entrevistou. Finalmente, em 1928, completou sua obra de oito volumes, *A lei do sucesso* (lançada no Brasil pela Citadel Editora em um só volume com o título *O manuscrito original – As leis do triunfo e do sucesso de Napoleon Hill*). A obra, publicada em todo o mundo e ainda em catálogo, motivou milhares de pessoas a se tornar empreendedoras de destaque.

Por recomendação do senador Jennings Randolph, Hill tornou-se conselheiro de dois presidentes dos Estados Unidos, Woodrow Wilson e Franklin Delano Roosevelt. Ele influenciou decisões que afetaram o curso da história norte-americana.

Enquanto trabalhava com Roosevelt, sete anos após a publicação de *A Lei do sucesso*, Hill começou a escrever o manuscrito de *Quem pensa enriquece – O legado*. Foi um *best-seller* imediato, e desde então tem demanda contínua. Incontáveis milhões de pessoas leram e recomendaram a outras, assim como eu.

O livro fundamenta-se nos princípios básicos da filosofia de Andrew Carnegie conforme enunciados por Hill em *O manuscrito original*. O que Hill e eu nos comprometemos a fazer neste livro, e acredito termos realizado, foi destilar a essência de ambos em um contexto que a tornasse imediatamente acessível. E algo mais... *Atitude Mental Positiva* diz especificamente como usar a máquina mais magnífica já concebida, uma máquina tão incrível que só Deus poderia criá-la. Essa máquina é o cérebro e sistema nervoso humanos – o computador a partir do qual o computador eletrônico foi projetado em termos de funcionamento, mas que jamais poderá igualar.

Atitude Mental Positiva instrui sobre exatamente o que fazer e como fazer a fim de explorar os poderes de sua mente subconsciente e colocá-los a trabalhar para você. Pense por um momento: você alguma vez foi ensinado a usar, neutralizar, controlar ou harmonizar construtivamente suas paixões, emoções, instintos, tendências, sentimentos, humores e hábitos de pensamento e ação? Alguma vez foi ensinado exatamente como sonhar alto e atingir suas metas independentemente dos obstáculos? Se sua resposta foi não, parabéns, pois você está à beira da autodescoberta. Você aprenderá essas coisas se ler e aplicar os princípios deste livro.

Resultados são o que conta. Todo livro inspirador de autoajuda deve ser julgado por um teste imutável: resultados. Ou seja, se ajudou ou não o leitor a se motivar para a ação desejável. Por essa norma, *Atitude Mental Positiva* é conhecido como um dos livros mais bem-sucedidos de seu tipo já publicados. Napoleon Hill, que morreu em 1970, incluía-o entre suas maiores realizações. Nos 25 anos desde que chegou às livrarias, mais de novecentos mil exemplares foram impressos. Nossos leitores tiveram resultados fenomenais em mudar suas vidas para melhor, enfrentar os problemas diários corajosamente e transformar seus desejos em realidade.

Og Mandino, renomado palestrante motivacional e autor de *O maior vendedor do mundo* e uma série de outros *best-sellers*, foi uma das pessoas a sofrer grandes mudanças na vida como resultado da leitura de *Atitude Mental Positiva* e descreve, no prefácio deste livro, o que aconteceu.

Norman Vincent Peale escreveu para mim quando contei sobre essa nova publicação, dizendo: "*Atitude Mental Positiva* é um dos poucos livros motivacionais criativos do nosso tempo. Deve estar na lista de requisitos de quem deseja o sucesso".

Outro motivador destacado, Denis Waitley, autor de *Seeds of Greatness* e *Psicologia do sucesso*, disse-me: "Seu clássico atemporal mudou a minha vida de perdedor para ganhador. Napoleon Hill me deu a partida, e você é uma fonte de inspiração constante para mim hoje. Digo às pessoas: 'Se você quer ser um vencedor constante, leia este livro uma vez por ano. Faço isso e aprendo algo novo a cada vez'".

O reverendo Robert H. Schuller disse-me: "*Atitude Mental Positiva* é um dos dez livros mais impactantes na minha fé e na minha filosofia. É uma obra de primeira linha, um clássico, um livro histórico sobre um dos assuntos mais importantes que alguém pode estudar. A educação de uma pessoa não está completa sem os conceitos que você e Napoleon Hill articularam tão sabiamente e tão bem".

Mas talvez a evidência mais gratificante dos resultados deste livro ao longo dos anos tenha sido os muitos indivíduos que me abordaram depois de palestras e pediram para autografar suas cópias. Quase invariavelmente, eles disseram: "Quero agradecer por mudar a minha vida com este livro". Embora eu pudesse oferecer milhares de tais depoimentos, o maior deles será o seu, quando aprender e aplicar os princípios aqui contidos.

Instruções especiais. Leia como se nós, os autores, fôssemos seus amigos pessoais e estivéssemos escrevendo para você e somente para você. Sublinhe frases, citações e palavras que lhe sejam significativas. Memorize automotivadores. Tenha em mente o tempo todo que o objetivo deste livro é motivá-lo para a ação desejável.

Abraham Lincoln desenvolveu o hábito de tentar aprender com os livros que lia, as pessoas que conhecia e os eventos casuais da vida cotidiana. Estes davam ideias para reflexão. Mediante reflexão, ele era capaz de reconhecer, relacionar, assimilar e usar tais ideias por si.

Você também pode converter pensamento criativo, talento artístico, conhecimento, personalidade e energia física em sucesso, riqueza e felicidade. Este livro explica como e, se você deixar, irá motivá-lo a tentar.

Procure a mensagem que se aplique a você. Quando reconhecê-la, preste atenção! Entre em ação! Para direcionar sua mente aos canais desejados, tente responder a cada pergunta no final de cada capítulo durante seu tempo de pensamento e planejamento. Tomando emprestada uma frase de Pat Ryan, presidente e CEO da Combined International, a companhia de seguros fundada por mim: "É impossível conceber a distância para cima, exceto pelas limitações da sua própria mente".

– W. CLEMENT STONE

PARTE I

ONDE COMEÇA A ESTRADA PARA A REALIZAÇÃO

CAPÍTULO 1

CONHEÇA A PESSOA MAIS IMPORTANTE DO MUNDO

Conheça a pessoa mais importante do mundo! Em algum lugar deste livro você vai encontrá-la – de repente, surpreendentemente e com um choque de reconhecimento que vai mudar toda a sua vida. Quando encontrá-la, você vai descobrir seu segredo. Vai descobrir que ela carrega consigo um talismã invisível com as iniciais AMP gravadas de um lado e AMN do outro.

Esse talismã invisível tem dois poderes incríveis: o de atrair riqueza, sucesso, felicidade e saúde e o de repelir essas coisas – privá-lo de tudo o que faz a vida valer a pena. O primeiro desses poderes, AMP, permite a alguns homens subirem ao topo e lá permanecerem. O segundo, AMN, mantém outros homens por baixo durante toda a vida e também puxa para baixo alguns daqueles que chegam ao topo. Talvez a história de S. B. Fuller ilustre como isso funciona.

"Somos pobres – não por causa de Deus"

S. B. Fuller era um dos sete filhos de um agricultor arrendatário negro na Louisiana. Começou a trabalhar aos cinco anos de idade. Quando tinha nove anos, conduzia mulas. Não havia nada de incomum nisso: as crianças da maioria dos agricultores arrendatários começavam a trabalhar cedo. Essas famílias aceitavam a pobreza como sina e não buscavam nada melhor.

O jovem Fuller era diferente de seus amigos por uma coisa: ele tinha uma mãe incrível. Ela recusou-se a aceitar aquela existência precária para seus filhos, embora fosse tudo o que ela conhecia. Sabia que havia algo de errado com o fato de a família mal conseguir sobreviver em um mundo de alegria e abundância. Ela costumava falar com o filho sobre seus sonhos.

"Não devemos ser pobres, S. B.", ela costumava dizer. "E nunca me deixe ouvir você dizer que é a vontade de Deus que sejamos pobres. Somos pobres – não por causa de Deus. Somos pobres porque o pai nunca desenvolveu um desejo de ficar rico. Ninguém em nossa família jamais desenvolveu o desejo de ser qualquer outra coisa."

Ninguém tinha desenvolvido um *desejo* de ser rico. Essa ideia ficou tão profundamente arraigada na mente de Fuller que mudou toda a sua vida. Ele começou a *querer* ser rico. Mantinha a mente no que queria e longe das coisas que não queria. Assim, desenvolveu um desejo ardente de ficar rico. A maneira mais rápida de ganhar dinheiro, concluiu, era vender alguma coisa. Escolheu sabão. Por doze anos, Fuller vendeu sabão de porta em porta. Então ficou sabendo do leilão da empresa que o abastecia. O preço da firma era US$ 150 mil. Em doze anos de vendas, poupando cada centavo, tinha economizado US$ 25 mil. Foi acordado que depositaria seus US$ 25 mil e obteria o saldo de US$ 125 mil num prazo de dez dias. No contrato, constava a cláusula de que, se Fuller não levantasse o dinheiro, perderia o depósito.

Durante seus doze anos como vendedor de sabão, S. B. Fuller tinha obtido o respeito e a admiração de muitos homens de negócios. Então foi até eles. Obteve dinheiro de amigos pessoais, grupos de investimento e companhias de empréstimo. Na véspera do décimo dia, ele tinha levantado US$ 115 mil. Faltavam US$ 10 mil.

Em busca da luz

"Eu tinha esgotado todas as fontes de crédito que conhecia", recordou. "Já era tarde da noite. Na escuridão do meu quarto, me ajoelhei e rezei. Pedi a Deus para me levar a uma pessoa que me desse US$ 10 mil a tempo. Disse a mim mesmo que andaria pela Rua 61 até ver a primeira luz em um estabelecimento comercial. Pedi a Deus para fazer da luz um sinal indicando Sua resposta."

Eram onze da noite quando S. B. Fuller percorreu a Rua 61 de Chicago. Finalmente, após várias quadras, ele viu uma luz no escritório de um empreiteiro. Entrou. Lá, sentado à mesa, cansado de trabalhar até tarde da noite, estava um homem que Fuller conhecia ligeiramente. Percebeu que precisaria ser ousado.

"Você quer ganhar US$ 1 mil?", perguntou Fuller sem rodeios.

O empreiteiro ficou muito surpreso com a pergunta. "Sim", disse. "É claro."

"Então faça um cheque de US$ 10 mil, e, quando eu trouxer o dinheiro de volta, trarei mais US$ 1 mil de lucro", Fuller lembra de ter dito àquele homem. Ele forneceu ao empreiteiro os nomes das outras pessoas que tinham lhe emprestado dinheiro e explicou em detalhes qual era exatamente o empreendimento.

Naquela noite, antes de ir embora, S. B. Fuller tinha um cheque de US$ 10 mil no bolso. Subsequentemente, obteve o controle acionário não só daquela empresa, mas também de outras sete, incluindo quatro de cosméticos, uma indústria de meias, uma fábrica de rótulos e um jornal.

O segredo do sucesso

Quando pedimos a Fuller para explorar conosco o segredo do seu sucesso, ele começou citando a declaração de sua mãe muitos anos antes: "Somos pobres – não por causa de Deus. Somos pobres porque o pai nunca desenvolveu um desejo de ficar rico. Ninguém em nossa família jamais desenvolveu o desejo de ser qualquer outra coisa".

E prosseguiu: "Eu sabia o que queria, mas não sabia como conseguir. Então li a Bíblia e livros inspiradores com um propósito. Rezei pelo conhecimento para alcançar meus objetivos. Três livros desempenharam um papel importante na transmutação de meu desejo ardente em realidade. Foram eles (1) a Bíblia, (2) *Quem pensa enriquece – O legado* e (3) *O segredo das eras*. Minha maior inspiração vem da leitura da Bíblia. Se você sabe o que quer, está mais apto a reconhecer quando vê. Quando você ler um livro, por exemplo, vai reconhecer oportunidades para ajudá-lo a conseguir o que quer".

S. B. Fuller carregava consigo o talismã invisível com as iniciais AMP gravadas em um lado e AMN do outro. Ele virou o lado de AMP para cima e coisas incríveis aconteceram. Ele conseguiu transformar em realidade ideias que anteriormente eram meros devaneios.

Agora, o importante a se notar aqui é que Fuller começou a vida com menos vantagens do que a maioria de nós. Mas ele escolheu uma grande meta e se dirigiu para ela. Claro, a escolha do objetivo é individual. Nestes tempos e neste país, você ainda tem o direito pessoal de dizer: "Isto é o que eu escolho. Isto é o que mais quero realizar". E, a menos que seu objetivo seja contra as leis de Deus ou da sociedade, você pode alcançá-lo. Você tem tudo a ganhar e nada a perder tentando. O sucesso é alcançado e mantido por quem continua tentando com AMP.

O que você tenta alcançar cabe a você. Nem todo mundo quer ser um S. B. Fuller, responsável por grandes indústrias. Nem todo mundo escolheria pagar o alto preço de ser um grande artista. Para muitos, as riquezas da vida são bem diferentes. Uma habilidade na vida cotidiana que contribui para uma vida feliz, cheia de amor, é sucesso. Você pode ter essa e outras riquezas também. A escolha é sua.

Porém, quer o sucesso signifique ficar rico como S. B. Fuller ficou, quer seja a descoberta de um novo elemento em química, ou a criação de uma peça musical, ou o cultivo de uma rosa, ou cuidar de uma criança – não importa o significado de sucesso para você –, o talismã invisível com as iniciais AMP gravadas de um lado e AMN do outro pode ajudá-lo a alcançar. Você atrai o que é bom e desejável com AMP. Você repele com AMN.

Cada adversidade traz em si a semente de um benefício equivalente ou maior

"Mas e se tenho uma deficiência física? Como uma mudança de atitude pode me ajudar?", você pode perguntar. Talvez a história de Tom Dempsey, um garoto com deficiência congênita, lhe dê a resposta.

Tom nasceu sem a metade do pé direito e com apenas um toco de braço direito. Quando garoto, queria praticar esportes como os outros meninos. Ele tinha um desejo ardente de jogar futebol americano. Por causa disso, seus pais mandaram fazer um pé artificial para ele. Era de madeira. O pé de madeira foi revestido com uma chuteira especial de futebol americano. Hora após hora, dia após dia, Tom praticou chute com o pé de madeira. Tentava constantemente fazer gols de distâncias cada vez maiores. Tornou-se tão proficiente que foi contratado pelo New Orleans Saints.

Os gritos de 66.910 torcedores puderam ser ouvidos por todos os Estados Unidos quando, nos últimos dois segundos do jogo, Tom Dempsey – com sua perna aleijada – chutou um gol de 63 jardas, quebrando o recorde. Foi o gol mais longo já chutado em um jogo de futebol americano profissional. Deu ao Saints um placar vitorioso de 19–17 sobre o Detroit Lions.

"Fomos derrotados por um milagre", disse o treinador do Detroit Lions, Joseph Schmidt. E, para muitos, foi um milagre – uma resposta a uma prece.

"Tom Dempsey não chutou aquele gol, foi Deus que chutou", disse Wayne Walker, zagueiro do Detroit Lions.

"Interessante. Mas o que a história de Tom Dempsey tem a ver comigo?", você pode perguntar. Nossa resposta seria: "Muito pouco – a menos que você desenvolva o hábito de reconhecer, relacionar, assimilar, usar princípios universais e adotá-los para si. E então seguir adiante com a ação desejável".

E quais princípios você poderia aplicar a partir da história de Tom Dempsey, quer seja deficiente físico, quer não? Eles podem ser aprendidos e aplicados por crianças e adultos:

- A grandeza vem para aqueles que desenvolvem um desejo ardente de atingir metas elevadas.
- O sucesso é atingido e mantido por aqueles que tentam e seguem tentando com AMP.
- Para se tornar um realizador perito em qualquer atividade humana, é preciso prática, prática e mais prática.
- Esforço e trabalho podem se tornar divertidos quando você estabelece metas desejáveis específicas.
- Em cada adversidade existe uma semente de benefício igual ou maior para aqueles que são motivados por AMP a se tornarem realizadores.
- O maior poder do homem reside no poder da prece.

Para aprender e aplicar esses princípios, vire o seu talismã invisível com o lado AMP para cima.

Quando Henley escreveu as linhas poéticas "Sou o mestre do meu destino, sou o capitão da minha alma", ele poderia ter informado que somos mestres do nosso destino porque somos mestres, primeiro, de nossas atitudes. Nossas atitudes moldam nosso futuro. Essa é uma lei universal. O poeta poderia ter nos dito com grande ênfase que a lei funciona sejam as atitudes destrutivas, sejam construtivas. A lei afirma que podemos traduzir em realidade física pensamentos e atitudes mantidos em nossa mente, não importa quais sejam. Traduzimos pensamentos de pobreza em realidade tão rapidamente quanto pensamentos de riqueza. Porém, quando nossa atitude conosco é grandiosa e nossa atitude com os outros é generosa e misericordiosa, atraímos grandes e generosas porções de sucesso.

Um homem verdadeiramente grande

Considere o exemplo de Henry J. Kaiser, uma pessoa verdadeiramente bem-sucedida porque sua atitude em relação a si foi grandiosa. Empresas identificadas com o nome Henry J. Kaiser detêm ativos de mais de US$ 1 bilhão. Porque ele foi generoso e misericordioso com os outros, os mudos vieram a falar, os aleijados foram restabelecidos para vidas produtivas e centenas de milhares de pessoas receberam tratamento hospitalar a um custo muito baixo. Tudo isso cresceu a partir de sementes de pensamento plantadas dentro dele por sua mãe.

Mary Kaiser deu ao filho Henry a dádiva inestimável. Também ensinou-o a aplicar o maior valor da vida.

1. A dádiva inestimável: após a jornada de trabalho diária, Mary Kaiser passava horas como enfermeira voluntária, ajudando os desvalidos. Muitas vezes disse ao filho: "Henry, nada nunca é realizado sem trabalho. Se eu apenas deixar para você a vontade de trabalhar, terei deixado a dádiva inestimável: a alegria do trabalho".
2. O maior valor da vida: "Foi minha mãe", disse Kaiser, "quem primeiro me ensinou alguns dos maiores valores na vida. Entre esses, estavam

o amor pelas pessoas e a importância de servir aos outros. 'Amar as pessoas e servi-las', ela costumava dizer, 'é o maior valor da vida'".

Henry J. Kaiser conhecia o poder de AMP. Ele sabia o que AMP podia fazer pela vida dele e por seu país. Ele também conhecia a força de AMN. Durante a Segunda Guerra Mundial, construiu mais de 1,5 mil navios com tamanha rapidez que assombrou o mundo. Quando disse "Podemos construir um navio Liberty a cada dez dias", os especialistas disseram: "Não dá para fazer isso – é impossível". Todavia, Kaiser fez. Quem acredita que não pode repele o positivo, usa o lado negativo do seu talismã. Quem acredita que pode repele o negativo, usa o lado positivo.

Por isso precisamos ter cuidado quando usamos esse talismã. O lado de AMP pode trazer para você todas as ricas bênçãos da vida. Pode ajudá-lo a superar suas dificuldades e descobrir seus pontos fortes. Pode ajudá-lo a sair à frente de seus concorrentes e, como com Kaiser, pode transformar o que outros dizem ser impossível em realidade.

Mas o lado de AMN é igualmente poderoso. Em vez de atrair felicidade e sucesso, pode atrair desespero e derrota. Como todo poder, o talismã é perigoso se não o usarmos corretamente.

Como a força de AMN repele

Existe uma história muito interessante que ilustra como a força de AMN repele. Ela vem de um dos estados do sul. Lá, onde lareiras a lenha ainda são usadas para aquecer as casas, vivia um lenhador que também era uma pessoa malsucedida. Por mais de dois anos, tinha fornecido lenha para determinado cliente. O lenhador sabia que as toras não poderiam ter mais que vinte centímetros de diâmetro para caber naquela lareira específica.

Em uma ocasião, o antigo cliente solicitou 3,5 metros cúbicos de madeira, mas estava ausente quando foi entregue. Ao chegar em casa, verificou que a maioria da madeira era maior que o tamanho especificado. Ligou para o lenhador e pediu para ter as toras de tamanho maior trocadas ou partidas.

"Não posso fazer isso", disse o comerciante de madeira. "Custaria mais do que toda a carga vale." E com isso desligou.

Então coube ao proprietário o trabalho de partir as toras. Ele arregaçou as mangas e começou a trabalhar. Lá pela metade do trabalho, notou que uma tora específica tinha um buraco muito grande que alguém havia tapado. O proprietário levantou a tora. Ela parecia extraordinariamente leve e oca. Com um vigoroso golpe do machado, dividiu o pedaço de madeira.

Um cilindro enegrecido de folha de estanho caiu de dentro dela. O dono da casa abaixou-se, pegou o rolo e desembrulhou-o. Para seu espanto, continha notas de US$ 50 e US$ 100 muito velhas. Lentamente, ele as contou. Eram exatamente US$ 2.250. As notas evidentemente tinham ficado na árvore durante muitos anos, pois o papel era muito frágil. O dono da casa tinha AMP. Seu único pensamento foi devolver o dinheiro ao legítimo dono. Pegou o telefone, ligou para o negociante de madeira e perguntou onde ele havia cortado aquela carga. Outra vez a AMN do lenhador afirmou seu poder repelente.

"Isso é assunto só meu", disse ele. "Se você revela seus segredos, as pessoas sempre o traem." Apesar de muitos esforços, o dono da casa nunca soube de onde vieram as toras ou quem havia selado o dinheiro lá dentro.

Pois bem, o ponto dessa história não reside na ironia. É verdade que o homem com AMP encontrou o dinheiro, enquanto o homem com AMN, não. Mas também é verdade que ocorrem lances repentinos de boa sorte na vida de todos. No entanto, o homem que vive com AMN impedirá que os lances de sorte o beneficiem. E o homem com AMP irá organizar suas atitudes de tal modo que transformará até mesmo lances de azar em vantagens.

A INSATISFAÇÃO INSPIRADORA

Na equipe de vendas da Combined Insurance, havia um homem chamado Al Allen. Al queria ser o astro de vendas da companhia. Tentava aplicar os princípios de AMP encontrados nas revistas e livros inspiradores que lia. Leu um editorial da *Success Unlimited* intitulado "Desenvolva insatisfação inspiradora". Não muito tempo depois, surgiu a oportunidade de colocar em prática o que tinha lido. Ele teve um lance de azar. Aquilo deu a oportunidade de organizar as atitudes para efetivamente poder usar o lado de AMP de seu talismã.

Em um dia gelado de inverno, Al "varreu" todas as lojas de um quarteirão de Wisconsin; chegou sem aviso prévio e tentou vender seguros. Naquele dia, não fez uma única venda. Claro que não ficou satisfeito. Mas a AMP de Al transformou essa insatisfação em insatisfação inspiradora. Por quê?

Ele se lembrou do editorial que havia lido. Aplicou o princípio. No dia seguinte, antes de sair do escritório local, contou sobre o fracasso do dia anterior aos colegas vendedores. Ele disse: "Esperem para ver. Hoje vou voltar para falar com esses mesmos clientes potenciais e vou vender mais seguros do que todo o resto de vocês juntos".

E o notável é que Al fez isso. Voltou para o mesmo quarteirão e procurou de novo cada pessoa com quem havia falado no dia anterior. Ele vendeu 66 novos contratos de acidente.

Esse foi um feito incomum. E aconteceu devido ao "lance de azar" de quando marchou através do granizo e vento durante oito horas sem vender uma única apólice. Al Allen conseguiu reorganizar suas atitudes. Conseguiu converter o tipo negativo de insatisfação que a maioria de nós sentiria em circunstâncias de fracasso semelhantes à que ele experimentara no dia anterior em insatisfação inspiradora que resultou em sucesso no dia seguinte. Al tornou-se o melhor vendedor da companhia e foi promovido a gerente de vendas.

Essa capacidade de virar o talismã invisível e usar o lado que tem a força de AMP em vez do lado que tem a força de AMN é característica de muitos de nossos vendedores realmente bem-sucedidos. A maioria de nós fica inclinada a olhar para o sucesso como vindo de alguma forma misteriosa, por meio de vantagens que não temos. Talvez porque as temos, não as vemos. O óbvio é muitas vezes invisível. A AMP de todos os homens é a sua vantagem, e não há nada de misterioso nisso.

Henry Ford, depois de alcançar sucesso, foi objeto de muita inveja. As pessoas achavam que era por causa da boa sorte, ou dos amigos influentes, ou do gênio, ou do que quer que julgassem ser o "segredo" de Ford – que por causa dessas coisas Ford fora bem-sucedido. Sem dúvida alguns desses elementos desempenharam um papel. Mas havia algo mais. Talvez uma pessoa em cada cem mil soubesse o verdadeiro motivo para o sucesso de Ford, e essas poucas geralmente tinham vergonha de falar disso por causa da simplicidade da coisa. Um único vislumbre de Ford em ação irá ilustrar o "segredo" perfeitamente.

Anos atrás, Henry Ford decidiu desenvolver o motor conhecido como V-8, agora famoso. Queria construir um motor com os oito cilindros moldados em um bloco único. Ele instruiu seus engenheiros para produzirem um projeto para tal motor. Todos os profissionais, sem exceção, concordaram ser simplesmente impossível moldar um bloco de motor a gasolina de oito cilindros em uma só peça.

Ford disse: "Produzam assim mesmo".

"Mas", responderam, "é impossível."

"Mãos à obra", ordenou Ford, "e fiquem nesse trabalho até conseguirem, não importa quanto tempo seja necessário."

Os engenheiros lançaram-se ao trabalho. Não havia outra coisa a fazer se quisessem permanecer na equipe de Ford. Seis meses se passaram, e não tiveram êxito. Outros seis meses se passaram, ainda sem sucesso. Quanto mais os engenheiros tentavam, mais a coisa parecia "impossível".

No final do ano, Ford checou a situação com os engenheiros. Mais uma vez informaram que não tinham encontrado um jeito de cumprir as ordens. "Continuem trabalhando", disse Ford. "Quero e vou tê-lo." E o que aconteceu?

Bem, o motor não era impossível, é claro. O Ford V-8 tornou-se o carro mais espetacularmente bem-sucedido na estrada, alçando Henry Ford e sua companhia tão à frente do concorrente mais próximo que levou anos para serem alcançados. Henry Ford estava usando AMP. E o mesmo poder está disponível para você. Se você usá-lo, se virar seu talismã para o lado certo, como Henry Ford fez, você também pode alcançar o sucesso em tornar realidade a possibilidade do improvável. Se você sabe o que quer, pode encontrar uma maneira de obtê-lo.

Um homem de 25 anos de idade tem pela frente umas cem mil horas de trabalho caso vá se aposentar aos 65 anos. Quantas de suas horas de trabalho vão ser avivadas pela força magnífica de AMP? E quantas delas terão a vivacidade nocauteada pelos golpes impressionantes de AMN?

Como você vai proceder para colocar AMP a trabalhar em sua vida, ao invés de AMN? Algumas pessoas parecem usar esse poder instintivamente. Quando tratou de desenvolver o carro da Ford, Henry Ford foi uma delas. Outras têm que aprender. Al Allen aprendeu ao relacionar e assimilar o que leu em livros e revistas inspiradoras. *Atitude Mental Positiva* é um desses livros.

Você também pode aprender a desenvolver AMP.

Algumas pessoas usam AMP por um tempo, mas, quando sofrem um revés, perdem a fé nela. Começam bem, mas alguns lances de azar as fazem virar o talismã com o lado errado para cima. Não conseguem perceber que o sucesso é mantido por aqueles que continuam tentando com AMP. São como o famoso cavalo de corrida John P. Grier. O puro-sangue era uma grande promessa. A expectativa era tamanha que de fato o animal foi criado, treinado e apresentado como o único com chances de vencer o melhor cavalo de corrida de todos os tempos, Man o'War.

Não se deixe derrotar pela atitude mental

Os dois cavalos finalmente se encontraram na Dwyer Stakes, em Aqueduct, em julho de 1920. Era um dia magnífico. Todos os olhos estavam cravados no ponto de partida. Os dois cavalos largaram parelhos. Ficaram lado a lado na pista. Ficou claro que John P. Grier daria a Man o'War a corrida de sua vida. Na marca de um quarto da corrida, estavam empatados. Na marca da metade, também. Na marca dos três quartos, ainda estavam emparelhados. No oitavo poste, cabeça com cabeça. Na reta final, John P. Grier levantou a multidão. Lentamente, abriu distância.

Foi um momento de crise para o jóquei de Man o'War. Ele tomou uma decisão. Pela primeira vez na carreira do grande cavalo, o jóquei chicoteou-o com firmeza na anca. Man o'War reagiu como se o jóquei tivesse ateado fogo à sua cauda. Disparou à frente e se afastou de John P. Grier como se o outro cavalo estivesse parado. No final da corrida, Man o'War estava sete corpos à frente.

A coisa significativa do nosso ponto de vista foi o efeito da derrota sobre o outro cavalo. John P. Grier tinha sido um cavalo de grande espírito; sua atitude era de vitória. Mas ficou tão abalado com essa experiência que nunca se recuperou realmente. Todas as suas corridas subsequentes foram tentativas fracas, hesitantes, e ele nunca mais ganhou.

As pessoas não são cavalos de corrida, mas essa história faz lembrar de muitos homens que, nos anos 1920, começaram com uma atitude maravilhosa, alcançaram o sucesso financeiro e então, quando sobreveio a Depressão em 1930, experimentaram a derrota. Foram esmagados. Sua atitude mudou de positiva para negativa. Seu talismã passou para o lado gravado com AMN. Pararam de tentar. Como John P. Grier, foram "ultrapassados".

Algumas pessoas parecem usar AMP praticamente o tempo todo. Outras começam e então desistem. Mas outras – a vasta maioria – nunca realmente começam a usar o tremendo poder ao nosso dispor.

E quanto a nós? Podemos aprender a usar AMP, como aprendemos outras habilidades?

A resposta, com base em nossos anos de experiência, é um definitivo sim.

Esse é o tema deste livro. Nos capítulos que se seguem, vamos mostrar como isso pode ser feito. O esforço de aprender valerá a pena porque AMP é o ingrediente essencial em todo sucesso.

Conheça a pessoa mais importante do mundo

O dia em que você reconhecer AMP por si será o dia em que conhecerá a pessoa mais importante do mundo! Quem é ela? Ora essa, a pessoa mais importante do mundo é *você*, no que diz respeito a você e sua vida. Dê uma olhada em si mesmo. Não é verdade que você carrega um talismã invisível com as iniciais AMP gravadas de um lado e AMN do outro? O que exatamente é esse talismã, essa força? O talismã é sua mente. AMP é Atitude Mental Positiva.

Atitude Mental Positiva é a atitude mental correta. Qual é a atitude mental correta? Geralmente, é composta pelas características "boas", simbolizadas por palavras como fé, integridade, esperança, otimismo, coragem, iniciativa, generosidade, tolerância, tato, amabilidade e bom senso.

AMN é atitude mental negativa. Tem características opostas às da AMP.

Após passarem anos estudando homens bem-sucedidos, os autores de *Atitude Mental Positiva* chegaram à conclusão de que a Atitude Mental Positiva é o único e simples segredo compartilhado por todos eles.

Foi AMP que ajudou S. B. Fuller a superar as desvantagens da pobreza. Foi AMP que motivou Tom Dempsey, a despeito da perna aleijada, a chutar o mais longo gol já feito em um jogo de futebol americano profissional. E com certeza foi a Atitude Mental Positiva que permitiu a Henry J. Kaiser construir um navio Liberty a cada dez dias. Foi a habilidade de Al Allen em virar seu talismã com o lado certo para cima que o motivou a retornar aos clientes potenciais – os mesmos que o haviam recusado na véspera – e estabelecer um novo recorde de vendas.

Você sabe como fazer seu talismã invisível trabalhar para você? Talvez sim, talvez não. Talvez você tenha desenvolvido e fortalecido sua AMP a ponto de a vida estar trazendo todos os desejos que valem a pena. Mas, caso não, você pode e vai aprender as técnicas pelas quais pode liberar o poder e a magia de AMP em sua vida enquanto continua a ler este livro.

A Atitude Mental Positiva, o que é e como pode ser desenvolvida e aplicada, é descrita em todo este livro. É o princípio essencial dos dezessete princípios deste livro para alcançar o sucesso que vale a pena. A realização é conseguida por meio de alguma combinação de AMP com um ou mais dos outros dezesseis princípios do sucesso. Domine-os. Comece aplicando cada um deles à medida que reconhecê-los durante a leitura. Quando você tornar cada princípio uma parte da sua vida, sua Atitude Mental Positiva estará na forma mais poderosa. E a recompensa será sucesso, saúde, felicidade, riqueza ou quaisquer metas definidas que você possa ter na vida. Essas coisas serão suas – desde que você não viole as leis da Inteligência Infinita e os direitos de seus semelhantes. Tais violações são as formas mais repulsivas de AMN.

No Capítulo 2, você encontrará a fórmula pela qual pode manter sua mente positiva. Domine essa fórmula, aplique-a em tudo o que faz, e você estará no caminho para a realização de cada desejo.

PILOTO Nº 1

PENSAMENTOS PELOS QUAIS SE GUIAR

1. Conheça a pessoa mais importante do mundo! Essa pessoa é *você*. Seu sucesso, saúde, felicidade, riqueza dependem de como você usa seu talismã invisível. Como você irá usá-lo? A escolha é sua.

2. Sua mente é seu talismã invisível. As letras AMP (Atitude Mental Positiva) estão gravadas de um lado e AMN (atitude mental negativa) do outro. Essas são forças poderosas. *AMP é a atitude mental correta para cada ocasião específica.* Tem o poder de atrair o que é bom e belo. AMN repele. É a atitude mental negativa que o priva de tudo o que faz a vida valer a pena.

   Autoquestionamento: "Como posso desenvolver a atitude mental correta?". Seja específico.

3. Não culpe Deus por sua falta de sucesso. Como S. B. Fuller, você pode desenvolver um desejo ardente de ter sucesso. Como? *Mantenha sua mente nas coisas que você quer e longe das coisas que não quer.* Como?

4. Como S. B. Fuller, leia a Bíblia e livros inspiradores com uma finalidade. Peça orientação divina. Busque a luz.

   Autoquestionamento: você acredita que seja apropriado pedir orientação divina?

5. *Cada adversidade traz em si a semente de um benefício equivalente ou maior para aqueles que têm AMP.* Às vezes o que parece adversidade revela-se uma oportunidade disfarçada. Tom Dempsey descobriu isso como um aleijado.

   Autoquestionamento: você vai dedicar tempo para determinar como pode transformar adversidades em sementes de benefícios equivalentes ou maiores?

6. Aceite a dádiva inestimável – a alegria do trabalho. Aplique o maior valor da vida: amar as pessoas e servi-las. Como Henry J. Kaiser,

você vai atrair grandes e generosas porções de sucesso. Você pode, se desenvolver AMP.

Autoquestionamento: você vai procurar descobrir como pode desenvolver AMP enquanto continua a ler este livro?

7. Nunca subestime o poder repelente de uma atitude mental negativa. Ele pode impedir que lances de sorte na vida beneficiem você.

   Autoquestionamento: AMP atrai boa sorte. Como posso desenvolver o hábito de AMP?

8. Você pode lucrar com a decepção – se ela for transformada em insatisfação inspiradora com AMP. Como Al Allen, desenvolva insatisfação inspiradora. Reorganize suas atitudes e converta o fracasso de um dia no sucesso do outro. Como você acha que pode desenvolver uma insatisfação inspiradora?

9. Traga para a realidade a possibilidade do improvável com AMP. Diga a si mesmo o que Henry Ford disse a seus engenheiros: "Continue trabalhando!".

   Autoquestionamento: você tem coragem para mirar alto e esforçar-se diariamente para manter sua meta diante de você?

10. Não se deixe derrotar por sua atitude mental. Quando você se tornar bem-sucedido e uma depressão ou qualquer outra circunstância desfavorável surgir, provocando perda ou derrota, aja com base no automotivador: *o sucesso é atingido por quem tenta e mantido por quem continua tentando com AMP*. Essa é a maneira de evitar ser esmagado.

PRINCÍPIOS UNIVERSAIS EM FORMATO AUTOMOTIVADOR

- Cada adversidade traz em si a semente de um benefício equivalente ou maior.
- A grandeza vem para quem desenvolve um desejo ardente de atingir metas elevadas.

- O sucesso é atingido e mantido por quem tenta e continua tentando com AMP.
- Para se tornar um realizador perito em qualquer atividade humana, é preciso prática... prática... prática.
- O maior poder do homem reside no poder da prece.

CAPÍTULO 2

VOCÊ PODE MUDAR O SEU MUNDO

Agora sabemos que AMP é Atitude Mental Positiva. E também sabemos que Atitude Mental Positiva é um dos dezessete princípios do sucesso. Quando você começa a aplicar uma combinação desses princípios com a AMP na ocupação de sua escolha ou na solução de problemas pessoais, está na estrada para o sucesso. Você está no caminho certo e indo na direção certa para conseguir o que quer.

Para alcançar qualquer coisa que valha a pena na vida, é imperativo aplicar AMP, independentemente de quais outros princípios do sucesso você empregue. AMP é o catalisador que faz funcionar qualquer combinação de princípios do sucesso para atingir uma finalidade que valha a pena. É AMN, combinada com alguns dos mesmos princípios, o catalisador que resulta em crime ou mal. E pesar, desastre, tragédia – pecado, doença, morte – são algumas de suas recompensas.

Os 17 princípios do sucesso

Os autores deram palestras, instruíram classes e realizaram um curso por correspondência sobre os dezessete princípios do sucesso por muitos anos. O nome do curso: "AMP – A ciência do sucesso". Os dezessete princípios são:

1. Atitude Mental Positiva
2. Objetivo definido
3. Esforço extra
4. Pensamento exato

5. Autodisciplina
6. MasterMind
7. Fé aplicada
8. Personalidade agradável
9. Iniciativa pessoal
10. Entusiasmo
11. Atenção controlada
12. Trabalho em equipe
13. Aprender com a derrota
14. Visão criativa
15. Orçamento de tempo e dinheiro
16. Manutenção da boa saúde física e mental
17. Usar a força cósmica do hábito (lei universal)

Esses dezessete princípios do sucesso não são criação dos autores. Foram extraídos das experiências de vida de centenas das pessoas mais bem-sucedidas que nossa nação conheceu no século 20.

De hoje em diante, enquanto viver, você pode analisar cada sucesso e cada fracasso – isto é, se imprimir esses dezessete princípios indelevelmente em sua memória. Você pode desenvolver e manter uma Atitude Mental Positiva permanente, assumindo a responsabilidade de adotar e aplicar esses dezessete princípios em sua vida diária. Não existe nenhum outro método conhecido pelo qual possa manter sua mente positiva.

Analise-se corajosamente, *agora*, e veja quais dos dezessete princípios você tem utilizado e quais tem negligenciado. No futuro, analise tanto seus sucessos quanto seus fracassos usando os dezessete princípios como um dispositivo de medição, e muito em breve será capaz de apontar o que tem travado você.

Se você tem AMP e não obtém sucesso, então o que há? Pode ser que não esteja usando cada um dos princípios necessários à combinação de sucesso para atingir seu objetivo específico.

Você pode verificar as histórias de S. B. Fuller, Tom Dempsey, Henry J. Kaiser, do lenhador, Al Allen e Henry Ford para reconhecer quais dos dezessete princípios do sucesso cada um aplicou ou descuidou de aplicar. Pode analisar alguém que saiba ser um derrotado na vida real. Ao ler as histórias narradas nos capítulos seguintes, faça a mesma coisa. Pergunte-se: quais dos dezessete princípios do sucesso são usados? Quais são omitidos? No começo, pode ser difícil entender e aplicar os princípios. Mas, ao continuar a ler *Atitude Mental Positiva*, cada um dos princípios se tornará mais claro. Então você será capaz de usá-los. Quando chegar ao Capítulo 20, será capaz de controlar com precisão os dezessete princípios do sucesso. Lá você vai encontrar um gráfico de autoanálise sob o título "Análise do Quociente de Sucesso".

O mundo foi injusto com você?

Os alunos que se matriculam no curso "AMP – A ciência do sucesso" são muitas vezes pessoas que se consideram fracassadas em alguma área da vida. A primeira pergunta que se poderia fazer a tais pessoas quando entram na classe é: por quê? Por que você está fazendo este curso? Por que não teve o sucesso que gostaria de ter? E as razões que *elas dão* nos contam uma história trágica sobre as causas do fracasso: "Nunca tive realmente uma chance de ir em frente. Meu pai era alcoolista, você sabe"; "Fui criado nas favelas, e isso é algo que você nunca consegue tirar do seu sistema"; "Só tive o ensino primário".

Todas essas pessoas estão dizendo, em essência, que o mundo foi injusto com elas. Estão culpando o mundo e as circunstâncias externas a elas pelos seus fracassos. Culpam a hereditariedade ou o ambiente. Começam com uma atitude mental negativa. E, claro, com essa atitude, elas são deficientes. Mas é AMN que as segura, nao a deficiência externa oferecida como causa do fracasso.

Uma lição aprendida com uma criança

Existe uma historinha maravilhosa sobre um ministro que, numa manhã de sábado, tentava preparar seu sermão sob circunstâncias difíceis. Sua esposa estava fazendo compras. Era um dia chuvoso, e seu filho estava inquieto e entediado, sem nada para fazer. Finalmente, em desespero, o ministro pegou uma revista antiga e folheou até chegar a uma grande imagem colorida e brilhante. Era um mapa-múndi. Ele arrancou a página da revista, picou-a e jogou os pedacinhos pelo chão da sala de estar, dizendo:

"Johnny, se você conseguir montar tudo, vou lhe dar 25 centavos".

O pregador pensou que Johnny levaria a maior parte da manhã naquilo. Mas, dez minutos depois, bateram na porta do estúdio. Era o filho com o quebra-cabeça completo. O ministro ficou surpreso ao ver que Johnny terminara tão rápido, com os pedaços de papel devidamente arrumados e o mapa-múndi em ordem.

"Filho, como você conseguiu fazer isso tão rápido?", perguntou o pastor.

"Oh", disse Johnny, "foi fácil. Do outro lado havia uma foto de um homem. Apenas coloquei um pedaço de papel embaixo, montei a imagem do homem, coloquei um pedaço de papel por cima e em seguida virei. Imaginei que, se o homem estava certo, o mundo estaria certo."

O ministro sorriu e deu a moeda para seu filho. "E você me deu meu sermão de amanhã, também", disse ele. "Se um homem estiver certo, seu mundo estará certo."

Há uma grande lição nessa ideia. Se você está insatisfeito com seu mundo e quer mudá-lo, o lugar para começar é você mesmo. *Se você estiver certo, seu mundo estará certo.* AMP tem tudo a ver com isso. Quando você tem uma Atitude Mental Positiva, os problemas de seu mundo tendem a curvar-se diante de você.

Você nasceu campeão

Alguma vez você pensou sobre as batalhas que venceu antes de nascer? "Pare e pense sobre si mesmo", diz Amram Scheinfeld, especialista em genética. "Em toda a história do mundo, nunca houve ninguém exatamente igual a você, e em todo o tempo infinito por vir, nunca haverá."

Você é uma pessoa muito especial. E muitas lutas precisaram ser vencidas para você existir. Pense só: dezenas de milhões de espermatozoides participaram de uma grande batalha; todavia, apenas um deles ganhou – o que o fez! Foi uma grande corrida para chegar a um único objeto: um precioso óvulo contendo um núcleo minúsculo. Esse objetivo pelo qual cada espermatozoide estava competindo era menor que a ponta de uma agulha. E cada espermatozoide era tão pequeno que precisaria ser ampliado milhares de vezes antes de poder ser visto pelo olho humano. Contudo, nesse nível microscópico, foi travada a batalha mais decisiva de sua vida.

A cabeça de cada um dos milhões de espermatozoides continha uma carga preciosa de 23 cromossomos, assim como havia 23 no núcleo minúsculo do óvulo. Cada cromossomo era composto de grânulos gelatinosos encordoados juntos. Cada grânulo continha centenas de genes aos quais os cientistas atribuem todos os fatores da sua hereditariedade.

Os cromossomos no espermatozoide compreendiam todo o material e as tendências hereditárias fornecidas por seu pai e seus antepassados; aqueles no núcleo do óvulo continham os traços herdáveis de sua mãe e dos antepassados dela. Sua mãe e seu pai representam eles mesmos a culminação de mais de dois bilhões de anos de vitória na batalha pela sobrevivência. E então um espermatozoide particular – o mais rápido, o mais saudável, o vencedor – uniu-se ao óvulo à espera para formar uma pequena célula viva.

A vida da pessoa mais importante do mundo tinha começado. Você se tornara um campeão contra as probabilidades mais impressionantes que jamais terá de enfrentar. Para todos os efeitos práticos, você herdou do vasto reservatório do passado todas as habilidades e poderes potenciais de que precisa para alcançar seus objetivos.

Você nasceu para ser um campeão, e, não importa quais obstáculos e dificuldades fiquem em seu caminho, eles não têm um décimo do tamanho dos que já foram vencidos no momento da sua concepção. A vitória está embutida em todas as pessoas vivas. Veja a seguir o caso de Irving Ben Cooper, um dos mais respeitados juízes da América. A vitória estava muito distante do que o jovem Ben Cooper cogitava para si quando garoto.

Como um menino assustado desenvolveu AMP

Ben cresceu em um bairro perto das favelas em St. Joseph, Missouri. Seu pai era um imigrante que ganhava pouco dinheiro como alfaiate. Muitos dias simplesmente não havia o que comer. Para aquecer sua casinha, Ben costumava pegar um balde de metal e caminhar até os trilhos da ferrovia nas proximidades.

Ali pegava pedaços de carvão. Ben se envergonhava disso. Muitas vezes tentava esgueirar-se pelas ruas laterais para não ser visto pelas crianças da escola.

Mas muitas vezes elas o viam. Havia um bando de garotos em particular que achava muito divertido emboscar Ben quando ele ia dos trilhos para casa, para bater nele. Eles esparramavam o carvão por toda a rua e o mandavam para casa com lágrimas escorrendo dos olhos. Assim, Ben vivia em um estado mais ou menos permanente de medo e autodesprezo.

Algo aconteceu, como sempre tem de acontecer quando quebramos o padrão de derrota. A vitória dentro de nós não se afirma até estarmos prontos. Ben foi inspirado à ação positiva porque leu um livro: *Robert Coverdale's struggle*, de Horatio Alger.

Nele, Ben leu as aventuras de um jovem como ele, confrontado com grandes adversidades, mas que as superou com a coragem e a força moral que Ben desejou ter. O rapaz leu todos os livros de Horatio Alger que conseguiu emprestado. Enquanto lia, vivia o papel do herói. Ficou sentado na cozinha fria o inverno inteiro lendo histórias de coragem e sucesso, absorvendo inconscientemente uma Atitude Mental Positiva.

Alguns meses depois de ter lido seu primeiro livro de Horatio Alger, Ben Cooper estava novamente fazendo o trajeto pelos trilhos da ferrovia. Ao longe viu três figuras voarem para trás de um prédio. Seu primeiro pensamento foi dar a volta e correr. Aí lembrou-se da coragem que admirava nos heróis dos livros e, em vez de dar a volta, agarrou o balde de carvão mais firmemente e marchou reto em frente, como se fosse um dos heróis de Alger.

Foi uma luta brutal. Os três rapazes pularam em Ben ao mesmo tempo. O balde caiu, e ele começou a agitar os braços com uma determinação que surpreendeu os valentões. A mão direita de Ben atingiu o lábio e o nariz de um dos rapazes – a mão esquerda pegou seu estômago. Para surpresa de Ben, o garoto parou de lutar, deu a volta e correu. Enquanto isso, os outros dois rapazes desferiam socos e pontapés. Ben conseguiu empurrar um rapaz e derrubar o outro. Saltou sobre o segundo menino com os joelhos, enquanto metia soco após soco em seu estômago e maxilar – como se estivesse louco. Agora restava apenas um menino. Era o líder. Ele saltou em cima de Ben. Ben conseguiu empurrá-lo e ficou de pé. Por um instante os dois ficaram parados olhando-se diretamente nos olhos.

E então, pouco a pouco, o líder recuou e também fugiu. Talvez em justa indignação, Ben pegou um pedaço de carvão e atirou no garoto em retirada. Só então percebeu o nariz sangrando e as marcas pretas e azuis pelo corpo, dos socos e pontapés recebidos. Valera a pena! Foi um grande dia na vida de Ben. Naquele momento, ele venceu o medo.

Ben Cooper não estava muito mais forte do que era um ano antes. Seus atacantes não estavam menos resistentes. A diferença veio da atitude mental de Ben. Ele encarou o perigo apesar do medo. Decidiu que não seria mais esculachado por valentões. Dali em diante, ele mudaria seu mundo. E, claro, foi exatamente isso que fez.

O menino deu uma identidade para si mesmo. Quando lutou contra os três valentões na rua naquele dia, não lutou como o amedrontado e desnutrido Ben Cooper. Lutou como Robert Coverdale ou qualquer outro dos heróis corajosos e ousados dos livros de Horatio Alger.

Identifique-se com uma imagem de sucesso

Identificar-se com uma imagem de sucesso pode ajudar a quebrar os hábitos de dúvida a respeito de si mesmo e derrotar aquilo que anos de AMN configuraram no âmbito de uma personalidade. Outra técnica igualmente importante e bem-sucedida para mudar seu mundo é identificar-se com uma imagem que o inspire a tomar as decisões certas. Pode ser um *slogan*, um quadro ou qualquer outro símbolo significativo para você.

O presidente de uma firma do Meio-Oeste com operações internacionais foi visitar o escritório de San Francisco. Notou uma grande fotografia dele numa parede do escritório de Dorothy Jones, uma secretária particular. "Dotti, esse é um quadro bem grande para uma sala desse tamanho, né?", perguntou.

Dorothy retrucou: "Quando tenho um problema, sabe o que faço?". Sem esperar por uma resposta, ela demonstrou, colocando os cotovelos na mesa, apoiando a cabeça nos dedos entrelaçados e olhando para a foto falou: "Chefe, como diabos você resolveria esse problema?". As observações de Dotti Jones parecem bastante divertidas. No entanto, a essência da ideia é surpreendente.

O que a sua foto lhe dirá?

Talvez você tenha uma foto no escritório, em casa ou na carteira que possa dar a resposta certa para uma questão importante em sua vida. Pode ser uma foto da sua mãe, seu pai, sua esposa, seu marido – de Benjamin Franklin ou Abraham Lincoln. Pode ser de um santo.

O que a sua foto lhe dirá? Há uma maneira de descobrir. Quando se deparar com um problema sério ou decisão, pergunte à sua foto. Ouça a resposta.

Objetivo definido é o ponto de partida de todas as realizações

Outro ingrediente essencial para mudar seu mundo é ter um *objetivo definido*, um dos dezessete princípios do sucesso. Objetivo definido, *combinado com AMP*, é o ponto de partida de toda realização que vale a pena. Lembre-se: seu mundo vai mudar, quer você queira alterá-lo, quer não. Mas você tem o poder de escolher a direção. Pode selecionar o próprio destino. Quando determina suas metas principais com AMP, há uma tendência natural de que use sete dos princípios do sucesso:

1. Iniciativa pessoal
2. Autodisciplina
3. Visão criativa
4. Pensamento organizado
5. Atenção controlada (concentração do esforço)
6. Orçamento de tempo e dinheiro
7. Entusiasmo

Robert Christopher tinha um objetivo definido com AMP. Vamos ver como as tendências naturais para esses princípios adicionais manifestaram-se nesta história de sucesso. Como no caso de muitos rapazes, a imaginação de Bob foi estimulada quando ele leu a emocionante e imaginativa história de *A volta ao mundo em 80 dias*, de Júlio Verne. Bob nos contou:

> Eu costumava devanear muito, mas, quando fiquei mais velho, li dois livros sobre motivação: *Quem pensa enriquece – O legado* e *The magic of believing*.
>
> Volta ao mundo em 80 dias. Ora, por que eu não poderia dar a volta ao mundo com US$ 80? Eu acreditava que qualquer meta poderia ser atingida se eu tivesse fé e confiança que dava para fazer. Ou seja, se eu começasse de onde estava para chegar aonde queria estar.
>
> Pensei: outros trabalharam em cargueiros para ganhar suas passagens transatlânticas e pegaram carona por todo o mundo, então por que não eu?

E assim Bob tirou sua caneta-tinteiro do bolso e escreveu num pedaço de papel uma lista dos problemas com os quais seria confrontado. Além disso, fez anotações do que considerava respostas viáveis para cada um deles.

Pois bem, Bob Christopher era um fotógrafo habilidoso e tinha uma câmera. Além do mais, era uma câmera boa. Quando chegou à decisão, ele entrou em ação:

- Fechou um contrato com a Charles Pfizer, uma grande empresa farmacêutica, para recolher amostras de solo dos diversos países que pretendia visitar.
- Obteve uma carteira de motorista internacional e um conjunto de mapas em troca da promessa de um relatório sobre as condições das estradas do Oriente Médio.
- Pegou documentação de marinheiro.
- Obteve uma carta do Departamento de Polícia de Nova York para provar que não tinha ficha criminal.
- Providenciou associação no Albergue da Juventude.
- Contatou uma companhia aérea de carga que concordou em transportá-lo sobre o Atlântico mediante a promessa de produzir fotografias para a empresa usar em publicidade.

Quando os planos foram concluídos, o jovem de 26 anos deixou Nova York de avião com US$ 80 no bolso. A volta ao mundo com US$ 80 era seu objetivo principal. E aqui estão algumas de suas experiências:

- Tomou café da manhã em Gander, Terra Nova. Como pagou? Fotografou os cozinheiros na cozinha. E eles ficaram satisfeitos.
- Comprou quatro pacotes de cigarros americanos em Shannon, na Irlanda, que custaram US$ 4,80. Naquela época, os cigarros eram um meio de troca tão bom quanto dinheiro em muitos países.
- Chegou a Viena vindo de Paris. A tarifa: um pacote de cigarros para o motorista.
- Deu ao condutor quatro maços de cigarros para levá-lo no trem de Viena à Suíça através dos Alpes.
- Foi de ônibus para Damasco. Um policial na Síria ficou tão orgulhoso do retrato que Bob fez dele que ordenou ao motorista do ônibus para levá-lo.
- Tirou uma foto do presidente e dos funcionários da Empresa de Transporte Expresso do Iraque. Isso valeu uma carona de Bagdá a Teerã.
- Em Bangkok, o dono de um restaurante muito bom alimentou-o como um rei, pois Bob deu as informações que ele queria – a descrição detalhada de uma área específica e um conjunto de mapas.
- Foi trazido do Japão para San Francisco como membro da tripulação do navio a vapor *The Flying Spray*.

Volta ao mundo em 80 dias? Não – Robert Christopher deu a volta ao mundo em 84 dias. Mas atingiu seu objetivo. Deu a volta ao mundo com US$ 80. E, como tinha um objetivo definido com AMP, estava automaticamente motivado a usar mais treze dos dezessete princípios do sucesso para alcançar sua meta.

O PONTO DE PARTIDA DE TODAS AS REALIZAÇÕES

Vamos repetir: o ponto de partida de todas as realizações é um objetivo definido com AMP. Lembre-se dessa declaração e pergunte a si mesmo: qual é o meu objetivo? O que realmente quero?

Com base no que vemos em nosso curso "AMP – A ciência do sucesso", estimamos que 98 de cada cem pessoas que estão insatisfeitas com o mundo delas não têm em mente uma imagem clara do mundo de que gostariam para si. Pense nisso! Pense nas pessoas que vagam sem rumo pela vida, insatisfeitas, lutando contra uma grande quantidade de coisas, mas sem uma meta bem delineada.

Você consegue declarar neste momento o que quer da vida? Estabelecer metas pode não ser fácil. Pode até envolver algum autoexame doloroso. Mas vai valer a pena qualquer esforço que custe, porque, assim que definir sua meta, você pode esperar desfrutar de muitas vantagens. Essas vantagens vêm quase automaticamente.

1. A primeira grande vantagem é que sua mente subconsciente começa a trabalhar sob uma lei universal: "O que a mente do homem pode conceber e acreditar, a mente do homem pode alcançar com AMP". Como você visualiza seu destino, a mente subconsciente é afetada por essa autossugestão. Ela começa a trabalhar para ajudá-lo a chegar lá.
2. Como você sabe o que quer, existe a tendência de tentar entrar no caminho certo e rumar na direção certa. Você entra em ação.
3. Trabalhar torna-se divertido. Você está motivado para pagar o preço. Orça seu tempo e dinheiro. Estuda, pensa e planeja. Quanto mais pensa sobre suas metas, mais entusiasmado fica. E, com entusiasmo, seu desejo se transforma em um desejo ardente.
4. Você fica alerta às oportunidades que ajudarão a atingir seus objetivos à medida que se apresentem nas experiências cotidianas. Como você sabe o que quer, é mais provável que reconheça essas oportunidades.

Essas quatro vantagens são ilustradas pela experiência inicial do homem que mais tarde se tornou editor do *Ladies' Home Journal*. Edward Bok veio da Holanda com seus pais quando era garoto e ficou imbuído da ideia de que algum dia dirigiria uma revista. Com essa meta específica, Bok conseguiu agarrar um incidente tão trivial que teria passado despercebido pela maioria de nós.

Ele viu um homem abrir um maço de cigarros, tirar um pedaço de papel e jogá-lo no chão. Bok abaixou-se e pegou o pedaço de papel. Nele havia a foto de uma atriz famosa. Embaixo da foto, a informação de que a imagem fazia parte de uma coleção. O comprador dos cigarros era exortado a colecionar o conjunto completo de fotos. Bok virou o pedaço de papel e observou que a parte de trás estava totalmente em branco.

A mente de Bok, preenchida com um objetivo, farejou uma grande oportunidade ali. Ele raciocinou que o valor da foto incluída no maço de cigarros seria grandemente realçado se o lado em branco fosse dedicado a uma breve biografia da pessoa retratada. Foi até a empresa litográfica que imprimia o encarte e explicou sua ideia para o gerente, que prontamente disse: "Vou dar US$ 10 por unidade, se você escrever uma biografia de cem palavras de cem americanos famosos. Envie-me uma lista e agrupe-os; sabe como é: presidentes, soldados famosos, atores, autores e assim por diante".

Foi assim que Edward Bok conseguiu seu primeiro trabalho literário. A demanda pelas biografias curtas ficou muito grande, e ele precisou de auxílio, então ofereceu US$ 5 ao irmão para cada texto que produzisse. Em pouco tempo, Bok tinha cinco jornalistas ocupados a produzir biografias para as prensas de litografia. Bok era editor!

Observe que nenhum dos homens aqui mencionados teve o sucesso entregue de bandeja. Inicialmente, o mundo não foi particularmente bom com Edward Bok ou o juiz Cooper. Ainda assim, cada um forjou uma carreira de grande satisfação a partir da matéria-prima ao seu redor. E cada um fez isso por meio do desenvolvimento de muitos talentos encontrados dentro de si mesmo.

Todo mundo tem muitos talentos para superar problemas especiais

É interessante notar que a vida nunca nos deixa encalhados. Se ela nos dá um problema, nos dá também as habilidades para enfrentá-lo. Nossas habilidades variam, é claro, conforme nossa motivação para usá-las. E, mesmo que você esteja mal de saúde, ainda assim pode levar uma vida feliz e útil.

Você pode pensar na falta de saúde como uma desvantagem muito grande para superar. Caso pense assim, tome coragem a partir da experiência de Milo C. Jones. Ele não tinha tentado adquirir riqueza quando tinha boa saúde. Então ficou doente. Quando adoeceu, as chances voltaram-se fortemente contra ele.

Eis aqui a história de sua experiência.

Quando Milo C. Jones tinha boa saúde, havia trabalhado muito duro. Era agricultor e administrava uma pequena fazenda perto de Fort Atkinson, Wisconsin. Mas de algum modo parecia incapaz de fazer sua fazenda produzir muito mais do que o básico para ele e sua família. Essa forma de vida seguia ano após ano. Então algo inesperado aconteceu!

Jones foi acometido por uma extensa paralisia e ficou confinado à cama. Ali estava um homem que, tarde na vida, tornara-se completamente incapacitado. Mal conseguia mover o corpo. Seus parentes estavam certos de que ele seria permanentemente infeliz como um inválido sem cura. E teria sido, caso algo mais não tivesse acontecido. Milo fez acontecer. E o acontecimento trouxe o tipo de felicidade proveniente da realização e do sucesso financeiro.

O que Jones usou para provocar a mudança? Usou a mente. Sim, seu corpo estava paralisado. Mas sua mente não fora afetada. Ele podia pensar, pensou e planejou. Um dia, enquanto engajado em pensamento e planejamento, reconheceu a pessoa mais importante do mundo com o talismã mágico com AMP de um lado e AMN do outro. Jones viu claramente que era uma mente com um corpo. E tomou sua decisão naquele exato instante.

AMP ATRAI RIQUEZA

Milo C. Jones optou por desenvolver uma Atitude Mental Positiva. Optou por ser esperançoso, otimista, feliz, e converter o pensamento criativo em realidade, começando exatamente onde estava. Ele queria ser útil. E queria sustentar sua família, em vez de ser um ônus. Mas como poderia transformar sua desvantagem em vantagem? Milo não deixou esse problema vital impedi-lo. Ele encontrou a resposta.

Primeiro, Jones contou suas bênçãos. Descobriu ter muito pelo que ser grato. A gratidão levou-o a procurar bênçãos adicionais das quais poderia desfrutar no futuro. E, como estava procurando, entre outras coisas, uma maneira de ser útil, encontrou e reconheceu aquilo que buscava. Era um plano que exigia ação.

Então Jones entrou em ação mental. Revelou o plano aos membros da sua família. "Já não sou capaz de trabalhar com minhas mãos", começou, "então decidi trabalhar com minha mente. Cada um de vocês pode, se quiser, tomar o lugar de minhas mãos, pés e corpo. Vamos plantar cada acre cultivável de nossa fazenda com milho. Aí vamos criar porcos e alimentá-los com o milho. Vamos abater os porcos enquanto forem jovens e tenros e convertê-los em salsichas. E depois empacotar e vender sob uma marca. Vamos vender nos varejos de todo o país." Milo deu uma risadinha ao dizer: "Elas vão vender como pão quente".

E as salsichas venderam mesmo como pão quente. Em poucos anos a marca Jones' Little Pig Sausages tornou-se sinônimo de produto de consumo familiar. E essas quatro palavras tornaram-se um símbolo que tantaliza o apetite de homens, mulheres e crianças por toda a nação.

Milo C. Jones viveu para ficar milionário. E conseguiu ainda mais por meio de uma Atitude Mental Positiva, por virar seu talismã para o lado de AMP. Embora fosse deficiente físico, tornou-se um homem feliz. Milo ficou feliz porque era útil.

Uma fórmula para ajudá-lo a mudar o seu mundo

Felizmente nem toda vida é confrontada com grandes dificuldades. No entanto, todo mundo tem problemas. E todo mundo reage aos símbolos motivadores por meio de sugestão ou autossugestão. Uma forma muito eficiente é um automotivador deliberadamente memorizado com o propósito de fulgurar do subconsciente para o consciente em tempos de necessidade.

Qual é, então, a fórmula que pode ajudar a mudar o seu mundo? Memorize, entenda e repita frequentemente durante todo o dia: o que a mente do homem pode conceber e acreditar, a mente do homem pode alcançar com AMP. É uma forma de autossugestão. É um automotivador para o sucesso. Quando se torna parte de você, você se atreve a ter metas mais elevadas.

Eu desafio você!

Bill era um garoto de fazenda enfermo da região sudeste do Missouri. Uma dedicada professora primária motivou o jovem William Danforth a mudar seu mundo. A professora fez isso com uma provocação: *Eu desafio você!* "Desafio você a se tornar o garoto mais saudável da escola!" "*Eu desafio você!*" tornou-se o automotivador de William Danforth ao longo da vida.

Ele se tornou o garoto mais saudável da escola. Antes de morrer, aos 85 anos de idade, Danforth ajudou milhares de outros jovens a desenvolver boa saúde – e algo mais: a aspirar com nobreza, aventurar-se com ousadia e servir com humildade. Durante sua longa carreira, Danforth nunca perdeu um dia de trabalho por causa de doença.

"Eu desafio você!" motivou Danforth a construir uma das maiores corporações da América, a Ralston Purina. "Eu desafio você!" motivou-o a se envolver em pensamento criativo e transformar passivos em ativos. "Eu desafio você!" motivou-o a organizar a Fundação da Juventude Americana, com o objetivo de treinar rapazes e moças nos ideais cristãos e prepará-los para as responsabilidades da vida.

"Eu desafio você!" motivou William Danforth a escrever um livro intitulado *I dare you!* Hoje esse livro inspira meninos e meninas, homens e mulheres a ter a coragem de fazer deste mundo um lugar melhor para viver. Que testemunho notável para o poder de um automotivador desenvolver uma Atitude Mental Positiva!

Você alguma vez já ficou tentado a culpar o mundo por seus fracassos? Caso sim, faça uma pausa e reconsidere. O problema reside no mundo ou em você? Atreva-se a aprender os dezessete princípios do sucesso! Atreva-se a memorizar os automotivadores! Atreva-se a aplicá-los com a certeza absoluta de que vão trabalhar para você com tanta eficácia quanto trabalham todos os dias por centenas de outros.

Talvez você não saiba como. Talvez precise aprender a pensar com mais exatidão. Guie-se pelo Piloto nº 2. Depois vá para o Capítulo 3. O objetivo é ajudá-lo a limpar as teias de aranha do seu pensamento.

PILOTO Nº 2

PENSAMENTOS PELOS QUAIS SE GUIAR

1. Você pode mudar seu mundo! Para conseguir qualquer coisa que valha a pena na vida, é necessário estabelecer metas elevadas para si mesmo e querer atingi-las. Você pensou nas metas elevadas que gostaria de atingir?
2. Imprima os dezessete princípios indelevelmente em sua memória. Você os memorizou?
3. Você tende a "culpar o mundo"? Se faz isso, memorize o automotivador: "Se o homem estiver certo, seu mundo estará certo". O seu mundo imediato está certo?
4. Você nasceu para ser um campeão. Para todos os efeitos práticos, herdou do vasto reservatório do passado todas as habilidades e os poderes potenciais dos quais precisa para alcançar seus objetivos. Está disposto a pagar o preço para desenvolver suas habilidades e usar seus poderes interiores?

5. Identifique-se com uma imagem de sucesso, como Irving Ben Cooper fez. Quem você vai escolher?
6. Faça uma pergunta importante a si mesmo: o que sua foto lhe dirá? Escute a resposta.
7. Um objetivo definido com AMP é o ponto de partida de toda realização que vale a pena. Você selecionou algumas metas definidas, específicas, desejáveis? Vai manter isso em mente todos os dias?
8. Quando você determina suas metas definidas, há uma tendência de que vários princípios de sucesso adicionais comecem a operar automaticamente para ajudá-lo a atingi-las.
9. Todos têm muitos talentos especiais para superar problemas. Que talentos especiais você pensa ter e pode desenvolver?
10. Eis aqui uma fórmula que tem ajudado muitos a mudarem seu mundo: o que a mente do homem pode conceber e acreditar, a mente do homem pode alcançar com AMP. Você decorou essa fórmula?

UMA ATITUDE MENTAL POSITIVA
E UM OBJETIVO DEFINIDO
SÃO O PONTO DE PARTIDA
RUMO A TODA REALIZAÇÃO
QUE VALE A PENA!

CAPÍTULO 3

LIMPE AS TEIAS DE ARANHA DO SEU PENSAMENTO

Você é o que você pensa. Mas *o que* você pensa? Quão organizado é o seu processo de pensamento? Quão direto é o seu pensamento? E quão limpos são os seus pensamentos?

Existem algumas teias de aranha mentais que atravancam o pensamento de quase todas as pessoas, até mesmo das mentes mais brilhantes. Sentimentos, emoções, paixões *negativas* – hábitos, crenças e preconceitos. Nossos pensamentos se enredam nessas teias.

Às vezes temos hábitos indesejáveis e queremos corrigi-los. E há vezes em que somos fortemente tentados para o mal. Então, como um inseto preso em uma teia de aranha, lutamos para ficar livres. Nossa vontade consciente está em conflito com nossa imaginação e com a vontade de nossa mente subconsciente. Quanto mais lutamos, mais aprisionados ficamos.

Algumas pessoas desistem e experimentam conflitos mentais infernais. Outras aprendem a usar os poderes do subconsciente. Estas são as vitoriosas. E o sucesso por meio da Atitude Mental Positiva ensina como explorar e usar esses poderes.

Um inseto pode não ser capaz de evitar ser apanhado numa teia de aranha. E, uma vez preso, é incapaz de libertar-se. Existe uma coisa, no entanto, sobre a qual cada pessoa tem absoluto controle inerente, que é sua atitude mental. Podemos evitar as teias de aranha mentais. Podemos limpá-las. E podemos varrê-las quando começam a se desenvolver. Podemos nos libertar quando enredados. E podemos permanecer livres.

Você faz isso por meio de pensamento exato com AMP. Pensamento exato é um dos dezessete princípios do sucesso revelados em *Atitude Mental Positiva.*

Para pensar com exatidão, você deve usar a razão. A ciência de raciocínio ou pensamento exato chama-se *lógica*. Pode-se aprender em livros escritos especificamente sobre esse assunto, tais como *The Art of Clear Thinking*, de Rudolf Flesch; *Your Most Enchanted Listener*, de Wendell Johnson; *Introdução à lógica*, de Irving Copi; e *The Art of Straight Thinking*, de Edwin Leavitt Clarke. Esses livros podem ser de imensa ajuda prática.

Agimos não apenas pela razão

A ação baseada no senso comum é o resultado de mais do que razão apenas. Depende de hábitos de pensamento e ação, intuições, experiências e outras influências, tais como tendências e ambiente.

Uma das teias de aranha do nosso pensamento é supor que agimos apenas pela razão, quando, na realidade, cada ato consciente é resultado de fazer o que queremos. Tomamos decisões. Ao raciocinarmos, há uma tendência para chegarmos a conclusões favoráveis sobre os fortes impulsos internos de nossa mente subconsciente. E essa tendência existe em todos – até mesmo nos grandes pensadores e filósofos.

Em 31 a.C., um filósofo grego que vivia em uma cidade no Mar Egeu queria ir para Cartago. Ele era professor de lógica; portanto, contemplou razões a favor da viagem e razões contrárias. Para cada razão pela qual deveria ir, descobriu que existiam muitas razões mais para não ir. Claro que ficaria mareado. O barco era tão pequeno que uma tempestade poderia colocar sua vida em risco. Piratas com embarcações velozes estavam à espera para saquear navios mercantes na costa de Trípoli. Se seu navio fosse capturado, eles levariam seus bens materiais e o venderiam como escravo. A prudência indicava que ele *não* deveria fazer a viagem. Mas ele fez. Por quê? *Porque ele quis.*

Acontece que emoção e razão devem estar em equilíbrio na vida de todos. Nenhuma das duas deve exercer o controle sempre. Então, às vezes é bom fazer o que você quer fazer em vez do que a razão teme. Sobre esse filósofo: ele fez uma viagem muito agradável e voltou para casa em segurança.

Você está vendo apenas o cisco no olho do outro?

Houve ainda Sócrates, o grande filósofo ateniense que viveu entre 470–399 a.C. Ele entrou para a história como um dos pensadores mais proeminentes de todos os tempos. Sábio como Sócrates era, havia teias de aranha em seu pensamento também.

Quando jovem, Sócrates apaixonou-se por Xantipa. Ela era muito bonita. Ele não era bem-apessoado, mas era persuasivo. Indivíduos persuasivos parecem ter a capacidade de obter o que querem. Sócrates teve sucesso em convencer Xantipa a se casar com ele.

Depois que a lua de mel acabou, as coisas não foram muito bem em casa. A esposa começou a ver os defeitos dele. E ele viu os dela. Ele era motivado pelo egoísmo. Ele era egoísta. Ela reclamava sempre dele. Sócrates teria dito: "O meu objetivo na vida é lidar bem com as pessoas. Escolhi Xantipa pois sabia que, se conseguisse me dar bem com ela, me daria bem com qualquer um".

Isso é o que ele dizia. Mas suas ações desmentem as palavras. É duvidoso que ele tenha tentado se dar bem com mais que umas poucas pessoas. Quando você sempre tenta provar aos outros que eles estão errados, você os repele ao invés de atrair, como Sócrates fez.

Todavia, ele disse que aguentava as reclamações de Xantipa em favor da autodisciplina. Mas teria desenvolvido verdadeira autodisciplina caso tivesse tentado compreender sua esposa e influenciá-la por meio da mesma atenção sensível e das expressões de amor usadas para persuadi-la a se casar com ele. Sócrates não viu a viga no próprio olho, mas viu o cisco no olho de Xantipa.

Claro, ela também não era inocente. O casal era como muitos maridos e esposas são hoje em dia. Depois do casamento, deixam de comunicar seus verdadeiros sentimentos de afeto, compreensão e amor um pelo outro. Deixam de empregar as mesmas personalidades e atitudes mentais agradáveis que fizeram do namoro uma experiência tão feliz. Negligência também é uma teia de aranha.

Sócrates não leu *Atitude Mental Positiva.* Tampouco Xantipa. Caso tivesse lido, ela saberia como motivar o marido para que sua vida doméstica fosse mais feliz. Ela teria visto a viga no próprio olho, em vez do cisco no olho de Sócrates. Teria controlado as próprias reações e sido sensível às reações do marido. Na verdade, Xantipa poderia até ter provado a falácia da lógica de Sócrates depois que lesse o Capítulo 5, intitulado "... E algo mais".

Ele restaurou a felicidade em casa

Em contraponto à história de Sócrates, que prova que ele viu apenas o cisco no olho de Xantipa, contaremos a de um jovem que aprendeu a ver a viga no próprio olho. Mas, antes, vamos ver como se desenvolve o hábito de reclamar.

Veja, quando sabe a causa de um problema, você pode muitas vezes evitá-lo. Ou pode encontrar sua própria solução para esse problema, caso já esteja às voltas com ele. Em *A linguagem no pensamento e na ação,* S. I. Hayakawa escreveu:

> A fim de curar (o que ela acredita ser) os defeitos do marido, uma esposa pode reclamar dele. Os defeitos dele pioram, então ela reclama um pouco mais. Naturalmente os defeitos dele ficam ainda piores, e ela reclama ainda mais. Governada por uma reação fixa ao problema dos defeitos do marido, ela pode enfrentar aquilo de um só jeito. Quanto mais ela continua, pior fica, até que ambos ficam com os nervos em frangalhos; o casamento é destruído, e suas vidas são despedaçadas.

Mas e quanto ao jovem? Na primeira noite de uma turma de "AMP – A ciência do sucesso", foi perguntado a ele: "Por que está fazendo este curso?".

"Por causa da minha esposa!", ele respondeu. Muitos dos alunos riram – mas não o instrutor. Ele sabia por experiência própria que existem muitos lares infelizes quando o marido ou a esposa veem os defeitos do outro, mas não os próprios.

Quatro semanas mais tarde, em uma conferência privada, o instrutor perguntou ao aluno: "Como você está lidando com o seu problema?".

"Está resolvido!"

"Que maravilha! Mas como você resolveu?"

"Aprendi que, *quando sou confrontado com um problema que envolve mal-entendidos com outras pessoas, devo começar primeiro por mim.* Quando examinei minha atitude mental, descobri que era negativa. No fim, meu problema realmente não estava em minha esposa – estava em mim! Ao resolver meu problema, verifiquei que eu não tinha mais um problema com ela."

Então, e se Sócrates tivesse dito a si mesmo: "Quando me deparo com um problema que envolve um mal-entendido com Xantipa, devo começar primeiro por mim"? E o que aconteceria se você dissesse a si mesmo "Quando me deparo com um problema que envolve um mal-entendido com outra pessoa, devo começar primeiro por mim"? Sua vida seria mais feliz?

Mas existem muitas outras teias de aranha que interferem na felicidade. Curiosamente, o maior obstáculo é a própria ferramenta do pensamento: *as palavras.* Palavras são símbolos, como S. I. Hayakawa nos diz em seu livro. E você vai descobrir que um símbolo de uma única palavra pode significar para você a soma total de uma combinação de inúmeras ideias, conceitos e experiências. E, ao continuar a ler *Atitude Mental Positiva,* vai ver também que o subconsciente se comunica instantaneamente com a mente usando símbolos.

Por meio de uma palavra, você pode motivar os outros a agir. Quando você diz a outra pessoa "Você pode!", isso é *sugestão.* Quando você diz a si mesmo "Eu posso!", você se motiva por *autossugestão.* Mas haverá mais sobre essas verdades universais no próximo capítulo. Primeiro vamos reconhecer que toda uma ciência tem crescido em torno de importantes descobertas feitas sobre as palavras e a comunicação de ideias por meio das palavras: a ciência da semântica.

Hayakawa é um especialista nesse campo. Ele nos diz que descobrir o que uma palavra realmente significa nos lábios de outra pessoa, ou até mesmo nos próprios lábios, é essencial no processo do pensamento exato. Mas como se faz isso? Simplesmente seja *específico*. Comece com uma convergência de ideias, e muitos mal-entendidos desnecessários serão evitados.

Uma palavra pode causar uma discussão

O tio de um menino de nove anos estava visitando a casa dos pais do garoto. Uma noite, quando o pai chegou em casa, ocorreu o seguinte diálogo:

"O que você acha de um menino mentiroso?".

"Não acho grande coisa, mas de uma coisa tenho certeza: meu filho diz a verdade."

"Ele disse uma mentira hoje."

"Filho, você contou uma mentira para o seu tio?"

"Não, pai."

"Vamos esclarecer isso. Seu tio diz que você mentiu. Você diz que não. O que aconteceu exatamente?", perguntou o pai, virando-se para o tio.

"Bem, eu disse a ele para levar seus brinquedos para o porão. Ele não fez isso e disse que fez."

"Filho, você levou seus brinquedos para o porão?"

"Sim, pai."

"Filho, como você explica isso? Seu tio diz que você não levou seus brinquedos para o porão, e você diz que levou."

"Há vários degraus do primeiro andar até o porão. Cerca de quatro degraus para baixo tem uma janela. Coloquei meus brinquedos no peitoril da janela. O porão é a distância entre o chão e o térreo. Meus brinquedos *estão* no porão!"

A discussão entre o tio e o sobrinho deveu-se à definição da palavra "porão". O menino provavelmente sabia a que seu tio se referia, mas era preguiçoso e não quis percorrer todo o caminho até lá embaixo. Quando foi confrontado com a punição, tentou safar-se usando a lógica para provar seu ponto de vista.

Isso pode ser intrigante. Mas mais motivadora será a história de um jovem que não sabia o que significava o mais importante símbolo em palavra de qualquer idioma. E qual é a palavra mais importante em qualquer língua? Essa palavra é *Deus*.

Vamos começar com uma convergência de ideias

Não faz muito tempo, um estudante da Universidade da Colúmbia foi ao reverendo Harry Emerson Fosdick, ministro emérito da Igreja Riverside de Nova York. O aluno mal tinha passado pela porta e disse: "Sou ateu!". Ao sentar, repetiu em tom de desafio: "Não acredito em Deus".

Pois bem, felizmente, Fosdick também era um perito no campo da semântica. Ele sabia de longa experiência que nunca poderia comunicar-se com outra pessoa sem entender exatamente o que ela queria dizer com as palavras que usava. Também sabia da necessidade de a outra pessoa compreender a que ele se referia. Então, em vez de ofender-se com a observação impetuosa do estudante, Fosdick expressou um interesse genuinamente amigável e solicitou: "Por favor, descreva-me o Deus no qual você não acredita".

O jovem precisou pensar, como todo mundo precisa pensar quando é feita uma pergunta que não gera uma resposta reflexa de "sim" ou "não". Fosdick sabia que a pergunta certa poderia varrer as espessas teias de aranha de pensamento negativo da mente do jovem.

Depois de algum tempo, o estudante começou a tentar descrever o Deus no qual não acreditava. Ao fazê-lo, deu ao ministro uma imagem clara do Deus que rejeitava.

"Bem", disse o reverendo Fosdick quando o estudante havia terminado, "se esse é o Deus em que você não acredita, também não acredito nele. Então, somos ambos ateus. No entanto", continuou, "ainda temos o universo em nossas mãos. O que você acha disso – sua formação, seu significado?"

Antes de o jovem deixar Fosdick, descobriu que não era ateu, mas um teísta muito bom. Ele acreditava em Deus.

O reverendo Fosdick não se deixou abalar pelo uso indefinido de uma palavra. Nesse caso, ajudou a varrer as teias de aranha do pensamento do jovem fazendo perguntas. A resposta simples e clara a respeito daquilo em que o jovem não acreditava foi o suficiente para permitir uma convergência de ideias. A segunda pergunta dirigiu os pensamentos do jovem para os canais apropriados. E deu a Fosdick a oportunidade de explicar o significado do Deus universal.

Pernas de rã ensinaram lógica

Como vimos, o estudante da história anterior chegou a duas conclusões completamente diferentes, cada uma baseada em uma premissa diferente. Teias de aranha irão interferir no pensamento exato e fazer com que você chegue a uma conclusão errada quando começar com uma premissa falsa. W. Clement Stone teve uma experiência divertida com isso, que ele descreve como segue:

> Quando garoto, eu gostava de comer pernas de rã. Um dia, em um restaurante, serviram pernas de rã gigantes, e não gostei. Naquele instante decidi que não gostava de pernas de rã grandes.
>
> Alguns anos depois, estava em um restaurante fino em Louisville, Kentucky, e vi pernas de rã no menu. Minha conversa com o garçom foi assim:
>
> "São pernas de rã pequenas?".
>
> "Sim, senhor!"
>
> "Tem certeza? Não gosto das grandes."
>
> "Sim, senhor!"
>
> "Se forem pequenas, para mim será ótimo."
>
> "Sim, senhor!"
>
> Quando o garçom trouxe a entrada, vi que eram pernas de rã gigantes. Fiquei irritado e disse: "Não são pernas de rã pequenas!".
>
> "São as menores que conseguimos encontrar, senhor", respondeu o garçom.
>
> Ao invés de ser desagradável, comi as pernas de rã. E gostei tanto que desejei que tivessem sido maiores.
>
> Aprendi uma lição de lógica. Ao analisar o assunto, percebi que minhas conclusões sobre os méritos de pernas de rã pequenas e grandes tinham sido baseadas na premissa errada. Não era o tamanho das pernas de rã que as tornava desagradáveis. O fato é que as pernas de rã gigantes que comi

pela primeira vez não estavam frescas. Eu havia associado minha aversão por pernas de rã gigantes com o tamanho, e não com a deterioração.

Vemos que as teias de aranha impedem o pensamento exato quando começamos com a premissa errada. Muita gente pensa erroneamente quando permite que certos símbolos todo-abrangentes em palavra atravanquem sua mente com falsas premissas. Palavras ou expressões como sempre – somente – nunca – nada – tudo – todos – ninguém – não pode – impossível – ou, ou – muito frequentemente são premissas falsas. Por consequência, quando são usadas dessa maneira, as condições lógicas são falsas.

Necessidade somada a AMP pode motivá-lo a ter sucesso

Existe uma palavra que, quando usada com AMP, motiva a pessoa à realização honrosa. Quando usada com AMN, torna-se desculpa para mentiras, trapaça e fraude. *Necessidade* é a palavra. A necessidade é a mãe da invenção e o pai do crime.

Padrões invioláveis de integridade são fundamentais para toda realização que vale a pena e são parte integrante de AMP. Ao longo de todo este livro, você vai ler muitas histórias de sucesso nas quais as pessoas são motivadas pela necessidade. E, em cada um dos casos, vai verificar que as pessoas alcançaram sucesso sem transgredir um padrão inviolável de integridade. Lee Braxton é um desses homens.

Lee Braxton, de Whiteville, Carolina do Norte, era filho de um ferreiro muito esforçado. Era o décimo filho de uma família de doze. "Então você pode dizer", comentou Braxton, "que travei conhecimento com a pobreza no início da vida. Por meio de trabalho duro, consegui terminar o sexto ano na escola. Engraxei sapatos, entreguei mantimentos, vendi jornais, trabalhei em uma fábrica de meias, lavei automóveis e servi como ajudante de mecânico."

Quando se tornou mecânico, pareceu a Lee que ele tinha subido tanto quanto poderia. Talvez ainda não tivesse desenvolvido a insatisfação inspiradora. A certa altura, casou-se. E, juntos, ele e a esposa viviam em grande contenção de gastos. Ele estava acostumado com a pobreza. E parecia impossível quebrar os laços que o seguravam, embora fosse parcamente remunerado e mal sustentasse a família. Os Braxton já estavam em terrível dificuldade para fazer face às despesas quando, para completar o quadro da derrota, ele perdeu o emprego. A casa estava prestes a ser tomada porque Lee não tinha condições de cumprir os pagamentos da hipoteca. Parecia uma situação irremediável.

Mas ele era um homem de caráter. Também era um homem religioso. E acreditava que Deus é sempre um bom Deus. Então orou em busca de orientação. Como se em resposta à sua oração, recebeu o livro *Quem pensa enriquece – O legado* de um amigo. Esse amigo tinha perdido o emprego e a casa na Depressão, mas ficara motivado para recuperar sua fortuna depois de ler a obra de Napoleon Hill.

Agora Lee estava pronto. Leu o livro vez após vez. Estava em busca de sucesso financeiro. Disse a si mesmo: "Parece haver algo que devo fazer. Preciso acrescentar algo. Nenhum livro fará isso por mim. A primeira coisa que devo fazer é desenvolver uma Atitude Mental Positiva em relação às minhas habilidades e oportunidades. Certamente preciso escolher uma meta definida. Quando o fizer, devo mirar mais alto do que no passado. Mas tenho que começar. Vou começar com o primeiro trabalho que conseguir encontrar".

Procurou trabalho e encontrou um. De início não recebia muito. Porém, não muitos anos depois de ter lido *Quem pensa enriquece – O legado,* Lee Braxton havia organizado e se tornado presidente do First National Bank de Whiteville, fora eleito prefeito de sua cidade e se envolvera em muitas atividades empresariais bem-sucedidas.

Veja: Lee tinha mirado alto – na verdade, muito alto. Havia adotado como objetivo maior ficar rico o suficiente para se aposentar aos cinquenta anos de idade. Alcançou o objetivo seis anos antes do tempo – aposentando-se das atividades empresariais com riqueza substancial e uma bela renda independente com 44 anos. Depois da aposentadoria, seguiu levando uma vida útil. Dedicou todos os esforços para ajudar o evangelista Oral Roberts em seu ministério.

Os empregos que Lee pegou e os investimentos que fez na escalada do fracasso para o sucesso não são importantes aqui. O importante é que *a necessidade motiva um homem com AMP à ação sem transgredir padrões invioláveis reconhecidos.* Um homem honesto não vai enganar, trapacear ou roubar por causa da necessidade. *Honestidade é inerente* à *AMP.*

Necessidade, AMN e crime

Agora, compare um homem honesto com os muitos milhares de pessoas com AMN presas por roubo, desfalque ou outros crimes. Quando você pergunta o primeiro motivo pelo qual roubaram, a resposta invariavelmente é: "Tive que...". E assim acabaram na prisão! Tais pessoas se permitiram ser desonestas porque as teias de aranha em seus pensamentos levaram-nas a acreditar que a necessidade obriga alguém a se tornar desonesto.

Há alguns anos, enquanto fazia aconselhamento pessoal na biblioteca da penitenciária federal de Atlanta, Napoleon Hill manteve várias conversas confidenciais com Al Capone. Em uma delas, o autor perguntou: "Como você começou na vida do crime?". Capone respondeu com uma palavra: "Necessidade".

Então vieram lágrimas aos olhos, e ele engasgou. Começou a contar algumas das coisas boas que tinha feito e que os jornais nunca haviam mencionado. Claro, essas coisas parecem insignificantes em comparação com o mal atribuído a ele. Aquele homem infeliz desperdiçou a vida, destruiu sua paz mental, minou seu corpo físico com uma doença mortal e espalhou medo e desastre no caminho que seguiu – tudo porque nunca aprendeu a limpar as teias de aranha de seu pensamento a respeito de *necessidade.*

E, quando contou de suas boas ações, dando a entender que compensavam em grande medida os erros cometidos, Capone indicou claramente outra teia de aranha que o impedia de pensar com exatidão. Embora um homem possa neutralizar o mal feito por meio de arrependimento verdadeiro, seguido por uma vida de boas ações, Capone não era esse tipo de homem. Mas havia um assim.

O filho adolescente problemático

Ele foi um adolescente problemático. No entanto, sua mãe nunca perdeu a esperança, apesar de muitas de suas orações específicas para ele parecerem sem resposta. Ela nunca perdeu a fé, independentemente das escapadas ou dos delitos do filho.

O adolescente problemático era educado, intelectual, apaixonado e sensual. Tinha orgulho em ser o primeiro, mesmo no mal. Dizem que desobedeceu aos pais e professores, mentiu e enganou, cometeu furtos, trapaceou no jogo, entregou-se a excessos alcoólicos e sexuais.

Todavia, por causa dos constantes e sérios apelos da mãe para corrigir seus caminhos, *lutou para encontrar a si mesmo* antes de chegar ao ponto mais baixo de sua vida moral. Às vezes ficava cheio de vergonha por saber que homens com menos educação eram capazes de resistir às tentações que ele se considerava impotente para resistir. Como tinha instrução e estava procurando, estudou a Bíblia e outros livros inspiradores de sua época. Mesmo assim, perdeu muitas batalhas para si mesmo.

Mas um dia ganhou a batalha que virou a maré para a vitória pessoal. Isso acontece quando uma pessoa *continua tentando*. Durante um período de remorso, quando foi subjugado pela autocondenação, ouviu uma conversa interior em que uma voz disse: "Pegue e leia!". Foi até o livro mais próximo, abriu e leu: "Andemos honestamente como de dia, não em orgias e bebedices, não em impudicícias e dissoluções, não em contendas e ciúmes; mas revesti-vos do Senhor Jesus Cristo, e não vos preocupeis com a carne para não excitardes as suas cobiças".

Acontece muitas vezes. Depois de sofrer uma grave derrota em uma batalha pessoal consigo, nesse ponto a pessoa pode ficar pronta. O remorso pode ser tão emotivo e sincero que ela fica motivada para tomar medidas imediatas e, pela perseverança, faz a mudança que a mantém na estrada para uma vitória completa.

Agora esse jovem estava pronto! E, uma vez tomada a decisão irrevogável, teve paz mental. Ele *acreditou* que o Poder Divino iria ajudá-lo a superar os pecados contra os quais ele anteriormente havia lutado em vão e desenvolveu uma espiritualidade profunda. Sua vida subsequente provou isso por resultados. O jovem dedicou-se a Deus e ao serviço a seus semelhantes.

Por causa do que ele tinha sido e do que se tornou, é considerado o homem com uma das mais poderosas influências em dar esperança aos desesperados. Agostinho era o nome dele. E tornou-se um santo.

É bem sabido que o poder da Bíblia tem sido instrumental na mudança das atitudes, até mesmo de humanos degradados, de negativas para positivas. E, por causa do poder especial da palavra escrita, eles são inspirados a limpar as teias de aranha de seu pensamento. Assim, tornam-se limpos em pensamento e hábito. Muitos, como Santo Agostinho, foram movidos por arrependimento profundo e, a exemplo dele, se motivaram a dedicar a vida a serviço de Deus e da humanidade. Muitos grandes evangelistas ascenderam dessas fileiras.

Não tente interferir com Deus

Agora, existem certas pessoas boas, de forte fé religiosa, que também leem suas Bíblias, mas dizem "Não tente interferir com Deus" quando recomendamos outros livros inspiradores. Teias de aranha impedem-nas de tentar extrair o bem onde quer que ele possa ser encontrado.

Essas boas pessoas temem que seja sacrilégio ousar explorar os poderes da mente que Deus lhes deu: escolher, planejar e controlar o futuro. Muitos livros de inspiração são escritos para motivar o leitor a direcionar os pensamentos, controlar as emoções e ordenar o seu destino. E com frequência ajudam-no a compreender as verdades da Bíblia.

Isso é verdade, por exemplo, no caso de um *best-seller* de não ficção como *O poder do pensamento positivo*. No livro, Norman Vincent Peale empenha-se em motivar o leitor a aprimorar-se. Para fazer isso, cita diretamente o Bom Livro no qual essas pessoas acreditam. Algumas das citações que Peale usa (e que seria sábio memorizar) são:

> Como ele pensa em seu coração, assim ele é.
>
> Se tu podes crer, tudo é possível ao que crê.
>
> Senhor, eu creio; ajuda a minha incredulidade!
>
> Seja-vos feito segundo a vossa fé.
>
> Fé sem obras é morta.

> Tudo o que pedirdes, orando, crede que o recebereis e tê-lo-eis.
>
> Se Deus é por nós, quem será contra nós?
>
> Pedi e dar-se-vos-á; buscai e achareis; batei e abrir-se-vos-á.

Você acabou de ver várias teias de aranha mentais que destacamos para você. Algumas delas são:

- (a) Sentimentos, (b) emoções e (c) paixões negativas, (d) hábitos, (e) crenças e (f) preconceitos.
- Ver só o cisco no olho do próximo.
- Discussões e mal-entendidos devido a dificuldades semânticas.
- Conclusões falsas resultantes de premissas falsas.
- Palavras ou expressões todo-abrangentes e restritivas como premissas básicas ou menores.
- A ideia de que a necessidade força à desonestidade.
- Hábitos e pensamentos impuros.
- Medo de ser sacrilégio usar os poderes de sua mente.

Assim, você vê que existem muitas variedades de teias de aranha – algumas pequenas, algumas grandes, algumas fracas, algumas fortes. Todavia, se fizer uma lista adicional própria e examinar de perto os fios de cada teia de aranha, vai verificar que todos são fiados por AMN.

E, quando pensar sobre isso por um tempo, verá que a mais forte das teias de aranha tecidas por AMN é a da *inércia*. A inércia faz com que você não faça nada; ou, se você está se movendo na direção errada, impede-o de resistir ou parar. Você segue adiante.

Ignorância é resultado da inércia

Aquilo que parece lógico para a pessoa ignorante dos fatos ou do *know-how* pode ser ilógico para o homem que sabe. Quando você toma decisões porque se recusa a manter uma mente aberta e aprender a verdade – isso é *ignorância*. A AMN se mantém viva e engorda com a ignorância. Elimine-a! *Atitude Mental Positiva* indica claramente como você pode eliminá-la.

O homem com AMP pode não saber os fatos ou ter o *know-how*. Pode não entender. No entanto, reconhece a premissa básica de que a verdade é verdade e não é falsa, independentemente de sua falta de conhecimento ou compreensão. Por isso, se esforça para manter a mente aberta e aprender. Deve basear suas conclusões no que sabe e estar preparado para mudá-las quando se tornar mais esclarecido.

Você se atreverá a limpar as teias de aranha de seu pensamento? Se sua resposta for "sim", então deixe o Piloto nº 3 guiá-lo enquanto avança para o Capítulo 4. Você estará pronto para ver com uma mente aberta. Estará pronto para explorar os poderes de sua mente! E, quando o fizer, sua exploração o levará a uma grande descoberta. Mas só você pode fazer isso para si mesmo.

PILOTO Nº 3

PENSAMENTOS PELOS QUAIS SE GUIAR

1. Você é o que você pensa. Seus pensamentos são avaliados por sua atitude positiva ou negativa. Dê uma olhada em si mesmo. Você é 1) uma pessoa boa? 2) má? 3) saudável? 4) psicossomaticamente enferma? 5) rica? 6) pobre? Se você é o que você pensa, então, 1) tem bons pensamentos? 2) seus pensamentos são maus? 3) seus pensamentos são de boa saúde? 4) seu pensamento o deixa tão... 5) seus pensamentos são de riqueza? 6) seus pensamentos são de pobreza?

2. Sentimentos, emoções, paixões negativas preconceitos, crenças, hábitos: você limpa essas teias de aranha mentais virando seu talismã de AMN para AMP.

3. Você pode limpar as teias de aranha de paixões, emoções, sentimentos, tendências, preconceitos, crenças e hábitos negativos virando seu talismã invisível de AMN para AMP. Você aprenderá como ao reagir ao que ler em *Atitude Mental Positiva*.

4. Quando depara com um problema que envolve um desentendimento com outras pessoas, você deve começar primeiro por si mesmo.

5. Uma palavra pode causar uma discussão, desenvolver um mal-entendido, gerar infelicidade e acabar em desgraça. Uma palavra com AMP, quando comparada à mesma palavra com AMN, provoca efeitos opostos. Uma palavra pode trazer paz ou guerra, sim ou não, amor ou ódio, integridade ou desonestidade.

6. Vamos começar com uma convergência de ideias. Quando o reverendo Fosdick provocou uma convergência de ideias, o jovem concluiu que não era ateu; ele acreditava em Deus.

7. Pernas de rã ensinaram lógica. Quando argumentar por inferência, certifique-se de que suas premissas maiores e menores estão corretas.

8. Palavras todo-abrangentes e restritivas, tais como sempre – somente – nunca – nada – tudo – todos – ninguém – não pode – impossível, devem ser eliminadas como premissas de raciocínio até você ter certeza de que estão corretas.

9. *Necessidade* é a palavra. A necessidade motiva-o a realizações elevadas por meio da honestidade e integridade pessoais ou motiva-o a tentar obter resultados por meio de fraude ou desonestidade?

10. Um filho adolescente problemático: você pode conhecer um. Mas não perca a esperança. Ele pode não se tornar um santo, mas um dia pode fazer o mundo dele e o seu um lugar melhor para se viver.

11. *Dirija* seus pensamentos, *controle* suas emoções e *ordene* seu destino! Memorize e repita frequentemente os automotivadores da Bíblia citados neste capítulo.

12. Aprenda a separar "fatos" de ficção. Em seguida, aprenda a diferença entre fatos importantes e fatos sem importância.

DIRIJA SEUS PENSAMENTOS COM AMP
PARA CONTROLAR SUAS EMOÇÕES
E ORDENAR SEU DESTINO.

CAPÍTULO 4

VOCÊ OUSARÁ EXPLORAR OS PODERES DA SUA MENTE?

Você é uma mente com um corpo! Por ser uma mente, você tem poderes místicos – poderes conhecidos e desconhecidos. Atreva-se a explorar os poderes de sua mente! Por que explorá-los?

Quando você fizer as descobertas que estão à sua espera, elas podem trazer (1) saúde física, mental e moral, felicidade e riqueza, (2) sucesso no campo de empreendimento escolhido e até (3) um meio para relacionar, usar, controlar ou harmonizar poderes conhecidos e desconhecidos.

Atreva-se a investigar todas as forças não físicas situadas fora da esfera dos processos físicos conhecidos – forças que você pode usar quando aprender como aplicá-las. E isso não será tão difícil para você – não mais difícil do que ligar uma televisão pela primeira vez.

Uma criancinha consegue sintonizar seu programa de TV favorito. Quando ela faz isso, não tem conhecimento sobre o funcionamento da estação de transmissão ou do aparelho receptor, tampouco da tecnologia envolvida. Mas tudo bem; tudo que a criança precisa saber é como apertar o botão certo.

Neste capítulo você verá como pode apertar o botão certo para conseguir o que quer da máquina elétrica mais eficaz já concebida. Embora essa máquina particular seja obra sublime do Poder Divino, você é dono dela. De que ela é feita? Bem, entre outras coisas, é composta por mais de oitenta trilhões de células elétricas. Naturalmente, tem muitos componentes. Cada parte é, em si, um mecanismo elétrico. E um desses mecanismos é uma maravilha da elétrica.

Ainda assim, pesa somente um quilo e meio. Consiste em mais de dez bilhões de células que geram, recebem, registram e transmitem energia.

Qual é essa sua máquina maravilhosa? Seu corpo. Você é e será a mesma pessoa ainda que perca um braço, um olho ou outras partes do corpo.

E a maravilha da elétrica? *Seu cérebro e seu sistema nervoso.* É o mecanismo pelo qual seu corpo é controlado e *por meio do qual sua mente funciona.*

Sua mente também tem partes. Uma é conhecida como consciente, e outra, como subconsciente. Elas estão em sincronia. Trabalham juntas. Os cientistas aprenderam muita coisa sobre a mente consciente. Todavia, faz menos de cem anos que começamos a explorar o vasto território desconhecido do subconsciente – muito embora o homem primitivo usasse deliberadamente os poderes místicos do subconsciente desde o início da história humana e ainda hoje os aborígenes da Austrália e outros povos primitivos façam isso em larga medida.

Vamos começar a explorar agora!

Dia após dia, em todos os sentidos, estou ficando cada vez mais rico!

Vamos começar acompanhando Bill McCall, de Sydney, Austrália, em uma jornada de fracasso e derrota rumo ao sucesso e à realização. Aos 19 anos, Bill começou um negócio próprio – couros e peles. Fracassou. Aos 21, concorreu ao Congresso. E novamente fracassou. Parece que, em vez destroçá-lo, essas e outras derrotas motivaram o jovem australiano a desenvolver uma insatisfação inspiradora. Então ele começou a procurar por regras para o sucesso.

Veja, Bill McCall queria ficar rico e pensou que poderia encontrar as regras para a aquisição de riqueza em livros inspiradores. Ao conferir a seção de livros inspiradores da biblioteca, ficou intrigado com o título *Quem pensa enriquece – O legado*. Pegou o livro emprestado e começou a ler. Leu uma vez, leu de novo. E, mesmo lendo pela terceira vez, Bill McCall foi incapaz de entender exatamente como poderia aplicar os princípios com os quais alguns dos homens mais ricos do mundo adquiriram fortuna. Ele nos contou:

"Eu estava lendo *Quem pensa enriquece – O legado* pela quarta vez enquanto caminhava calmamente ao longo de uma rua comercial de Sydney. E então aconteceu! Aconteceu de repente. Parei diante da vitrine de um açougue e dei uma olhada. E naquela exata fração de segundo tive um lampejo de inspiração". Ele sorriu e continuou: "Exclamei em voz alta: 'É isso! Saquei!'. Assustei-me com meu desabafo emocional. Uma senhora passando por ali, também. Ela parou e me olhou com espanto. Voltei para casa com minha nova descoberta".

Ele prosseguiu em tom sério: "Veja, eu estava lendo o Capítulo 4, intitulado 'Autossugestão'. O subtítulo era 'Maneiras de influenciar a mente subconsciente'. Lembro que, quando eu era garoto, meu pai lia em voz alta o livrinho de Emile Coué *Domínio de si mesmo pela autossugestão consciente*".

McCall então olhou para Napoleon Hill e disse: "Você destacou em seu livro que, se Emile Coué foi bem-sucedido em ajudar indivíduos a evitarem doenças e trazerem doentes de volta à boa saúde por meio da autossugestão consciente, a autossugestão também poderia ser usada para adquirir riqueza ou qualquer outra coisa que se pudesse desejar. 'Enriqueça por meio da autossugestão': essa foi minha grande descoberta. Era um conceito novo para mim".

A seguir, McCall descreveu os princípios. Parecia que ele havia memorizado do livro.

> Você sabe, autossugestão consciente é a agência de controle pela qual um indivíduo pode alimentar voluntariamente sua mente subconsciente com pensamentos de natureza criativa, ou, por negligência, permitir que pensamentos de natureza destrutiva tenham um caminho de acesso ao rico jardim da sua mente.
>
> Quando lê em voz alta, duas vezes ao dia, a declaração por escrito de seu desejo de dinheiro com emoção e atenção concentrada e se sente já na posse dele, você comunica o objeto de seu desejo diretamente para a mente subconsciente. Por meio da repetição desse procedimento, você voluntariamente cria hábitos de pensamento favoráveis a seus esforços para transformar o desejo em seu equivalente monetário.
>
> Deixe-me dizer novamente: é da máxima importância que, ao ler em voz alta a declaração de desejo por meio da qual você está se esforçando para desenvolver uma consciência de dinheiro, você leia com emoção e sentimento forte. Sua capacidade de aplicar os princípios da autossugestão

> dependerá em grande medida da capacidade de se concentrar em cima de determinado desejo até que este se torne um desejo ardente.
>
> Quando cheguei em casa, sem fôlego por ter corrido, imediatamente sentei à mesa da sala e escrevi: "Minha meta principal definida é ficar milionário por volta de 1960".

Ainda olhando para Napoleon Hill, ele finalizou: "Você mencionou que uma pessoa deve ser específica quanto à quantidade de dinheiro que quer e definir uma data. Fiz isso".

O homem com quem estávamos conversando não era o jovem Bill McCall que fracassara aos 19 anos de idade. Ele ficou conhecido como o Honorável William V. McCall, o homem mais jovem a se tornar membro do Parlamento australiano, presidente do conselho de administração da subsidiária da Coca-Cola em Sydney, diretor de 22 empresas familiares. Quanto à riqueza – ele ficou milionário, tão rico quanto alguns dos homens sobre os quais leu no livro em que obteve inspiração para explorar o poder de sua mente subconsciente com a *autopersuasão*. (Casualmente, ele ficou milionário quatro anos antes do programado!) Observe que usamos "autopersuasão" como sinônimo do termo "autossugestão consciente", usado por Emile Coué.

Dia após dia, em todos os sentidos, estou ficando cada vez melhor!

William McCall recordou que, quando era pequeno, seu pai tinha se beneficiado de uma grande descoberta, feita em um livro de sua época – uma descoberta que cada homem, mulher e criança podem empregar efetivamente quando a encontrar. Como Bill McCall e seu pai, você também pode empregar corretamente o poder da autossugestão consciente.

A autossugestão consciente foi revelada a Emile Coué porque ele ousou explorar os poderes de sua mente e da mente dos outros. Antes de fazer sua grande descoberta, ele usava a hipnose para curar doenças físicas de seus pacientes. Porém, depois da grande descoberta, que na realidade se baseava em uma simples lei natural, Coué abandonou o uso da hipnose.

E como ele encontrou e reconheceu essa lei natural? A grande descoberta de Emile Coué aconteceu quando ele encontrou a resposta para algumas perguntas que havia feito a si mesmo. Eram elas:

> Pergunta nº 1: É a sugestão do médico ou a sugestão da mente do paciente que efetua uma cura?
> Resposta: Coué provou conclusivamente ser a mente do paciente que inconsciente ou conscientemente fazia a sugestão à qual a mente e o corpo reagiam. *Sem autossugestão (inconsciente) ou autossugestão consciente, sugestões externas não são eficazes.*
>
> Pergunta nº 2: Se a sugestão do médico estimula a sugestão interna do paciente, por que o paciente não consegue usar sugestões saudáveis e positivas por si mesmo? E por que não consegue abster-se de sugestões negativas prejudiciais?

A resposta à segunda pergunta veio rapidamente: qualquer pessoa, mesmo uma criança, pode ser ensinada a desenvolver uma Atitude Mental Positiva. O método é repetir afirmações positivas, tais como *dia após dia, em todos os sentidos, pela graça de Deus, estou ficando cada vez melhor*.

Ao longo de *Atitude Mental Positiva*, você verá muitos automotivadores que pode usar para sua autopersuasão. E, se até agora você não sabe como usar autopersuasão, vai saber antes de concluir este livro.

Quando a porta da morte está prestes a se abrir

Mais de 450 mil crianças nascem fora do casamento nos Estados Unidos a cada ano, e mais de um milhão de adolescentes entram nas instituições penais por roubo de carros e outros crimes. Essas tragédias pessoais poderiam em muitos casos ser evitadas se (a) os pais aprendessem como empregar a sugestão corretamente e (b) seus filhos e filhas fossem ensinados a usar a autopersuasão espiritual de forma efetiva. Por meio do uso adequado da sugestão, esses jovens poderiam ser motivados a desenvolver padrões morais invioláveis;

pela autossugestão consciente, saberiam neutralizar ou repelir as sugestões indesejáveis de seus conhecidos de forma inteligente.

Claro, cada indivíduo responde à autossugestão (*inconsciente*) ao longo de toda a vida com mais frequência do que à autossugestão *consciente*. Em tais casos, ele responde ao hábito e ao impulso interior do subconsciente. Quando um homem com AMP é confrontado por um problema pessoal sério, automotivadores fulguram do subconsciente para o consciente para ajudá-lo. Isso é especialmente verdadeiro em momentos de emergência – especialmente quando a porta da morte está prestes a se abrir. Foi esse o caso de Ralph Weppner, de Toowoomba, Queensland, Austrália, um dos nossos alunos do curso "AMP – A ciência do sucesso".

Era 1h30 da manhã. Em um pequeno quarto de hospital, duas freiras enfermeiras mantinham vigília ao lado do corpo de Ralph. Às 16h30 do dia anterior, uma chamada de emergência fora feita à sua família a fim de que corresse para o hospital. Quando chegaram, Ralph estava em estado de coma, resultado de um ataque cardíaco grave. A família agora estava no corredor, cada um se preocupando ou rezando à sua maneira.

No quarto com iluminação tênue, as freiras enfermeiras trabalhavam ansiosamente – uma em cada pulso – tentando sentir a pulsação. Como Ralph não saíra do coma durante todo esse período de seis horas e o médico fizera tudo que podia, este havia saído do quarto. Tinha ido visitar um de seus outros pacientes do hospital que também estava em estado crítico.

Ralph não conseguia se mover, falar ou sentir nada. Todavia, conseguia ouvir as vozes das enfermeiras. Em algumas partes desse período, conseguiu pensar claramente. Ouviu uma freira afirmar em tom agitado:

"Ele não está respirando! Consegue pegar uma batida?"

A resposta foi não.

Ele ouviu a pergunta e a resposta repetidas vezes. "Consegue pegar uma batida agora?" "Não."

"Estou bem", pensou, "mas devo dizer a elas. Tenho que dizer a elas de alguma forma."

Ao mesmo tempo, estava se divertindo ao ver as enfermeiras enganadas daquela forma. Ele pensava: "Eu estou bem. Não vou morrer. Mas como – como – posso dizer a elas?".

E então lembrou-se do automotivador que tinha aprendido: *você pode fazer se acreditar que pode!* Ralph tentou abrir os olhos, mas parecia que, quanto mais tentava, mais fracassava. As pálpebras não respondiam ao comando de sua vontade. Tentou mover o braço, a perna, a cabeça – mas não conseguia sentir absolutamente nenhuma reação. Na verdade, não sentia nada. Tentou abrir os olhos outra vez e mais outra, até que finalmente ouviu as palavras: "Eu vi uma pálpebra tremer – ele ainda está aí".

"Não senti medo", diz Ralph, "e ainda acho que foi muito divertido. Periodicamente uma enfermeira me chamava: 'Você está aí, senhor Weppner? Você está aí?'. Eu tentava responder movendo minha pálpebra para dizer que estava tudo bem – eu ainda estava ali."

Isso continuou por um tempo considerável até que, por meio de esforço constante, Ralph finalmente foi capaz de abrir um, depois ambos os olhos. Foi aí que o médico voltou. Com persistência e habilidade maravilhosas, médico e enfermeiras trouxeram-no de volta à vida. A autossugestão – *você pode fazer se acreditar que pode,* que havia memorizado no curso "AMP – A ciência do sucesso" – ajudou Weppner quando ele estava às portas da morte.

Persuasores ocultos

Os livros que lemos e os pensamentos que temos afetam nossa mente subconsciente. Mas também há forças invisíveis com efeitos poderosos semelhantes, embora subliminares – abaixo do reino da consciência.

Essas forças invisíveis podem ser de causas físicas conhecidas ou de fontes desconhecidas. Antes de discutir o desconhecido, vamos ilustrar com um exemplo de conhecimento comum desde a publicação de *Hidden persuaders* por Vance Packard. A história apareceu pela primeira vez em jornais norte-americanos e mais tarde foi publicada em revistas.

Vamos considerar uma reportagem que apareceu em uma destacada revista nacional sobre o tema da propaganda subliminar. A reportagem narra um experimento conduzido em um cinema de Nova Jersey onde as mensagens de publicidade piscaram tão rapidamente na tela que os espectadores não as perceberam conscientemente.

Durante um período de seis semanas, mais de quarenta mil pessoas tornaram-se alvo desse teste sem saber, enquanto frequentavam o cinema. Projetadas na tela por um processo especial que as tornava invisíveis a olho nu, havia duas mensagens publicitárias relativas a produtos disponíveis no saguão do cinema. Ao final das seis semanas, os resultados foram tabulados: as vendas de um dos produtos tinham subido mais de 50%, enquanto as vendas do outro produto subiram quase 20%. O inventor do processo explicou que, embora as mensagens fossem invisíveis, ainda assim produziam efeito em muita gente na plateia por causa da capacidade da mente subconsciente de absorver impressões demasiado fugazes para serem registradas conscientemente.

Quando a história apareceu na imprensa, o público ficou horrorizado "pela tentativa de canalizar os hábitos de pensamento, as decisões de compra e os processos de pensamento" com o uso da sugestão subliminar. As pessoas ficaram com medo. Temiam a lavagem cerebral na sua forma mais sutil. Contudo, para nós, é espantoso que ninguém tenha adotado a abordagem de AMP. A sugestão subliminar também pode ser empregada para objetivos desejáveis. Todo mundo sabe ser possível usar o poder para o mal ou para o bem, dependendo de como é direcionado.

Já que a experiência comprovou seu intento, não é preciso muita imaginação para ver quais seriam os resultados benéficos para os espectadores caso os seguintes automotivadores piscassem em uma tela de cinema:

> Deus é sempre um bom Deus!
>
> Dia após dia, em todos os sentidos, pela graça de Deus, você está ficando cada vez melhor!
>
> Tenha a coragem de enfrentar a verdade!
>
> O que a mente do homem pode conceber e acreditar, a mente do homem pode alcançar!

Cada adversidade tem a semente de um benefício equivalente ou maior para aqueles que têm uma Atitude Mental Positiva!

Você pode fazer se acreditar que pode!

Isso seria uma abordagem de AMP desde, é claro, que o consentimento do público fosse obtido com antecedência.

Por que o *Andrea Doria* e o *Valchem* afundaram?

Outro caso de uma força física conhecida que afeta a mente subconsciente pode ser mostrado pelo efeito do radar em navegadores. O *Andrea Doria*, capitaneado por Pierre Clamai, e o *Estocolmo*, sob o capitão H. G. Nordenson, colidiram a cerca de cinquenta milhas da ilha de Nantucket em 26 de julho de 1956; cinquenta pessoas morreram. O *Andrea Doria* foi avistado pelo operador de radar do *Estocolmo* quando estavam distantes dez milhas um do outro.

O navio de luxo *Santa Rosa*, da Grace Line, sob o capitão Frank S. Siwik, colidiu com o petroleiro *Valchem* em 26 de março de 1959, 22 milhas ao largo da costa de Nova Jersey. Quatro tripulantes foram mortos. O segundo imediato Walter Wells, operador de radar do *Santa Rosa*, alegou ter feito duas plotagens do curso do petroleiro *Valchem*.

As investigações em ambos os casos não produziram nenhuma explicação satisfatória sobre a verdadeira causa das colisões. As ondas dos instrumentos de radar poderiam ser o motivo? Talvez Sidney A. Schneider tenha a resposta.

No início da adolescência, Sidney A. Schneider, de Skokie, Illinois, interessou-se por hipnotismo quando observou seu irmão mais velho, um estudante universitário, colocar sua primeira cobaia sob hipnose com sucesso. Sidney tornou-se um hipnotizador perito. Durante sua carreira profissional, tornou-se operador de rádio e engenheiro eletrônico.

Na Segunda Guerra Mundial, Sidney Schneider foi uma parte vital do sistema conhecido como Informação, Amigo ou Inimigo (IFF – Information, Friend or Foe). Seu trabalho era certificar-se de que cada navio que saísse dos Estados Unidos estivesse equipado com radar. Ele notou que os operadores de radar às vezes entravam em transe. *Eles não sabiam que haviam estado em transe quando saíam daquele estado.*

Por causa de seu conhecimento de hipnose e eletrônica, Schneider concluiu que a atenção fixa dos funcionários navais ocorria quando as ondas da máquina de radar sincronizavam-se com as ondas cerebrais do operador. Com base nessa teoria, ele mudou as ondas do instrumento de radar e eliminou a recorrência dos transes.

Sidney Schneider contou-nos que converteu suas conclusões sobre o princípio que colocava os marinheiros operadores de radar em transe no Sincronizador de Ondas Cerebrais, uma máquina inventada por ele depois da guerra.

O que é o Sincronizador de Ondas Cerebrais? É um instrumento eletrônico projetado para induzir a vários níveis de hipnose por estimulação subliminar e fótica (pela luz) das ondas cerebrais. O instrumento pode ser usado sozinho ou combinado com uma gravação de sugestões verbais do terapeuta. Não são colocadas conexões físicas ou acessórios no paciente. Obtêm-se resultados a qualquer distância em que a luz da máquina seja visível. O aparelho induz a níveis hipnóticos leves e profundos em mais de 90% dos indivíduos no tempo médio de três minutos.

Em um experimento com o Sincronizador de Ondas Cerebrais, nenhuma das pessoas envolvidas foi informada sobre a máquina ou o que ela poderia fazer. Nem foi dito que elas eram objetos de um experimento. Ainda assim, 30% delas foram hipnotizadas em diversos graus, variando de estados leves a profundos.

"Por que e como o Sincronizador de Ondas Cerebrais funciona?", perguntamos. Schneider explicou:

> É como um transmissor de televisão. O cérebro humano produz pulsos (ondas) de eletricidade em várias faixas de frequência. Esse conhecimento foi aplicado no campo da medicina a partir de 1929 e na invenção do eletroencefalógrafo, comumente conhecido como máquina de EEG, um aparelho para gravação de ondas cerebrais.

> Minha máquina funciona de modo muito parecido com um sistema de televisão. A razão pela qual a imagem no seu aparelho receptor não oscila para cima ou para baixo é que os impulsos gerados dentro do aparelho sincronizam-se com os impulsos correspondentes gerados pela estação transmissora. O receptor é forçado a operar a uma taxa controlada pelo transmissor, e a imagem deve obedecer.
>
> Como o transmissor de uma estação de TV, o Sincronizador de Ondas Cerebrais também produz pulsos de sincronização. E, por meio da estimulação fótica, as ondas enviadas pelo sincronizador também fazem a frequência das ondas cerebrais entrarem naquele pulso. Nesse ponto, a hipnose pode ser alcançada. Simplesmente compare seu cérebro a um aparelho receptor e o Sincronizador de Ondas Cerebrais a um transmissor de televisão.

Ao continuar a ler, você vai ver que, além de comparar o cérebro a um aparelho receptor, você também pode compará-lo a um transmissor de TV.

Pouco conhecimento torna-se uma coisa perigosa

Acabamos de explorar algumas forças invisíveis de *causas físicas conhecidas*. Agora vamos avançar ainda mais no reino do desconhecido: o eletrizante campo dos fenômenos psíquicos, tais como:

1. PES (percepção extrassensorial): consciência de, ou reação a, um evento ou influência externos não apreendidos pelos meios sensoriais. Aqui estão incluídos:
   - Telepatia: transferência de pensamento.
   - Clarividência: o poder de discernir objetos que não estão presentes para os sentidos.
   - Precognição: ver o futuro.
   - Pós-cognição: ver o passado.
2. Psicocinese: o efeito da mente sobre um objeto.

Vamos ser realistas e manter os pés firmes no chão. Vamos explorar o desconhecido com bom senso. Você correrá perigo a menos que use uma boa lógica e evite juntar teias de aranha em seu pensamento. Os fatos devem ser suas pedras para pisar sobre o rio da dúvida. Portanto, deixe um guia experiente conduzi-lo ao longo de caminhos seguros. Vamos apresentar a você um guia assim. Mas, antes, vamos falar do passado.

O famoso livro de Thomas J. Hudson *A lei dos fenômenos psíquicos* tornou-se *best-seller* quando publicado, em 1893 (hoje o livro é publicado em brochura nos Estados Unidos pela Kessinger Publishing, Whitefish, Montana). A obra contém muitas histórias eletrizantes de experiências psíquicas relatadas. A imaginação de dezenas de milhares de pessoas que leram esse livro foi estimulada. Algumas estavam prontas. Outras, não.

Dali em diante, o interesse público pelos fenômenos psíquicos aumentou rapidamente. Mas muitas pessoas não preparadas de modo adequado causaram danos a si mesmas, tornando-se desequilibradas. Isso se deveu ao assombro e interesse magnético que o pouco conhecimento sobre os poderes psíquicos gerou dentro delas. Há uma tendência perceptível em algumas pessoas não devidamente instruídas e maduras em seu pensamento e não muito bem ajustadas emocionalmente de ficarem fascinadas com esse estudo intrigante. É fácil entender por que tantos líderes religiosos, cientistas e pessoas responsáveis pelo bem-estar do povo consideraram o estudo de fenômenos psíquicos um anátema:

- A imaginação corria desenfreada e ameaçava a sanidade do povo.
- Fatos e ficção pareciam indistinguíveis.
- Hipnotismo por amadores e artistas de variedades, assim como as trapaças e fraudes praticadas por faquires, médiuns e charlatães abusavam da mente do público.
- Princípios religiosos básicos foram retorcidos em uma direção que levava ao mal.

Qualquer coisa associada a fenômenos psíquicos tornou-se repelente. Virou tabu. Apesar dos perigos, tabus e ostracismo social ou profissional, houve homens corajosos, honrados e de bom senso que tiveram a coragem de explorar em busca da verdade.

Coube à longa e corajosa luta do doutor Joseph Banks Rhine, que trabalhou na Universidade Duke, inspirado e assistido pela esposa, a doutora Louisa E. Rhine, revestir o estudo de fenômenos psíquicos de respeitabilidade. Isso graças ao carácter impecável de Rhine e seus trinta anos de experimentos controlados de laboratório com base em leis matemáticas.

A tarefa de Rhine foi árdua, pois os fenômenos psíquicos espontâneos não tendem a ocorrer em laboratório. Tais fenômenos ocorrem quando menos se espera e geralmente quando a pessoa está sob grande pressão emocional ou possuída de um desejo obsessivo intensificado – muitas vezes por ocasião da morte de um ente querido.

Westinghouse investe em comunicação extrassensorial

É evidente que, hoje em dia, qualquer escritor que aborda o tema dos fenômenos psíquicos se empenha em ter a proteção de uma parte do manto de respeitabilidade de Rhine, referindo-se a ele e à Universidade Duke para tornar suas próprias teorias digeríveis. Não somos exceção. Sugerimos com insistência que, caso você tenha interesse em ir além, leia *The Reach of the Mind* e os outros livros dos quais Rhine é autor ou coautor. Nossa recomendação: deixe Joseph Banks Rhine ser seu guia.

Qual o grau de êxito do trabalho de Rhine em quebrar a resistência à investigação e à crença nos estranhos poderes da mente? Um teste justo, nos parece, reside no fato de que empresários pragmáticos ficaram convencidos e estão fazendo experiências próprias. Em uma entrevista, o doutor Peter A. Castruccio, diretor do Instituto de Astronáutica Westinghouse, confirmou que os cientistas da entidade estão engajados em pesquisas para encontrar meios de usar a telepatia e a clarividência na comunicação de longa distância. Castruccio também manteve longo contato com Rhine antes da decisão de se envolver nessa grande experiência.

Será que a busca de formas e meios de aproveitar a telepatia e a clarividência e torná-las comercialmente viável terá êxito? Deixe-nos responder da seguinte maneira: não faz muito tempo, as pessoas zombavam de ideias que eram inacreditáveis para elas na época, mas hoje são aceitas sem questionamento: (a) a transformação de matéria em energia e de energia em matéria, (b) a cisão do átomo, (c) os satélites artificiais, (d) a força de jato ou (e) artigos do cotidiano, como a televisão. E o computador eletrônico projetado a partir do computador humano, o cérebro e o sistema nervoso?

Cada um desses avanços foi concebido, acreditado e alcançado pelo homem com AMP! Máquinas que operam à velocidade de luz – trezentos mil quilômetros por segundo! Máquinas que podem calcular quarenta mil operações aritméticas por segundo e detectar e corrigir os próprios erros! Máquinas que se tornaram realidade porque o homem as construiu em circuitos elétricos que, em muitos aspectos, funcionam como a atividade elétrica conhecida do sistema nervoso do nosso próprio corpo físico. Nossa resposta:

O que a mente do homem pode conceber e acreditar, a mente do homem pode alcançar com AMP!

Mas nenhuma máquina ou invenção do homem é tão maravilhosa como o seu próprio e magnífico computador: seu cérebro e seu sistema nervoso, com o poder de atividade elétrica. O homem é mais do que um corpo com um cérebro.

Você é uma mente com um corpo – uma mente possuidora de, e também afetada por, poderes conhecidos e desconhecidos! Uma mente composta por duas partes: consciente e subconsciente.

Aqui realçamos principalmente o conceito da mente subconsciente – seus poderes e as forças conhecidas e desconhecidas que a afetam. E quanto à mente consciente? Ela é igualmente importante. E você vai ler sobre isso no próximo capítulo, intitulado "... E algo mais!".

Agora, se a leitura não proporcionou uma visão sobre como você pode apertar o botão certo para conseguir o que quer da máquina que tem, atreva-se a explorar os poderes de sua mente. Guie-se pelo Piloto nº 4 ... E algo mais!

PILOTO Nº 4

PENSAMENTOS PELOS QUAIS SE GUIAR

1. *Você é uma mente com um corpo.* Seu corpo é uma máquina elétrica. Seu cérebro é um mecanismo que é uma maravilha elétrica.

2. Sua mente tem duas partes: consciente e subconsciente. Elas trabalham juntas.

3. *Autossugestão consciente* e *autopersuasão* são sinônimos e contrastam com a palavra *autossugestão*, uma atividade inconsciente. A *autossugestão* envia mensagens do subconsciente para a mente consciente, bem como para partes do corpo, de forma automática. A mente subconsciente é a sede do hábito, da memória, dos padrões de conduta invioláveis, etc.

4. *Dia após dia, em todos os aspectos, estou ficando cada vez melhor.* Autoafirmações repetidas com frequência, rapidez e emoção afetam a mente subconsciente e a fazem reagir. Bill McCall adquiriu riqueza pela da utilização da autopersuasão.

5. A grande descoberta de Coué foi: você pode usar sugestões saudáveis e positivas para ajudar a si mesmo. E também pode abster-se de sugestões negativas e prejudiciais.

6. Aprenda a usar a sugestão adequada para influenciar os outros. Aprenda a empregar a autossugestão consciente correta. Quando fizer isso, você poderá ter saúde física, mental e moral, felicidade e sucesso.

7. *Você pode fazer se tiver AMP e acreditar que pode.*

8. Persuasores ocultos: utilize a abordagem de AMP.

9. Seu cérebro emite energia sob a forma de ondas cerebrais. E essa energia é o poder que pode afetar outra pessoa ou um objeto.

10. Pouco conhecimento pode ser uma coisa perigosa. Atreva-se a explorar os poderes de sua mente. Quando entrar no perigoso território inexplorado dos fenômenos psíquicos, deixe Joseph Banks Rhine ser o seu guia.

DIA APÓS DIA, EM TODOS OS SENTIDOS, PELA GRAÇA DE DEUS, ESTOU FICANDO CADA VEZ MELHOR POR MEIO DE AMP.

CAPÍTULO 5

... E ALGO MAIS

Você já tentou para valer – e ainda assim falhou?

Talvez tenha falhado porque era necessário *algo mais* para trazer o sucesso que você buscava. O axioma de Euclides diz: "O todo é igual à soma de todas as partes e é maior do que qualquer de suas partes". Isso pode ser avaliado, assimilado e aplicado em cada resultado ou realização. Por outro lado, qualquer parte é menor do que o todo. Portanto, é importante que você adicione todas as partes necessárias para completar o todo.

Atitude mental negativa é uma das principais causas de fracasso. Você ignora fatos, leis e poderes universais desnecessariamente. Pode conhecer muitos deles, mas fracassar em aplicá-los a uma necessidade específica. Pode não saber como relacionar, usar, controlar ou harmonizar poderes conhecidos e desconhecidos.

Quando busca o sucesso com AMP, você continua tentando. Continua pesquisando para encontrar *algo mais.* O fracasso é vivido por aqueles que, quando experimentam a derrota, param de tentar encontrar o *algo mais.*

É fácil quando você aprende o algo mais e experimenta o *know-how*. Dê um quebra-cabeça para uma criança, e talvez ela não consiga montá-lo. Se continuar tentando e aprender como resolvê-lo, ela o montará rapidamente. Você não é criança. Mas talvez haja vários enigmas da vida que queira resolver. Você pode resolvê-los mais facilmente com AMP.

Por exemplo, certa vez um compositor escreveu uma canção, mas não conseguiu lançá-la. George M. Cohan comprou-a e acrescentou *algo mais.* O *algo mais* rendeu-lhe uma fortuna. Ele apenas acrescentou três palavrinhas: *Hip, hip, hurra!*

Thomas Edison fez mais de dez mil experimentos antes de desenvolver uma lâmpada incandescente de sucesso. Após cada derrota, ele continuou à procura de *algo mais,* até encontrar o que buscava. Quando o desconhecido tornou-se conhecido para ele, inúmeras lâmpadas elétricas puderam ser fabricadas. Foi necessário apenas aplicar leis universais que sempre existiram, mas que anteriormente não haviam sido reconhecidas como aplicáveis à invenção específica.

Existem muitas curas e prevenções para doenças. Todavia, em determinado momento, eram desconhecidas. A prevenção para a pólio era desconhecida até o doutor Jonas Edward Salk utilizar princípios da lei universal que antes não eram aplicados pela medicina para a prevenção dessa temida doença.

Você pode fazer um milhão de dólares empregando uma fórmula de sucesso. Se perder seu dinheiro, pode fazer outro milhão – e até mais! Quer dizer, desde que saiba a fórmula e a aplique. Suponha que você não tenha reconhecido a fórmula que o ajudou a fazer seu primeiro milhão. Você pode fracassar na segunda tentativa, pois se desvia dos princípios do sucesso aplicáveis. Em sua segunda tentativa, pode precisar fazer ajustes devido a condições cambiantes. Mas os princípios permanecerão os mesmos.

Orville e Wilbur Wright voaram com sucesso porque acrescentaram algo mais

Muitos inventores chegaram muito perto de fazer o avião antes dos irmãos Wright. A dupla usou os mesmos princípios utilizados pelos outros. Mas acrescentou *algo mais.* Os irmãos Wright criaram uma nova combinação. Por isso tiveram sucesso onde todos os outros falharam. O *algo mais* foi bastante simples. Eles anexaram *flaps* móveis de formato específico nas extremidades das asas, de modo que o piloto pudesse controlá-los e manter o equilíbrio do avião. Esses *flaps* foram os precursores do *aileron* moderno.

Você notará um denominador comum em todas as histórias de sucesso. Em cada caso, o ingrediente secreto foi a aplicação de uma lei universal anteriormente não aplicada. Isso fez a diferença. Então, se você está no limiar do sucesso sem conseguir atravessá-lo, tente acrescentar *algo mais*. Não precisa ser muito. As palavras "Hip, hip, hurra" eram só o que faltava para fazer uma canção de sucesso. Pequenos *flaps* foram a única coisa necessária para fazer um avião voar depois de tentativas fracassadas. Não é necessariamente a quantidade de *algo mais*, mas a "qualidade inspirada" que conta.

Por que a Suprema Corte decidiu que Graham Bell inventou o telefone?

Muita gente alegou ter inventado o telefone antes de Alexander Graham Bell. Entre os que detinham patentes anteriores estavam Gray, Edison, Dolbear, McDonough, Vanderweyde e Reis. O único que aparentemente chegou perto do sucesso foi Philipp Reis. A pequena diferença que fez grande diferença foi um único parafuso. Reis não sabia que, se tivesse girado um parafuso 1/4 de volta, teria transformado a corrente alternada em corrente contínua. E então teria sido bem-sucedido! Em um caso levado à Suprema Corte dos Estados Unidos, o tribunal observou:

> É evidente que Reis sabia o que tinha de ser feito a fim de transmitir a fala pela eletricidade, pois, em seu primeiro artigo, disse: "Tão logo seja possível produzir, em qualquer lugar e de qualquer forma, vibrações cujas curvas sejam as mesmas que as de qualquer tom ou combinação de tons determinados, deveremos receber a mesma impressão que esse tom ou combinação de tons teria produzido em nós".

A seguir a corte esclareceu: "Reis descobriu como reproduzir tons musicais, mas não mais que isso. Ele podia cantar por meio de seu aparelho, mas não podia falar. Do início ao fim ele admitiu isso".

Como no caso dos irmãos Wright, o *algo mais* que Bell adicionou foi relativamente simples. Ele mudou de uma corrente intermitente para uma corrente contínua, o único tipo capaz de reproduzir a fala humana. As duas correntes são exatamente a mesma corrente direta. "Intermitente" significa quebrada por uma pequena pausa. Especificamente, Bell manteve o circuito aberto em vez de quebrar o circuito intermitentemente como Reis tinha feito. A Suprema Corte concluiu:

> Reis nunca pensou nisso e não conseguiu transmitir a fala telegraficamente. Bell teve êxito. Sob tais circunstâncias, é impossível sustentar que o que Reis fez foi uma antecipação da descoberta de Bell. Seguir Reis é fracassar, mas seguir Bell é ter sucesso. A diferença entre os dois é simplesmente a diferença entre fracasso e sucesso. Se Reis tivesse prosseguido, poderia ter encontrado a rota para o sucesso, mas ele parou e fracassou. Bell deu seguimento ao trabalho e o levou a um resultado bem-sucedido.

O sócio majoritário silencioso inspirou o sucesso

R. G. LeTourneau, construtor de equipamento pesado de terraplenagem, motivou milhares de pessoas com seus discursos inspiradores. Nas palestras, ele se referia com reverência a "meu sócio majoritário". Falava sobre a inspiração e ajuda que recebera do "sócio". LeTourneau tinha pouca educação formal. Mas realizou feitos de engenharia espantosos.

Como subempreiteiro da grande represa Hoover em Nevada, LeTourneau perdeu uma fortuna ao ser surpreendido por um estrato de rocha. O custo de perfuração da rocha foi maior do que ele havia calculado e estipulado em contrato. Com isso, ele quebrou tentando cumprir sua parte no acordo.

Mas, em vez de ficar remoendo a perda, LeTourneau voltou-se para a oração. Como ele rezou? Expressando gratidão – profunda gratidão – pelo que lhe restara: um corpo sadio. Um par de mãos fortes. Um cérebro que podia pensar. E *algo mais*. "Nas minhas horas de maior aflição", disse LeTourneau, "encontrei meu maior trunfo na revelação e descoberta de um sócio majoritário silencioso. Desde então, reconheço esse sócio na minha vida pessoal e empresarial. Tudo o que tenho – tudo o que fiz que valeu a pena – devo a ele."

Napoleon Hill esteve associado a LeTourneau por dezoito meses e teve a oportunidade de observá-lo de perto. Àquela altura, LeTourneau tornara-se um conhecido conferencista inspirador. Ele dedicava muito de seu tempo a viajar por todo o país em seu avião particular, pregando sua mensagem: "É maravilhoso participar de uma sociedade com Deus". Certa noite, quando os dois homens voavam de volta para casa após uma palestra na Carolina do Norte, aconteceu algo interessante.

Após a decolagem, LeTourneau foi dormir. Cerca de trinta minutos depois, Napoleon Hill o viu pegar um caderninho do bolso e escrever várias linhas. Depois que o avião pousou, Hill perguntou a LeTourneau se ele lembrava de ter escrito em seu caderno. "Ué, não!", exclamou LeTourneau. Tirou o caderno do bolso na mesma hora e olhou. Ele disse: "Está aqui! Estava em busca disso há vários meses! Aqui está a resposta para um problema que me impedia de completar uma máquina em que estamos trabalhando".

Quando você receber um lampejo de inspiração, anote-o! Pode ser o *algo mais* que você está procurando. Acreditamos que a comunicação com a Inteligência Infinita se dá por meio da mente subconsciente. Acreditamos que você deve estabelecer o hábito de anotar lampejos de inspiração no instante em que eles são comunicados do subconsciente para o consciente.

Albert Einstein desenvolveu teorias complexas e profundas sobre o universo e as leis naturais que o controlam. Contudo, usou apenas os instrumentos mais simples – mas mais importantes – já inventados: um lápis e um pedaço de papel. Ele escrevia suas perguntas e respostas. Você desenvolverá seus poderes mentais quando aprender e desenvolver o hábito de se fazer perguntas – quando aprender e desenvolver o hábito de usar lápis e papel para anotar suas dúvidas, ideias e respostas.

É improvável que Einstein e outros cientistas chegassem a suas conclusões bem-sucedidas sem ter aprendido a partir do conhecimento registrado por matemáticos e cientistas que os precederam. Também é improvável que tivessem tentado sem ter se motivado a procurar princípios universais após desenvolver o hábito de se engajar em períodos de pensamento e ação. Você conhece algum grande pensador ou pessoa realizadora que não faça anotações das ideias que lhe ocorrem?

Aprenda pensamento criativo com o pensador criativo

O poder criador da mente e *Imaginação aplicada,* de Alex F. Osborn, da agência de publicidade Batten, Barton, Durstine e Osborn, inspirou centenas de milhares de pessoas a se engajar em pensamento criativo. Igualmente importante é que essas pessoas foram motivadas à ação positiva e construtiva. O pensamento não é criativo a menos que seja levado adiante pela ação.

Osborn, como muitos pensadores criativos, usava um bloco de notas e um lápis como ferramentas de trabalho favoritas. Quando ocorria uma ideia, ele a anotava. Como outros grandes realizadores, dedicava-se a períodos de pensamento, planejamento e estudo. Alex Osborn afirmou uma verdade óbvia quando disse: "Todo mundo tem alguma capacidade criativa, mas a maioria não aprendeu a usá-la".

Os métodos de *brainstorming* de Osborn, explicados em seu livro *Imaginação aplicada,* obra de fácil leitura, são empregados em salas de aula de faculdade, fábricas, escritórios, igrejas, clubes e em casa. *Brainstorming,* conforme desenvolvido por Osborn, é um método muito simples, no qual duas ou mais pessoas usam a imaginação coletiva para chegar a ideias que fulguram do subconsciente para a mente consciente em resposta a uma pergunta sobre um problema específico. As ideias são anotadas tão logo ocorrem à mente dos participantes. Não é permitido nenhum julgamento crítico antes que muitas dessas ideias sejam anotadas. Mais tarde, são esquadrinhadas e julgadas para se determinar a praticidade e o valor.

A Faculdade La Salle da Filadélfia e muitas universidades em todo o país ministram cursos detalhados de pensamento criativo, incluindo os métodos utilizados por pensadores criativos em muitas fases dos negócios e da indústria.

Ele praticou pensamento criativo "sentando em busca de ideias"

Foi o pensamento criativo que permitiu a Elmer Gates fazer deste mundo um lugar melhor para se viver. Gates foi um grande professor, filósofo, psicólogo, cientista e inventor norte-americano. Ao longo da vida, desenvolveu centenas de invenções e descobertas em vários campos das artes e das ciências. A própria vida de Gates provou que seus métodos de desenvolvimento do corpo e cérebro poderiam gerar um físico saudável e aumentar a eficiência da mente.

Napoleon Hill contou como, munido de uma carta de apresentação de Andrew Carnegie, foi visitar Gates em seu laboratório em Chevy Chase. Quando Hill chegou, a secretária disse: "Sinto muito, mas... não estou autorizada a perturbar o doutor Gates neste momento"..

"Quanto tempo você acha que vai demorar para que eu possa vê-lo?", perguntou.

"Não sei, mas pode demorar até três horas", ela respondeu.

"Você poderia me dizer por que não pode perturbá-lo?"

Ela hesitou e então informou: "Ele está sentado em busca de ideias".

Napoleon Hill sorriu. "O que significa 'sentado em busca de ideias'?"

Ela retornou o sorriso e disse: "Talvez seja melhor deixarmos o doutor Gates explicar. Realmente não sei quanto tempo vai demorar, mas você está convidado a esperar. Se preferir vir em outro dia, verei se consigo marcar um horário certo e definitivo".

Hill decidiu esperar. Foi uma decisão valiosa. O que aprendeu fez a espera valer a pena. Ele relembrou o que aconteceu da seguinte maneira:

> Quando Gates finalmente apareceu na sala e sua secretária nos apresentou, contei em tom jocoso o que ela havia dito. Depois de ler a carta de apresentação de Andrew Carnegie, ele respondeu em tom afável: "Você teria interesse em ver onde me sento em busca de ideias e como faço isso?".
>
> Ele me levou para uma salinha à prova de som. A única mobília no cômodo consistia em uma mesa e uma cadeira simples. Em cima da mesa, blocos de papel, vários lápis e um interruptor para acender e apagar as luzes.

Em nossa entrevista, Gates explicou que, quando não conseguia obter uma resposta para um problema, entrava na sala, fechava a porta, sentava-se, apagava as luzes e mergulhava em profunda concentração. Ele aplicava o princípio do sucesso da atenção controlada, pedindo ao subconsciente para dar uma resposta para o problema específico, fosse qual fosse. Em algumas ocasiões, as ideias pareciam não vir. Em outras, afluíam à sua mente na mesma hora. E, em alguns casos, levava até duas horas para aparecerem. Tão logo começavam a se cristalizar, ele acendia as luzes e passava a escrever.

Elmer Gates refinou e aperfeiçoou mais de duzentas patentes que outros inventores tinham empreendido, mas ficado aquém do sucesso. Conseguiu adicionar os ingredientes que faltavam – o *algo mais*. Seu método consistia em começar pela análise do pedido de patente e seus desenhos até encontrar sua fraqueza, o *algo mais* que faltava. Ele levava uma cópia do pedido de patente e dos desenhos para a saleta. Ao sentar-se em busca de ideias, concentrava-se em encontrar a solução para um problema específico.

Quando Napoleon Hill pediu a Gates para explicar a origem de seus resultados ao sentar-se em busca de ideias, ele afirmou que "as fontes de todas as ideias" são:

1. Conhecimento armazenado na mente subconsciente e adquirido por meio da experiência individual, observação e educação.
2. Conhecimento acumulado por outros pelos mesmos meios, que podem ser transmitidos por telepatia.
3. O grande armazém universal da Inteligência Infinita, onde é depositado todo o conhecimento e todos os fatos e que pode ser contatado por meio do subconsciente.

"Quando sento em busca de ideias, posso sintonizar uma ou todas essas fontes. Se outras fontes de ideias estão disponíveis, não sei quais são." Elmer Gates encontrava tempo para se concentrar e *pensar* em sua busca por *algo mais*. Ele sabia o que estava procurando especificamente. E ia adiante com ação positiva.

No Capítulo 7, vamos discutir como você pode "aprender a ver", de modo que sua busca por *algo mais* seja facilitada. Nessa busca, você pode falhar. Porém, ao fracassar, você pode ter sucesso em descobrir algo ainda maior. Pergunte a si mesmo: "Por quê?". Seja observador. Pense! Entre em ação!

Acreditamos que a Bíblia, um dicionário e uma enciclopédia bons e abrangentes devem estar presentes em cada casa. Eles também podem ajudar na busca pelo *algo mais.*

Não tenha vergonha de ser como Cristóvão Colombo

Olhe em sua *Enciclopédia Britânica* e você encontrará a história eletrizante e emocionante de Cristóvão Colombo. Ele estudou astronomia, geometria e cosmografia na Universidade de Pavia. *O livro de Marco Polo,* teorias de geógrafos, relatórios e tradições de navegantes, bem como embarcações com obras de arte e artesanato de origem não europeia lançadas ao mar – tudo isso estimulou a imaginação de Colombo.

Passo a passo, ao longo dos anos, por meio de raciocínio indutivo, ele chegou à firme convicção de que o mundo era uma esfera. Tendo chegado a tal conclusão, ficou convencido, por meio do raciocínio dedutivo, de que o continente asiático poderia ser alcançado navegando-se para oeste a partir da Espanha, assim como Marco Polo havia alcançado viajando para o leste. Ele desenvolveu um desejo ardente de provar sua teoria. Buscou o apoio financeiro necessário, navios e homens para explorar o desconhecido *e encontrar algo mais.*

Ele entrou em ação! Manteve a mente no objetivo. Durante um período de dez anos, muitas vezes esteve prestes a receber a ajuda necessária. Mas o embuste de um rei... o ridículo, a desconfiança e o medo de funcionários subordinados do governo... a descrença daqueles que queriam ajudá-lo, mas no último momento se recusavam por causa do ceticismo de seus assessores científicos... tudo isso provocou derrota após derrota. *Ele continuou tentando.*

Em 1492, Colombo recebeu a ajuda pela qual tão persistentemente havia procurado e rezado! Em agosto do mesmo ano, navegou a oeste para a Índia, China e Japão. Estava no curso certo e na direção certa.

Você conhece a história. Depois de desembarcar nas ilhas do Caribe, Cristóvão Colombo retornou à Espanha com ouro, algodão, papagaios, armas curiosas, plantas misteriosas, pássaros, entre outros animais desconhecidos, e vários nativos. Pensava que tinha alcançado seu objetivo e chegado às ilhas da Índia. Fracassou. Não tinha chegado à Ásia. Mas, sem ter consciência disso imediatamente, Colombo tinha encontrado *algo mais!* Um bocado e tanto a mais!

Você, como Cristóvão Colombo, pode falhar em alcançar seus objetivos principais mais elevados ou suas sublimes obsessões. Você, como Colombo, pode fracassar em seus esforços para chegar a um destino distante no reino do desconhecido. Mas pode descobrir *algo mais* – algo equivalente à riqueza das Américas.

Você, como Colombo, pode inspirar e direcionar aqueles que o seguem a rumar na direção certa, no curso certo, e ir mais longe no desconhecido até alcançar os objetivos dignos que concebeu. Você, como Colombo, tem tempo e o poder de pensar. Você, como Colombo, pode esforçar-se com persistência e com uma Atitude Mental Positiva para alcançar seus objetivos principais definidos e encontrar *algo mais*. Você não precisa ter vergonha de ser um fracasso como Cristóvão Colombo.

... E ALGO MAIS! COMO APLICAR ISSO?

Agora você deve estar em condições de extrair princípios de exemplos específicos, de modo que possa relacionar, assimilar e usá-los. Concordamos com o almirante H. G. Rickover nas verdades fundamentais de sua declaração:

> Entre os jovens engenheiros que entrevistamos, encontramos uns poucos que tiveram formação completa nos fundamentos ou princípios de engenharia; porém, a maioria absorveu quantidades de fatos [...] muito mais fáceis de aprender do que os princípios, mas de pouco uso sem a aplicação destes. *Uma vez adquirido, um princípio torna-se parte do indivíduo e nunca é perdido.* Pode ser aplicado a novos problemas e não se torna obsoleto, como acontece com todos os fatos em uma sociedade cambiante.[1]

---

[1] Do livro *Education and Freedom*, de H. G. Rickover.

Aprenda os princípios. Aplique-os. Se você não está fazendo progresso satisfatório para alcançar seus objetivos, *procure o algo mais!* Pode ser algo conhecido ou desconhecido. Mas você vai encontrá-lo se dedicar o tempo necessário para estudar, pensar, planejar e pesquisar.

Agora, este capítulo não estaria completo sem referência à *força cósmica do hábito*. Usar a força cósmica do hábito é um dos dezessete princípios do sucesso. E o conceito da força cósmica do hábito é fácil de entender. Trata-se de um nome que demos ao *poder aplicado* de qualquer princípio ou lei natural e universal, conhecido ou desconhecido. A força cósmica do hábito pode ser simplesmente definida como o uso da lei universal, seja ela conhecida ou desconhecida para você.

Por exemplo, é fácil entender que, quando um objeto cai no chão, a lei da gravidade está em ação. Portanto, se você quer que um objeto caia de determinada altura, usa a força cósmica do hábito. Nesse caso em particular, a lei da gravidade.

Mas a lei da gravidade, ou qualquer outra lei, não é em si mesma um poder. Quando você usa o princípio corretamente, aí, sim, o poder é empregado de acordo com a lei universal. A quebra do átomo, cada invenção, fórmula química, fenômeno psíquico, ação e reação individual – seja algo físico, mental ou espiritual – é o resultado do uso da lei natural. Para cada resultado existe uma causa. E o resultado é ocasionado pelo uso da força cósmica do hábito.

Novamente, *o homem é uma mente com um corpo*. E pode pensar. É por meio do pensamento que ele aprende a usar a força cósmica do hábito. E o pensamento pode transformar os pensamentos que ele pensa em realidade.

Esse conceito não é difícil de compreender, pois em 1900 Albert Einstein deu ao mundo a famosa fórmula: $E = mc^2$. A fórmula explica a relação entre energia e matéria. Quando a matéria se aproxima da velocidade da luz, chamamos de energia, e, à medida que a velocidade diminui para zero, continua a ser matéria. Na fórmula, "E" é energia, "m" é massa ou matéria e "c" representa a velocidade da luz.

Assim vemos que a fórmula de Einstein é um símbolo em palavra de uma das leis da força cósmica do hábito. Por compreender e aplicar essa fórmula, o homem tem sido capaz de transformar matéria em energia, energia em matéria e de usar a energia atômica para fins construtivos, tais como iluminar uma cidade inteira, abastecer navios, ou mesmo para questões cotidianas como gerar calor para cozinhar. "... E algo mais" – agora podemos ver que, como matéria e energia são a mesma coisa, tudo no universo está relacionado.

Então, "Você tem um problema? Isso é bom!". Você vai aprender no capítulo seguinte como adaptar muitas das lições aprendidas neste capítulo à sua vida. Com isso terá condições de enfrentar com êxito os problemas criados pela lei universal da mudança, que – como toda lei natural – é resultado da força cósmica do hábito.

PILOTO Nº 5

PENSAMENTOS PELOS QUAIS SE GUIAR

1. ... E *algo mais*. O que o importante princípio contido neste capítulo significa para você e como você pode aplicá-lo?
2. Se você falhou em um empreendimento, pode ser porque falte *algo mais* – falta um número em sua combinação de sucesso?
3. O todo é igual à soma de todas as partes e é maior do que qualquer de suas partes. A falta de alguma está impedindo seu sucesso?
4. A pequena diferença entre sucesso e fracasso muitas vezes é *algo mais*: *Hip, hip, hurra!* Um *flap* de asa móvel. Um quarto de volta de um parafuso.
5. Você tem sociedade com seu sócio majoritário?
6. Use os instrumentos mais simples, mas mais importantes, já inventados – papel e lápis – para anotar lampejos de inspiração quando estes ocorrerem.
7. Qual é a diferença entre a técnica de *brainstorming* e a de "sentar em busca de ideias"? Qual é o valor de cada uma?
8. Use o princípio do sucesso da atenção controlada.

9. Não tenha medo de ser um fracasso como Cristóvão Colombo.
10. Você estabeleceu o hábito de aprender os princípios fundamentais ou apenas absorve quantidades de fatos?
11. Você entende e consegue aplicar em sua experiência as verdades e os princípios fundamentais da declaração do almirante H. G. Rickover?

VOCÊ NÃO PRECISA TER VERGONHA
DE SER UM FRACASSO
COMO CRISTÓVÃO COLOMBO!

PARTE II

CINCO BOMBAS MENTAIS PARA ATACAR O SUCESSO

CAPÍTULO 6

VOCÊ TEM UM PROBLEMA? ISSO É BOM!

Então você tem um problema? Isso é bom! Por quê? Porque vitórias repetidas sobre seus problemas são os degraus da escada do sucesso. A cada vitória você cresce em sabedoria, estatura e experiência. Torna-se uma pessoa melhor, maior e mais bem-sucedida a cada vez que encontra e lida com um problema e o supera com AMP.

Pare e pense por um momento. Você conhece um único caso em que tenha havido qualquer conquista real na sua vida, ou na vida de qualquer pessoa na história, que não se deva a um problema enfrentado pelo indivíduo?

Todo mundo tem problemas. Isso porque você e tudo no universo estão em constante processo de mudança. A mudança é uma lei natural inexorável. O que é importante para você é que seu sucesso ou fracasso em enfrentar os desafios da mudança dependem de sua atitude mental.

Você pode direcionar seus pensamentos e controlar suas emoções e, portanto, regular a sua atitude. Pode escolher se sua atitude será positiva ou negativa. Pode decidir se vai relacionar, usar, controlar ou harmonizar as mudanças em si mesmo e no seu ambiente. Pode ordenar seu destino. Quando enfrenta os desafios da mudança com AMP, pode resolver de modo inteligente cada problema com o qual é confrontado.

Como se enfrenta um problema com AMP?

Se você sabe o primeiro e principal elemento de uma Atitude Mental Positiva e acredita nele – Deus é sempre um bom Deus –, pode efetivamente usar a fórmula a seguir e enfrentar seus problemas.

Quando se deparar com um problema que exija uma solução, independentemente do quanto possa ser desconcertante:

1. Peça orientação divina. Peça ajuda para encontrar a solução correta.
2. Dedique tempo para pensar com o objetivo de resolver seus problemas. Lembre-se de que cada adversidade tem a semente de um benefício equivalente ou maior para aqueles que têm AMP.
3. Formule o problema. Analise-o e defina-o.
4. Afirme para si mesmo com entusiasmo: "Isso é bom!".
5. Faça algumas perguntas específicas para si mesmo, tais como:
   - O que tem de bom nisso?
   - Como posso transformar essa adversidade em uma semente de um benefício equivalente ou maior; ou como posso transformar esse passivo em um ativo maior?
6. Continue a procurar respostas para essas perguntas até encontrar pelo menos uma resposta com que possa trabalhar.

Ele enfrentou o desafio para mudar com AMP na penitenciária

Os problemas que irão confrontá-lo serão, de modo geral, de dois tipos: pessoais – emocionais, financeiros, mentais, morais, físicos; e nos negócios ou profissionais. Como problemas pessoais são os que todos nós experimentamos de forma mais direta, gostaríamos de contar a história de um homem que enfrentou alguns dos problemas mais graves que um ser humano pode experimentar. Ao ler esta história, veja como ele aplicou AMP para a solução de cada dificuldade até alcançar a vitória final.

Esse homem nasceu na pobreza. Na escola primária, vendia jornais e engraxava sapatos nos bares e entornos da zona portuária de Seattle para ajudar a mãe a arcar com as despesas. Mais tarde, tornou-se grumete em um cargueiro no Alasca durante os meses de verão. Depois de concluir o ensino médio, aos 17 anos de idade, saiu de casa. Tornou-se um da horda de vagabundos que andava nos trens de carga e viajou para todas as partes dos Estados Unidos.

Seus companheiros eram homens embrutecidos. Ele era um jogador, associou-se com a ralé – homens da chamada "Legião da Fronteira". Mercenários, foragidos, contrabandistas, ladrões de gado e assemelhados eram seus companheiros. Juntou-se às forças do Pancho Villa no México. "Você não pode andar despreocupadamente perto dessas operações fora da lei sem saber nada sobre elas, mesmo que não tenha nada a ver com elas", disse Charlie Ward. "Meu erro foi estar com as companhias erradas. Meu grande pecado foi me associar com gente ruim."

De vez em quando, ganhava grandes somas no jogo e depois perdia. Finalmente, foi preso por tráfico de drogas. Foi julgado e condenado. Contudo, durante toda a vida, Ward alegou inocência da acusação pela qual foi condenado.

Charlie Ward tinha 34 anos de idade quando entrou em Leavenworth. Nunca estivera preso antes, apesar das companhias. E estava amargurado. Jurou que a prisão não seria forte o suficiente para detê-lo. Procurou uma chance de escapar.

Então, algo aconteceu! Charlie decidiu mudar sua atitude de negativa para positiva. Encarou o desafio de mudar com AMP. Algo dentro dele disse que parasse de ser hostil e se tornasse o melhor detento da prisão. A partir daquele momento, a maré inteira de sua vida começou a fluir na direção mais favorável para ele. Pela simples *mudança de pensamento negativo para positivo*, Charlie Ward começou a dominar a si mesmo.

Ele mudou a direção de sua personalidade agressiva. Perdoou os agentes federais que tinham ocasionado aquela provação. Deixou de odiar o juiz que o sentenciara.

Deu uma boa olhada no Charlie Ward do passado. E resolveu evitar a simples aparição do mal no futuro. Olhou ao redor em busca de maneiras de tornar sua estadia na prisão tão agradável quanto possível.

Primeiro fez algumas perguntas para si mesmo. E, pela primeira vez em sua vida adulta, encontrou resposta nos livros, particularmente *no livro*. Começou a ler a Bíblia em sua cela de prisão. Leu e releu. Dali em diante e até o dia de sua morte, aos 73 anos, leu a Bíblia todos os dias em busca de inspiração, orientação e ajuda.

Por causa de sua mudança de atitude e, consequentemente, de comportamento, começou a atrair atenção favorável dos funcionários da prisão. Um dia, um funcionário apenado disse que um preso da estação de força seria solto em três meses. Charlie Ward pouco sabia sobre eletricidade, mas havia livros sobre o assunto na biblioteca da prisão. Então foi estudar. Aprendeu o que aqueles livros poderiam ensinar-lhe.

No final de três meses, Charlie estava pronto. Candidatou-se ao trabalho. Algo em seus modos e no tom de sua voz impressionaram o vice-diretor. Esse algo era a seriedade e a sinceridade da Atitude Mental Positiva de Ward. Ele conseguiu o emprego!

Como continuou a estudar e trabalhar com AMP, Charlie Ward tornou-se superintendente da estação de força da prisão, com 150 homens sob seu comando. Tentou inspirar cada um deles a tirar o melhor proveito de suas situações.

Quando Herbert Hughes Bigelow, presidente da Brown & Bigelow de St. Paul, Minnesota, chegou em Leavenworth com uma condenação por evasão fiscal, Charlie Ward também fez amizade com ele. Na verdade, Ward empenhou-se em motivar Bigelow a ajustar-se ao ambiente. Este ficou tão grato a Charlie pela amizade e ajuda que, quando sua pena se aproximava do fim, disse a Charlie: "Você tem sido bom para mim. Quando sair, vá para St. Paul. Teremos um emprego para você".

Cinco semanas depois, Charlie foi libertado da prisão e foi para St. Paul. Conforme havia prometido, Bigelow deu um emprego a Charlie. Ele recebeu um cargo de operário, ganhando US$ 25 por semana. Como Charlie trabalhava com AMP, tornou-se capataz em dois meses. Depois de um ano, tornou-se superintendente. Finalmente, foi nomeado vice-presidente e gerente-geral. Em setembro de 1933, Herbert Bigelow morreu. Charlie Ward foi nomeado presidente da Brown & Bigelow. Continuou no cargo até sua morte, no verão de 1959. Sob a gestão de Charlie, as vendas aumentaram de menos de US$ 3 milhões para mais de US$ 50 milhões por ano. A Brown & Bigelow tornou-se a maior empresa de seu setor.

Em virtude da Atitude Mental Positiva e do desejo de ajudar os menos afortunados, o próprio Ward obteve paz mental, felicidade, amor e as melhores coisas da vida. Seus direitos de cidadão foram restaurados por decreto presidencial em reconhecimento a sua vida exemplar. Aqueles que o conheciam tinham Ward na mais alta estima e foram inspirados a ajudar os outros.

Talvez uma de suas atividades mais incomuns e louváveis tenha sido empregar mais de quinhentos homens e mulheres saídos de prisões. Eles continuaram a reabilitação sob a orientação e inspiração severas e compreensivas de Ward. Ele nunca se esqueceu de que também tinha sido um condenado. Usava uma plaqueta em sua pulseira com seu antigo número de prisão como um símbolo.

Charlie Ward foi condenado à prisão. Isso foi bom! Por quê? Ninguém sabe o que poderia ter sido dele caso tivesse continuado na direção em que estava indo. Mas, na prisão, enfrentou o desafio de mudar. E lá aprendeu a usar AMP para resolver seus problemas pessoais. Fez de seu mundo um lugar melhor para se viver. Tornou-se um homem maior e melhor. Ninguém jamais saberá o número exato dos necessitados que oraram por bênçãos a Charlie Ward em resposta a seus pensamentos mais íntimos: "Estava nu, e me vestistes; adoeci, e me visitastes; estive na prisão, e fostes me ver".

Felizmente, nem todo mundo se depara com problemas tão graves como os que Charlie Ward foi chamado a enfrentar e resolver. Mas há uma lição na história dele, além do fato de ter mudado sua atitude de negativa para positiva. Você lembra, o próprio Charlie disse: "Meu maior erro foi estar com as companhias erradas". Atitudes negativas muitas vezes são contagiosas, e maus hábitos são contagiosos. Que cada um de nós olhe para suas próprias associações e certifique-se de mantê-las no mais alto nível possível. Lembre-se:

> O vício é um monstro de aspecto tão terrível
> Que para ser odiado basta ser visto;
> Todavia, visto com muita frequência, familiarizados com seu rosto,
> Primeiro o toleramos, depois temos pena dele e por fim o abraçamos.

Outra força com que cada ser humano tem de lidar e que, caso não seja enfrentada com AMP, pode causar destruição física, moral e mental é o poder do sexo. O sexo apresenta o maior desafio de mudança! Cada ser humano tem o poder de escolher por si mesmo se usará o tremendo poder do sexo para o bem ou para o mal. Cada um deve lidar com os problemas que surgirão em sua vida por causa do sexo.

Você pode transmutar sexo em virtude ou vício

Uma das maiores dádivas de Deus para a humanidade é o poder de gerar um ser humano. O sexo é o veículo da procriação. É poder! Como todo poder, pode ser usado para o bem ou para o mal.

Sexo é uma função física do corpo sob o controle da mente consciente e subconsciente. Ela é herdada. Os órgãos do sexo físico, obras de Deus, como todas as suas criações, são bons. A pequena diferença que faz a grande diferença entre o poder do sexo ser uma virtude ou um vício é a atitude mental.

A emoção inerente ao sexo é uma das mais poderosas forças da mente subconsciente. Os efeitos de seu poder motivador podem ser observados muito antes da adolescência. Esse poder se mistura e intensifica com a força motriz de todas as outras emoções.

Quando em conflito com a vontade da mente consciente, o poder da imaginação, ao afetar a emoção do sexo, tem uma tendência a vencer, a menos que a mente consciente use seu poder para assumir, usar, controlar ou harmonizar os poderes do subconsciente. Você tem o poder de escolher. Escolha sabiamente – com AMP. Transmute sexo em virtude! Assim, vai triunfar sobre um dos maiores problemas que terá de enfrentar em sua vida pessoal. E ficará física, mental e moralmente melhor.

Quais são as sete virtudes?

Virtude é prática ou ação moral, excelência moral, retidão, valor, castidade. *As sete virtudes são: prudência, fortaleza, temperança, justiça, fé, esperança e caridade.*

1. *Prudência* – a capacidade de se autogovernar e autodisciplinar pelo exercício da razão.
2. *Fortaleza* – força mental que capacita uma pessoa a confrontar o perigo e/ou suportar dor e adversidade com coragem. É a posse de energia essencial para encarar aquilo que repele ou assusta, ou suportar as agruras de uma tarefa imposta. Implica em triunfo. Os sinônimos são peito, brio, raça e tutano.
3. *Temperança* – moderação habitual no desfrute dos apetites e paixões.
4. *Justiça* – o princípio ou ideal de tratamento justo ou ação correta; também a conformidade a esse princípio ou ideal; integridade.
5. *Fé* – confiança em Deus.
6. *Esperança* – o desejo com expectativa de obter o que é desejado, ou crença de que seja obtenível.
7. *Caridade* – o ato de amar todos os homens como irmãos porque são filhos de Deus. Ressalta a benevolência e boa vontade em dar e a ampla compreensão dos outros com tolerância bondosa.

Como você pode transmutar o poder do sexo no que é bom e belo?

Você pode encontrar uma resposta clara e cristalina se procurá-la enquanto lê e estuda este livro inteiro. Os resultados serão alcançados quando você relacionar e assimilar os princípios em sua vida.

Mas é preciso adquirir o conhecimento por si mesmo. As sugestões a seguir podem ser úteis enquanto você procura sua resposta durante a leitura.

- Mantenha a mente no que você quer e longe do que não quer. Isso significa manter a mente em objetivos desejáveis imediatos, intermediários e distantes. O instinto do sexo na mente subconsciente será paciente se esta tiver a esperança de que você cumprirá sua missão de vida. O rapaz ou a moça que estão verdadeiramente apaixonados e planejam se casar não terão os problemas ligados a sexo que, do contrário, poderiam ter.
- Se houvesse mais casamentos, e mais cedo, haveria menos problemas com sexo. A missão da vida de procriar é cumprida no casamento; no entanto, case por amor, além de instinto sexual.
- Leve uma vida equilibrada, regrada.
- Trabalhe por longas horas em um trabalho de amor. Isso irá mantê-lo atarefado, ocupará seus pensamentos e usará a energia excedente.
- Desenvolva uma sublime obsessão. Estude o significado disso no Capítulo 15.
- Relacione e assimile em sua vida os conceitos do Capítulo 2, "você pode mudar o seu mundo", e do Capítulo 7, "aprenda a ver".
- Selecione o ambiente que melhor o desenvolverá na direção de seus objetivos.
- Escolha os automotivadores para autopersuasão que você acredita que irão ajudá-lo. Memorize-os. Torne-os parte de si, de modo que, em momentos de necessidade, fulgurem de sua mente subconsciente na mente consciente como autossugestão.

Nem todos os problemas da vida pessoal, no entanto, são de natureza tão profunda e penetrante. Muitas vezes, tudo de que se precisa para enfrentar um problema imediato é pensamento rápido, adaptabilidade e uma segunda olhada na situação que está causando o problema. Muitas vezes é preciso apenas uma ideia, seguida de ação, para transformar o fracasso em sucesso. É preciso apenas uma ideia, seguida de ação, para ter sucesso onde os outros fracassam.

Em 1939, na avenida North Michigan de Chicago, em uma área agora conhecida como Milha Magnífica, os espaços para escritórios estavam às moscas. Todos os edifícios tinham andares vazios; estar alugado pela metade era considerado uma sorte. Foi um ano ruim para os negócios, e AMN pairava sobre o mercado imobiliário de Chicago como uma nuvem. Ouviam-se comentários do tipo: "Não faz sentido anunciar, não há dinheiro", ou "O que posso fazer? Não dá para lutar contra a situação atual". Então, nesse cenário sombrio, chegou um gestor imobiliário com AMP. Ele teve uma ideia. E entrou em ação!

Esse homem foi contratado pela empresa Northwestern Mutual Life Insurance para gerir um grande edifício na avenida North Michigan, adquirido em uma execução de hipoteca. Quando ele aceitou o emprego, o edifício tinha uma taxa de ocupação de apenas 10%. Em um ano, estava 100% alugado, com uma longa lista de espera. Qual foi o segredo? O novo gestor assumiu o problema da falta de procura por escritórios como um desafio ao invés de um infortúnio. Cá está o que ele fez, conforme explicou em uma entrevista.

> Eu sabia exatamente o que queria. Queria ter as instalações 100% ocupadas com inquilinos importantes e selecionados. Eu sabia que, sob as condições vigentes, era provável que os escritórios não fossem alugados por vários anos. Por conseguinte, concluí que tínhamos tudo a ganhar e nada a perder fazendo o seguinte:
>
> 1. Eu procuraria inquilinos potenciais e desejáveis de minha escolha.
> 2. Estimularia a imaginação de cada um deles. Ofereceria a eles os mais belos escritórios da cidade de Chicago.
> 3. Ofereceria esses escritórios superiores por um aluguel não maior do que o que eles atualmente pagavam.
> 4. Além disso, assumiria a responsabilidade pelo contrato atual, desde que nos pagassem o mesmo aluguel mensal sob um contrato de um ano.
> 5. Além de tudo isso, ofereceria redecoração sem custo para o inquilino. Utilizaria arquitetos e decoradores criativos para remodelar os escritórios do meu prédio a fim de que se adequassem ao gosto de cada inquilino novo.

Raciocinei da seguinte maneira:

1. Se um escritório não fosse alugado durante os próximos anos, não receberíamos renda nenhuma. Então, não tínhamos nada a perder partindo para arranjos como os descritos acima. Poderíamos chegar ao final do ano sem nenhuma renda, mas não estaríamos pior do que teria sido se não tivéssemos agido. E estaríamos em melhor situação porque teríamos satisfeito inquilinos que nos próximos anos proveriam aluguéis seguros.
2. Além disso, é de praxe alugar escritórios com base em contratos de apenas um ano. Na maioria dos casos, faltaria somente alguns meses para o contrato antigo de meu novo inquilino expirar. A promessa de assumir esses arrendamentos, portanto, não era um risco muito grande.
3. Se um inquilino saísse ao final de um ano, seria comparativamente fácil realugar o espaço em um prédio bem ocupado. A redecoração do escritório não seria dinheiro perdido, pois teria aumentado o valor patrimonial do prédio inteiro.

   O resultado foi maravilhoso. Cada escritório recém-redecorado parecia mais bonito do que o predecessor. Os inquilinos ficaram tão entusiasmados que muitos gastaram somas adicionais. Em um caso, o inquilino gastou outros US$ 22 mil na remodelação.

Então, no final de um ano, o edifício que tinha começado com apenas 10% de locação estava 100% locado. Nenhum dos inquilinos quis sair quando o contrato expirou. Estavam felizes com seus novos escritórios ultramodernos. E conquistamos a permanente boa vontade deles não aumentando os aluguéis no final do primeiro contrato de um ano.

Gostaríamos que você pensasse outra vez sobre essa história. Ali estava um homem que enfrentava um problema muito grave. Ele tinha um prédio gigante nas mãos, com nove escritórios vazios para cada um ocupado. Ainda assim, dentro de um ano, o edifício estava 100% alugado. Bem ao lado, subindo e descendo a Milha Magnífica, havia dezenas de prédios de escritórios ociosos e praticamente vazios.

A diferença, claro, era a atitude mental de cada gestor de edifício perante o problema. Um homem disse: "Eu tenho um problema. Isso é terrível". O outro disse: "Eu tenho um problema. *Isso é bom*".

Um homem que agarra seus problemas como oportunidades disfarçadas e os examina em busca do elemento bom ali presente é o homem que entende a essência de AMP. O homem que desenvolve uma ideia que pode funcionar e vai adiante com ação transformará o fracasso em sucesso.

Vez após vez, o padrão se repete: problemas e dificuldades tornam-se as melhores coisas que poderiam nos ter acontecido – desde que traduzidos em vantagens.

Como você percebe, o problema enfrentado pelo síndico ocorreu durante a Depressão. As coisas ainda estavam bastante difíceis em 1939, quando ele resolveu esse problema. Mas tinham sido muito piores.

Os problemas econômicos dos Estados Unidos e do mundo surgiram como resultado da Depressão. Depressões são causadas por ciclos na vida econômica de uma nação ou nações. Mas não é necessário sentar sem fazer nada. Não há nenhuma necessidade de ser fustigado e jogado para lá e para cá pelos ciclos da vida. Você pode enfrentar o problema dos ciclos e superá-lo de forma inteligente. Ao fazer isso, muitas vezes pode adquirir uma fortuna.

Faça uma fortuna ou atinja suas metas pela compreensão dos ciclos e tendências

Há muitos anos, Paul Raymond, vice-presidente responsável por empréstimos do American National Bank and Trust Company de Chicago, prestou um serviço aos clientes do banco. Enviou para eles o livro *Cycles*, de Dewey e Dakin. Na sequência, muitos desses clientes fizeram fortunas. Eles aprenderam e compreenderam a teoria dos ciclos e tendências nos negócios. Alguns tornaram-se aqueles que não perdem as fortunas que adquiriram independentemente de tendências econômicas e alterações.

Edward R. Dewey, que tinha sido o diretor da Fundação para o Estudo dos Ciclos por muitos anos, ressaltou que todo organismo vivo, seja ele um indivíduo, empresa ou nação, cresce até a maturidade, estabiliza-se e morre. Igualmente importante, ele indica uma solução pela qual, independentemente da tendência ou do ciclo, você, como indivíduo, pode fazer algo a respeito. Você pode enfrentar o desafio da mudança com sucesso. Pode alterar a tendência no que concerne a você e seus interesses, independentemente da tendência geral, com vida nova, sangue novo, novas ideias, nova atividade.

Ele antecipou um ciclo descendente e se preparou para ascender

Antes de os jornais divulgarem a recessão que começou em meados de 1957, um dos clientes do banco entrou em ação. Sua organização foi atrás de negócios de forma agressiva, com uma Atitude Mental Positiva. Em 1958, a empresa desenvolveu aumento do prêmio de mais 30% em comparação com o ano anterior, que exibira aumento de 25%. Todo o setor, no entanto, teve tendência descendente.

Às vezes o ciclo que apresenta um problema não afeta um setor ou uma nação inteira. Pode ser um ciclo dentro de um negócio individual somente. Esse problema também pode ser antecipado e enfrentado. Veja o crescimento contínuo de muitas empresas norte-americanas, apesar de que, pelo curso normal dos acontecimentos, elas teriam crescido até a maturidade, se estabilizado e morrido. A E. I. du Pont de Nemours & Co., Inc. é um excelente exemplo.

Enfrentando o desafio com vida nova, sangue novo, novas ideias, nova atividade

Não é necessário salientar que E. I. du Pont de Nemours & Co., Inc. continua a crescer. Mas qual é a causa de seu sucesso? Por que ela não seguiu o ciclo natural de crescimento até a maturidade, estabilização e morte?

A DuPont enfrentou o desafio da mudança com vida nova, sangue novo, novas ideias, nova atividade. Seus executivos enfrentaram o problema com

AMP e determinação para superá-lo. Continuaram a se envolver em pesquisa e estão constantemente fazendo novas descobertas, desenvolvendo novos produtos e aperfeiçoando os produtos anteriores. Injetam sangue novo em sua gestão, bem como estudam e melhoram seus métodos de vendas.

Aprenda com o sucesso deles!

O proprietário de um pequeno negócio, ou você, como indivíduo, pode estudar e experimentar. Pode relacionar e assimilar os princípios utilizados por uma empresa grande como essa. Você também pode continuar a crescer com doses de reforço de novas ideias, vida nova, sangue novo, nova atividade. Pode mudar uma tendência de descendente para ascendente. Você pode ser diferente! Enquanto outros flutuam rio abaixo, você pode avançar contra a corrente!

Muitas das histórias que você leu e vai ler neste livro indicam que, "se você tem um problema, isso é bom". É bom se você aprender a ver como transformar a adversidade em sementes de um benefício equivalente ou maior. Você pode ainda não ver o princípio; no entanto, o próximo capítulo, intitulado "Aprenda a ver", pode ajudá-lo.

PILOTO Nº 6

PENSAMENTOS PELOS QUAIS SE GUIAR

1. Então você tem um problema? Isso é bom! Por quê? Porque, a cada vez que encontra e lida com um problema e o supera com AMP, você se torna uma pessoa melhor, maior e mais bem-sucedida.

2. Todo mundo tem problemas. Aqueles com AMP transformam as adversidades em sementes de benefícios equivalentes ou maiores.

3. Seu sucesso ou fracasso ao enfrentar os problemas apresentados pelos desafios da mudança será determinado por sua atitude mental.

4. Você pode direcionar seus pensamentos, controlar suas emoções e ordenar o seu destino relacionando, assimilando e aplicando os princípios cabíveis a você que se encontram neste livro.

5. *Deus é sempre um bom Deus.*

6. Quando tiver um problema: (a) peça orientação divina, (b) pense, (c) formule o problema, (d) analise-o, (e) adote a atitude de "Isso é bom!" de AMP e (f) então transforme a adversidade em sementes de um benefício maior.

7. Charlie Ward é um excelente exemplo de um homem que enfrentou com sucesso os desafios da mudança. Prepare-se para enfrentar os desafios da mudança desenvolvendo AMP.

8. Sexo é o maior desafio da mudança. Transmute a emoção do sexo em virtude.

9. As sete virtudes são: prudência, fortaleza, temperança, justiça, fé, esperança e caridade. *Atitude Mental Positiva* indica como você pode relacionar e assimilar essas qualidades em sua vida.

10. Uma boa ideia seguida de ação pode transformar fracasso em sucesso.

VOCÊ TEM UM PROBLEMA? ISSO É BOM!
PROBLEMAS SÃO AS SEMENTES DE BENEFÍCIOS
MAIORES PARA AQUELES QUE TÊM AMP.

CAPÍTULO 7

APRENDA A VER

Quando nasceu, George W. Campbell era cego.

"Catarata bilateral congênita", diagnosticou o médico.

O pai de George olhou para o médico, sem querer acreditar.

"Não há nada que você possa fazer? Uma operação ajudaria?"

"Não", disse o médico. "Até o momento, não conhecemos nenhuma forma de tratar essa condição".

George Campbell não podia ver, mas o amor e a fé de seus pais enriqueceram sua vida. Quando bem novinho, ele não sabia que lhe faltava algo. Então, quando tinha 6 anos de idade, aconteceu uma coisa que ele não foi capaz de entender. Certa tarde, estava brincando com um garoto. O outro menino, esquecendo que George era cego, jogou uma bola para ele. "Cuidado! Ela vai bater em você!"

A bola atingiu George – e nada em sua vida foi o mesmo depois disso. George não se feriu, mas ficou muito intrigado. Mais tarde ele perguntou à sua mãe: "Como Bill podia saber o que iria acontecer comigo antes que eu percebesse?". A mãe suspirou, pois o momento que ela temia havia chegado. Agora era necessário dizer ao seu filho pela primeira vez: "Você é cego". E ela fez isso da seguinte maneira: "Sente-se, George", disse suavemente, enquanto pegava uma das mãos do filho. "Talvez eu não seja capaz de descrever, e talvez você não seja capaz de entender, mas deixe-me tentar explicar desta forma."

Com muita gentileza, a mãe segurou uma das mãozinhas dele entre as suas e começou a contar os dedos. "Um, dois, três, quatro, cinco. Estes dedos são semelhantes ao que é conhecido como cinco sentidos." Ela tocou cada dedo entre seu polegar e indicador em sequência, ao prosseguir com a explicação. "Este dedinho para a audição, este dedinho para o tato, este dedinho para o olfato, este para o paladar", e então hesitou antes de continuar: "Este dedinho para a visão. E cada um dos cinco sentidos, como cada um dos cinco dedos, envia mensagens para o cérebro".

Em seguida, ela dobrou o dedinho que havia chamado de "visão" e segurou-o para que ficasse ao lado da palma da mão de George. "George, você é diferente dos outros meninos", ela explicou, "porque você dispõe de somente quatro sentidos, como os quatro dedos: um, audição – dois, tato – três, olfato – quatro, paladar. Mas você não dispõe do sentido da visão. Agora quero mostrar uma coisa. Levante-se", disse ela suavemente.

George levantou-se. A mãe pegou a bola dele. "Agora estenda a mão como se você fosse pegar isso", ela disse. George estendeu as mãos e no instante seguinte sentiu a bola dura atingir seus dedos. Ele fechou-os firmemente em torno da bola e a pegou.

"Ótimo. Ótimo", disse a mãe. "Quero que você jamais esqueça o que fez. Você pode pegar uma bola com quatro dedos em vez de cinco, George. Você também pode pegar e segurar uma vida plena e feliz com quatro sentidos em vez de cinco – se você for adiante e continuar tentando." A mãe de George usou uma metáfora, e uma figura de linguagem tão simples como essa é um dos métodos mais rápidos e mais eficazes de comunicação de ideias entre as pessoas.

George nunca esqueceu o símbolo de "quatro dedos em vez de cinco". Para ele, tratava-se do símbolo da esperança. E, sempre que ficava desanimado por causa de sua deficiência, usava o símbolo como um automotivador. Aquilo tornou-se uma forma de autossugestão consciente para ele. Porque George repetia frequentemente "quatro dedos em vez de cinco". Em momentos de necessidade, aquilo fulgurava de seu subconsciente em sua mente consciente.

George descobriu que a mãe estava certa. Ele era capaz de pegar uma vida plena e segurá-la com o uso dos quatro sentidos de que dispunha.

Mas a história não termina aqui.

No meio de seu primeiro ano no ensino médio, o rapaz ficou doente e foi necessário ir para o hospital. Enquanto convalescia, seu pai trouxe informações de que a ciência tinha desenvolvido uma cura para a catarata congênita. Claro, havia uma chance de fracasso, mas as chances de sucesso superavam em muito as de fracasso.

George queria tanto ver que estava disposto a se arriscar ao fracasso a fim de enxergar. Nos seis meses subsequentes, foram realizadas quatro delicadas operações cirúrgicas – duas em cada olho. George permaneceu vários dias no quarto de hospital escurecido, com ataduras nos olhos.

Finalmente chegou o dia de retirada das bandagens. Devagar, com cuidado, o médico desenrolou a gaze ao redor da cabeça de George e sobre seus olhos. Houve apenas um borrão de luz. George Campbell era ainda tecnicamente cego!

Por um momento terrível, ele ficou ali deitado, pensando. E então ouviu o médico movendo-se ao lado da cama. Algo estava sendo colocado sobre os olhos dele.

"Agora você pode ver?", perguntou o médico.

George levantou a cabeça ligeiramente do travesseiro. O borrão de luz tornou-se cor, a cor de uma forma, uma silhueta.

"George", disse uma voz. Ele reconheceu a voz. Era a voz de sua mãe.

Pela primeira vez em 18 anos de vida, George Campbell viu sua mãe. Lá estavam os olhos cansados, o rosto enrugado de 62 anos, as mãos nodosas e retorcidas. Mas para George ela era a mais linda. Para ele, ela era um anjo. Os anos de labuta e paciência, os anos de ensino e planejamento, os anos sendo os olhos dele, o amor e carinho: foi isso que George viu.

Ele guardou para sempre sua primeira imagem visual como um tesouro: a visão de sua mãe. E, como você verá, ele aprendeu a apreciar o sentido da visão desde a primeira experiência. "Nenhum de nós pode entender", disse ele, "o milagre da visão, a menos que tenhamos de ficar sem ela."

Ver é um processo que se aprende

George Campbell também aprendeu algo muito útil para qualquer pessoa interessada no estudo de AMP. Ele nunca esqueceu o dia em que viu sua mãe no quarto do hospital de pé diante dele e não soube quem ela era – ou sequer o que ela era – até ouvi-la falar. "O que vemos", George ressaltou, "é sempre uma interpretação da mente. Temos que treinar a mente para interpretar o que vemos."

Essa observação é apoiada pela ciência. "A maior parte da visão não é feita pelos olhos em absoluto", diz o doutor Samuel Renshaw ao descrever o processo mental da visão. "Os olhos atuam como mãos que vão 'lá fora', pegam 'coisas' sem sentido e trazem-nas para o cérebro. O cérebro então transfere as 'coisas' para a memória. Só quando o cérebro interpreta em termos de ação comparativa nós realmente *vemos* alguma coisa."

Alguns de nós passam pela vida "vendo" muito pouco do poder e glória ao nosso redor. Não filtramos adequadamente por meio dos processos mentais do cérebro as informações que nossos olhos fornecem. Como resultado, muitas vezes avistamos coisas sem realmente *vê-las*. Recebemos impressões físicas sem compreender seu significado. Em outras palavras, não colocamos AMP para trabalhar sobre as impressões enviadas ao nosso cérebro.

Está na hora de verificar sua visão mental? Não sua visão física – essa é uma questão para os médicos. Mas a visão mental, como a visão física, pode ficar distorcida. Quando isso acontece, você pode tatear em uma névoa de conceitos falsos... dando encontrões e machucando a si e aos outros desnecessariamente.

As deficiências físicas mais comuns dos olhos são dois opostos extremos – miopia e hipermetropia. Essas são também as principais distorções da visão mental.

A pessoa mentalmente míope é propensa a ignorar objetos e possibilidades que estão distantes. Presta atenção apenas nos problemas imediatamente à mão e é cega para as oportunidades que poderiam ser suas caso pensasse e planejasse em termos de futuro. Você é míope se não faz planos, não formula objetivos e não estabelece bases para o futuro.

Por outro lado, a pessoa mentalmente hipermetrope é propensa a ignorar as possibilidades que estão bem diante dela. Não vê as oportunidades à mão. Vê apenas um mundo de sonhos do futuro, sem relação com o presente. Quer começar pelo topo, em vez de avançar passo a passo – e não reconhece que o único trabalho no qual é possível começar pela parte superior é o de cavar um buraco.

No processo de aprender a ver, você vai desenvolver tanto a visão de perto quanto a visão de longe. As vantagens para quem sabe ver o que está diretamente à sua frente são enormes.

Eles olharam e reconheceram o que viram

Por anos as pessoas da cidadezinha de Darby, Montana, admiraram o que chamavam de Montanha de Cristal. A montanha recebeu esse nome porque a erosão expôs um rebordo de cristal levemente cintilante parecido com sal-gema. Uma trilha de mulas foi criada diretamente através do afloramento já em 1937. Mas até 1951 – catorze anos mais tarde – ninguém se preocupou em se abaixar, pegar um pedaço do material cintilante e realmente olhar para ele.

Foi em 1951 que dois homens de Darby, A. E. Cumley e L. I. Thompson, viram uma exposição de minerais apresentada na cidade. Thompson e Cumley ficaram muito animados. Na exposição, havia exemplares de berílio, que, de acordo com a plaquinha anexa, era usado na pesquisa da energia atômica. Imediatamente, Thompson e Cumley reivindicaram a posse da Montanha de Cristal. Thompson enviou uma amostra do minério para o escritório da Agência de Minas em Spokane, juntamente com um pedido para que enviassem um examinador para ver um "depósito muito grande" do mineral. Mais tarde naquele ano, a Agência de Minas enviou uma escavadeira até a montanha e raspou o afloramento o suficiente para determinar que ali de fato estava um dos maiores depósitos do mundo de berílio, mineral extremamente valioso.

Hoje, pesados caminhões de terraplenagem lutam para subir e descer a montanha abarrotados do minério pesado, enquanto lá embaixo, praticamente à espera com notas de dólar nas mãos, estão representantes da United States Steel e do governo dos Estados Unidos, todos ansiosos para comprar aquele minério altamente valorizado. Tudo porque um dia dois rapazes não só observaram com os olhos, mas também se deram ao trabalho de ver com as mentes. Esses homens entraram na rota que os tornou multimilionários.

Uma pessoa mentalmente hipermetrope não poderia ter feito o que Thompson e Cumley fizeram, pois, com essa visão mental distorcida, só consegue ver valores distantes, enquanto as vantagens que se encontram aos seus pés passam desapercebidas. Existem fortunas bem na sua porta? Olhe em volta. Enquanto dá conta de suas tarefas diárias, existem pequenas áreas de irritação? Talvez você possa pensar em uma forma de superá-las – uma forma que seja útil não apenas para você mesmo, mas também para os outros. Muitos homens têm feito fortunas por enfrentar essas necessidades singelas. Foi o caso de quem inventou o grampo de cabelo e de quem concebeu o clipe de papel. Foi também o caso do inventor do zíper e dos fechos de metal para calças. Olhe em volta. Aprenda a ver. Você pode encontrar acres de diamantes em seu quintal.

Mas a miopia mental pode ser um problema tanto quanto a hipermetropia mental. O homem com esse problema só vê o que está debaixo do nariz dele, enquanto as possibilidades mais distantes passam desapercebidas. É quem não entende o poder de um plano. Não entende o valor do tempo dedicado a pensar. Está tão ocupado com os problemas que confronta no momento que não libera sua mente para vaguear ao longe, procurando novas oportunidades, buscando tendências, captando o cenário mais amplo.

Ser capaz de prever o futuro é uma das realizações mais espetaculares do cérebro humano. No coração do cinturão cítrico da Flórida, está uma pequena cidade chamada Winter Haven. O território circundante é solo arável. Certamente seria considerada pela maioria das pessoas como uma área totalmente inadequada para uma atração turística de grande porte. Está isolada. Não tem praia, não tem montanhas, apenas quilômetro após quilômetro de colinas suaves com pequenos lagos e pântanos de ciprestes nos baixios dos vales.

Mas um homem chegou naquela região e "viu" os pântanos de ciprestes com um olho que outros não tinham usado. Seu nome era Richard Pope. Dick Pope comprou um desses pântanos de velhos ciprestes, colocou uma cerca em torno dele e recusou ofertas de no mínimo um milhão de dólares pelo mundialmente famoso Cypress Gardens.

Claro que não foi tão simples assim. Ao longo de todo o trajeto, Pope teve que "ver" as oportunidades em sua situação.

Por exemplo, havia a questão da publicidade. Ele sabia que a única maneira pela qual seria capaz de atrair o público para um lugar tão isolado seria uma avalanche de publicidade. Mas anúncios custam dinheiro. Então fez algo bastante simples. Entrou para o ramo da fotografia popular. Montou uma loja de artigos para fotografia em Cypress Gardens, onde vendia filmes para seus visitantes e depois lhes ensinava a tirar fotos espetaculares do local. Contratou esquiadores aquáticos qualificados. Colocou-os a fazer performances intrincadas, enquanto anunciava ao público por alto-falante exatamente qual configuração de câmera devia-se usar para capturar a ação. E então, quando aqueles viajantes voltavam para casa, claro que as melhores fotos da viagem eram sempre de Cypress Gardens. Eles davam a Dick Pope o melhor tipo de publicidade que existe – recomendações boca a boca, com fotos!

Esse é o tipo de visão criativa que todos nós devemos desenvolver. Precisamos aprender a olhar para o nosso mundo com outros olhos – ver as oportunidades que se encontram por tudo à nossa volta, mas simultaneamente olhar para o futuro e as chances que estão lá.

Ver é uma habilidade que se aprende. Mas, como qualquer habilidade, deve ser exercitada.

Veja as habilidades, as capacidades e o ponto de vista das outras pessoas

Podemos pensar que reconhecemos nossos próprios talentos; todavia, podemos ser cegos a respeito disso. Vamos ilustrar como exemplo uma professora que precisava ter verificado sua visão mental. Ela era míope e hipermetrope. Por isso, não conseguia ver potencial – nem presente, nem futuro – nas habilidades e capacidades de seus alunos, tampouco os pontos de vista deles.

Todo mundo – os grandes e os quase grandes – tem que começar de algum ponto. Não se nasce brilhante e bem-sucedido. O fato é que alguns dos nossos maiores homens foram ocasionalmente considerados bastante estúpidos durante suas vidas. Sua escalada para o sucesso não começou até eles adotarem uma Atitude Mental Positiva e aprenderem a compreender suas capacidades e vislumbrar metas definidas. Mas havia um jovem em particular cujos professores consideravam "uma besta estúpida e inepta".

O jovem ficava sentado desenhando em sua lousa. Olhava em volta e ouvia todos os outros. Fazia "perguntas impossíveis", mas se recusava a revelar o que sabia, mesmo sob a ameaça de punição. As crianças o chamavam de "burro", e ele geralmente ficava entre os últimos da sua classe.

Esse menino era Thomas Alva Edison. Você ficará inspirado ao ler a história da vida de Thomas Edison. Ele frequentou a escola primária por um período total de menos de três meses. A professora e os colegas disseram que ele era estúpido. Todavia, se tornou um homem instruído após um incidente em sua vida incitá-lo a virar seu talismã de AMN para AMP. Tornou-se uma pessoa talentosa. Tornou-se um grande inventor.

Qual foi o incidente? O que aconteceu com Edison para que mudasse toda a sua atitude? Ele contou para sua mãe que tinha ouvido a professora dizer ao supervisor da escola que ele era "confuso" e não valia a pena mantê-lo no colégio por mais tempo. A sua mãe então marchou para a escola com ele e disse em alto e bom som que o filho, Thomas Alva Edison, tinha mais cérebro do que a professora ou o supervisor.

Edison considerava sua mãe a defensora mais entusiasta que um menino já teve. E daquele dia em diante foi um garoto transformado. Disse o inventor: "Ela lançou sobre mim uma influência que perdurou por toda a vida. Nunca poderei perder os bons efeitos de sua educação inicial. Minha mãe era sempre gentil, sempre solidária, e nunca me levou a mal ou me julgou mal".

A crença da mãe fez com que Edison se visse sob uma luz completamente diferente. Isso fez com que virasse seu talismã para AMP e adotasse uma Atitude Mental Positiva em relação a estudar e aprender. Essa atitude o ensinou a ver as coisas com um *insight* mental mais profundo, que permitiu compreender e desenvolver as invenções que beneficiaram a humanidade. Talvez a professora não tenha visto porque não estivesse realmente interessada em ajudar o menino. A mãe estava.

Você tem uma tendência para ver o que quer ver. *Ouvir* não implica necessariamente atenção ou aplicação. *Escutar*, sim. Ao longo de *Atitude Mental Positiva*, insistimos para que você escute a mensagem. Isso significa *ver* como é possível relacionar e assimilar o princípio em sua vida.

Talvez você queira ver como pode relacionar o princípio da seguinte experiência em sua vida. O doutor Roy Plunkett, um químico da DuPont, fez um experimento. E falhou. Quando abriu o tubo de ensaio após a experiência, observou que aparentemente não continha nada. Ficou curioso. Perguntou-se: "Por quê?". Não jogou o tubo fora como outros poderiam ter feito em circunstâncias semelhantes. Em vez disso, pesou o tubo. E, para sua surpresa, estava pesando mais que um tubo daquele tipo. Então Plunkett perguntou-se de novo: "Por quê?".

Em busca de respostas para suas perguntas, descobriu o maravilhoso plástico transparente politetrafluoretileno, comumente conhecido como teflon. Durante a Guerra da Coreia, o governo dos Estados Unidos absorveu toda a produção da DuPont.

Quando houver algo que não entenda, pergunte-se: "Por quê?". Olhe mais de perto. Você pode fazer uma grande descoberta.

Faça perguntas para si mesmo

Fazer perguntas a si mesmo ou aos outros sobre coisas que o intrigam pode recompensá-lo ricamente. Esse exato procedimento levou a uma das maiores descobertas científicas do mundo.

Um jovem inglês de férias na fazenda de sua avó estava relaxando, deitado de barriga para cima debaixo de uma macieira, dedicando o tempo a pensar. Uma maçã caiu no chão. O jovem era um estudante de matemática avançada.

"Por que a maçã cai no chão?", perguntou a si mesmo. "A Terra atrai a maçã? A maçã atrai a Terra? Uma atrai a outra? Qual é o princípio universal envolvido?"

Isaac Newton usou seu poder de pensar e fez uma descoberta. Ver mentalmente é pensar. Ele encontrou as respostas que procurava; a Terra e a maçã atraíam uma à outra, e a lei da atração das massas aplica-se a todo o universo.

Newton descobriu a lei da gravidade porque era observador e buscou respostas para o que observou. Outro homem, por exercer seus poderes de observação e agir de acordo com o que percebeu, encontrou felicidade e grande riqueza. Newton fez perguntas a si mesmo. O outro homem buscou aconselhamento especializado.

Ele ficou rico porque aceitou conselhos

Em Toba, Japão, no ano de 1869, quando tinha apenas 11 anos de idade, Kokichi Mikimoto assumiu o negócio do pai como fabricante de macarrão da aldeia. O pai tinha desenvolvido uma doença que o impedia de trabalhar. O jovem amparou seus seis irmãos, três irmãs e os pais. Além de preparar o macarrão diariamente, o jovem Mikimoto tinha que vendê-lo. Ele revelou-se um bom vendedor.

Mikimoto anteriormente tinha sido tutorado por um samurai que lhe ensinara: *A exemplificação da verdadeira fé consiste em atos de bondade e amor com o próximo, não meras orações formais proferidas mecanicamente.* Com essa filosofia básica de ações positivas com AMP, ele se tornou um *doador*. Desenvolveu o hábito de converter ideias em realidade.

Com 20 anos de idade, Mikimoto apaixonou-se pela filha de um samurai. O rapaz sabia que o futuro sogro não abençoaria o casamento da filha com um fabricante de macarrão. Portanto, ficou motivado a harmonizar esse poder conhecido. Mudou de ocupação e se tornou comerciante de pérolas.

Como muita gente que alcança o sucesso em qualquer parte do mundo, Mikimoto continuou à procura de conhecimento específico que o ajudasse em sua nova atividade. Como os grandes industriais do nosso tempo, buscou ajuda em uma universidade. O professor Yoshikichi Mizukuri falou de uma teoria sobre uma das leis da natureza que nunca fora comprovada.

O professor disse: “Uma pérola é formada em uma ostra quando um objeto estranho, como um grão de areia, fica preso nela. Se o objeto estranho não a mata, a natureza cobre o objeto com a mesma secreção que forma a madrepérola no forro da concha de ostra”.

Mikimoto ficou eletrizado! Mal podia esperar para obter a resposta da pergunta que fizera a si mesmo: "Será que posso criar pérolas implantando deliberadamente um corpúsculo estranho na ostra e deixando a natureza seguir seu curso?".

Ele converteu uma teoria em ação positiva quando aprendeu a ver.

Mikimoto aprendera a ver com aquele professor universitário. E então usou o poder da imaginação. Empenhou-se em pensamento criativo. Usou raciocínio dedutivo. Concluiu que, se todas as pérolas eram formadas apenas quando um objeto estranho introduzia-se na ostra, ele poderia desenvolver pérolas usando as leis da natureza. Poderia implantar objetos estranhos em ostras e forçá-las a produzir pérolas. Ele aprendeu a observar e agir e se tornou um homem de sucesso.

Um estudo da vida de Mikimoto indica que ele empregou todos os dezessete princípios do sucesso. Conhecimento não torna você bem-sucedido, mas a aplicação do conhecimento, sim. *Ação!*

Muitas das ideias que chegam a nós, ao aprendermos a ver com um novo olhar, vão ser como um raio. Essas ideias podem nos assustar ou, se agirmos a respeito delas, fazer nossa fortuna.

Eis aqui outra história verdadeira sobre pérolas. Dessa vez o herói é um jovem norte-americano, Joseph Goldstone. Ele vendia joias aos agricultores do Iowa de porta em porta. Um dia, no meio da Depressão, ficou sabendo que os japoneses estavam produzindo lindas pérolas cultivadas. Eram de qualidade e podiam ser vendidas por uma fração do custo das naturais!

Joe viu uma grande oportunidade. Não obstante a Depressão, ele e a esposa, Esther, converteram todos os bens materiais em dinheiro e partiram para Tóquio. Desembarcaram no Japão com menos de US$ 1 mil – mas tinham planos e um monte de AMP.

Obtiveram uma entrevista com K. Kitamura, chefe da Associação Japonesa de Comerciantes de Pérolas. Joe mirava alto. Falou a Kitamura sobre seu plano de comercializar pérolas cultivadas japonesas nos Estados Unidos e pediu a Kitamura um crédito inicial de US$ 100 mil em pérolas. Era uma soma fantástica, especialmente em um período de depressão. Depois de vários dias, no entanto, Kitamura concordou.

As pérolas venderam bem. Os Goldstone estavam a caminho de ficar ricos. Alguns anos mais tarde, decidiram estabelecer sua própria fazenda de pérolas, o que fizeram com a ajuda de Kitamura. Mais uma vez, viram oportunidade onde outros não tinham visto nada. A experiência mostrava que a taxa de mortalidade das ostras quando um objeto estranho era inserido artificialmente ficava acima de 50%.

"Como podemos eliminar essa grande perda?", perguntaram.

Depois de muito estudo, os Goldstone começaram a usar nas ostras os métodos utilizados nos quartos de hospital. O exterior da concha era raspado e esfregado para reduzir o perigo de infecção. O "cirurgião" usava um líquido anestésico para relaxar o animal. Então enfiava um grânulo de molusco em cada ostra como núcleo para a formação de uma pérola. A incisão era feita com bisturi esterilizado. Em seguida, a ostra era colocada em uma gaiola e lançada de volta à água. A cada quatro meses, as gaiolas eram içadas, e as ostras passavam por um *check-up* físico. Com o uso dessas técnicas, 90% das ostras sobreviviam e desenvolviam pérolas. Os Goldstone seguiram em frente e adquiriram uma fortuna fabulosa.

Mais uma vez, vemos como homens e mulheres obtiveram sucesso depois de aprender a aplicar a percepção mental. A capacidade de ver é muito mais do que o processo físico da passagem dos raios de luz na retina ocular. É a habilidade de interpretar o que se vê e aplicar essa interpretação na própria vida e na vida dos outros.

Aprender a ver vai trazer oportunidades que você nunca sonhou existirem. No entanto, há mais no sucesso com AMP além da aprendizagem da percepção mental. Você também deve aprender a agir com base no que aprendeu. Ação é importante porque é por meio dela que você faz as coisas.

Não espere mais. Leia "O segredo de fazer as coisas" no próximo capítulo e suba outro degrau na escada do sucesso com AMP.

PILOTO Nº 7

PENSAMENTOS PELOS QUAIS SE GUIAR

1. *Aprenda a ver! Ver é um processo que se aprende.* Nove décimos da visão ocorrem no cérebro.

2. *Quatro dedos em vez de cinco:* foi o símbolo pelo qual George Campbell, um rapaz cego, conseguiu pegar e segurar uma vida plena e feliz. Como você pode usar esse símbolo?

3. *Ver* é algo que se aprende por associação. A primeira visão de George Campbell de sua mãe adquiriu significado para ele somente quando George reconheceu a voz dela.

4. *Está na hora de verificar sua visão mental?* Quando ela está distorcida, você pode tatear em uma névoa de conceitos falsos, dando encontrões e machucando a si e aos outros desnecessariamente. Sua visão mental se torna mais clara ano após ano?

5. Dê uma olhada – uma boa olhada – e reconheça o que você vê. Pode haver acres de diamantes em seu quintal!

6. Não seja míope – olhe para o futuro. Cypress Gardens tornou-se uma realidade porque Richard Pope viu o local com um objetivo futuro definido.

7. *Veja* habilidades, capacidades e ponto de vista das outras pessoas. Você pode estar ignorando um gênio. A história de Thomas Edison é um bom exemplo.

8. Você vê como pode relacionar e assimilar os princípios da Atitude Mental Positiva em sua vida?

9. Aprenda com a natureza. Como? Faça algumas perguntas a si mesmo, como Isaac Newton. Se você não sabe as respostas, obtenha conselhos de especialistas.

10. Converta o que você vê em realidade por meio da ação. Mikimoto converteu uma teoria em uma fortuna em pérolas. Goldstone reconheceu, relacionou e aplicou os princípios e métodos usados em hospitais para salvar vidas humanas como cabíveis para salvar a vida das ostras na produção de pérolas cultivadas.

ABRA A MENTE E APRENDA A VER.

CAPÍTULO 8

O SEGREDO DE FAZER AS COISAS

Neste capítulo, você vai descobrir o segredo de fazer as coisas. Também receberá uma automotivação tão poderosa que ela o forçará à ação desejável de forma subconsciente, pois na realidade trata-se de um *arranque automático*. No entanto, você pode usá-la à vontade. Quando fizer isso, superará a procrastinação e a inércia. Se você faz coisas que não quer fazer, ou se não faz as coisas que quer fazer, este capítulo é para você.

Aqueles que alcançam a grandeza empregam o segredo de fazer as coisas. Tomemos por exemplo James Keller, um padre Maryknoll. O padre Keller vinha desenvolvendo uma ideia havia algum tempo. Ele esperava motivar "pessoas humildes a fazer grandes coisas, incentivando cada uma a ir além de seu pequeno círculo próprio para o mundo exterior". O comando bíblico "Ide por todo o mundo" era o símbolo de uma ideia pela qual a missão que o padre tinha em mente poderia ser realizada. Quando respondeu a esse comando, empregou o segredo de fazer as coisas. E, quando fez isso, entrou em ação. Isso aconteceu em 1945. Foi então que o padre Keller organizou os Christophers – uma organização muito incomum.

A entidade não tem capítulos, nem comitês, nem reuniões, nem taxas. Nem sequer tem uma adesão no sentido usual da palavra. Trata-se simplesmente de pessoas – ninguém sabe dizer quantas – dedicadas a um ideal. Os Christophers operam com base no conceito de que é melhor para as pessoas "fazer alguma coisa e não pagar nada" do que "pagar taxas e não fazer nada".

Qual é o ideal a que todos se dedicam? Cada Christopher dedica-se a levar sua religião consigo aonde quer que vá ao longo do dia – para a poeira e o calor do mercado, para as estradas e atalhos, para o lar. E com isso leva as grandes verdades de sua fé aos outros.

A história emocionante é contada pelo reverendo James Keller em *You Can Change the World*. Ela aconteceu porque Keller concebeu e acreditou em um ideal. Mas fez pouco ou nada a respeito até reagir ao segredo de fazer as coisas.

Você vislumbra esse segredo a partir da afirmação de E. E. Bauermeister, supervisor de ensino e conselheiro correcional na Penitenciária Estadual da Califórnia em Chino, que disse aos autores: "Sempre digo aos homens da nossa turma de autoajuste que muitas vezes o que lemos e professamos torna-se parte da nossa biblioteca e do nosso vocabulário em vez de se tornar parte da nossa vida".

Lembre-se da instrução bíblica: *pois não faço o bem que quero; mas o mal que não quero, esse pratico*. Como você pode treinar para entrar em ação imediatamente quando é desejável? Então falamos a Bauermeister como as boas coisas que lemos e professamos podem se tornar parte da nossa vida. Demos a ele o arranque automático para fazer essas coisas.

Como o segredo de fazer algo torna-se parte da sua vida? Pelo hábito. E você desenvolve o hábito pela repetição. "Semeie uma ação e colha um hábito, semeie um hábito e colha um caráter, semeie um caráter e colha um destino", afirmou o grande psicólogo e filósofo William James. Ele estava dizendo que você é o que seus hábitos fazem de você. E você pode escolher seus hábitos. Pode desenvolver qualquer hábito que deseje usando o arranque automático.

Mas qual é o segredo de fazer as coisas e qual é o arranque automático que o força a usar esse grande segredo? O segredo de fazer as coisas é agir. O arranque automático é o automotivador FAÇA ISSO AGORA!

Enquanto viver, nunca diga a esmo FAÇA ISSO AGORA! a menos que vá em frente com a ação desejável. Sempre que a ação for desejável e o símbolo de FAÇA ISSO AGORA! fulgurar de sua mente subconsciente na mente consciente, *aja* de imediato.

Torne uma prática responder ao arranque automático FAÇA ISSO AGORA! em pequenas coisas. Rapidamente se desenvolverá o hábito de uma reação reflexa tão poderosa que, em tempos de emergência ou quando a oportunidade se apresentar, você *agirá*.

Digamos que você deva dar um telefonema, mas tenha uma tendência a procrastinar e fique adiando a ligação. Quando o arranque automático FAÇA ISSO AGORA! fulgurar do seu subconsciente em sua mente consciente, *aja*. Faça a ligação imediatamente.

Ou suponha, por exemplo, que você definiu o despertador para as 6h. Todavia, quando o alarme dispara, você sente sono, levanta, desliga o alarme e volta para a cama. Você terá uma tendência a desenvolver o hábito de fazer a mesma coisa no futuro. Mas, se de sua mente subconsciente fulgurar no consciente FAÇA ISSO AGORA!, haja o que houver, fique acordado! Por quê? Porque você vai desenvolver o hábito de responder ao arranque automático FAÇA ISSO AGORA!

No Capítulo 13, você vai ler como um dos autores comprou uma empresa de US$ 1,6 milhão de patrimônio líquido com o dinheiro do vendedor. Isso se tornou realidade porque no momento adequado o comprador reagiu ao arranque automático FAÇA ISSO AGORA!

H. G. Wells aprendeu o segredo de fazer as coisas. E foi um escritor prolífico por causa disso. Ele tentava não deixar nenhuma boa ideia escapar. Enquanto a ideia estava fresca, anotava imediatamente o pensamento que ocorrera. Às vezes isso acontecia no meio da noite. Não importava. Wells acendia a luz, pegava o lápis e o papel que sempre estavam ao lado da cama e rabiscava. Depois largava tudo e dormia de novo.

Ideias que poderiam ter sido esquecidas eram recordadas quando ele refrescava a memória olhando os lampejos de inspiração que havia anotado no instante em que ocorreram. Esse hábito de Wells era tão natural e sem esforço para ele como sorrir é para você quando lhe ocorre um pensamento feliz.

Muitas pessoas têm o hábito da procrastinação. Por causa disso, podem perder o trem, atrasar-se para o trabalho ou algo ainda mais importante: perder uma oportunidade que pode mudar todo o curso de sua vida para melhor. A história registra como batalhas foram perdidas porque alguém adiou a ação desejável.

Novos alunos em nosso curso "AMP – A ciência do sucesso" às vezes afirmam que o hábito da procrastinação é aquilo que gostariam de eliminar. E então revelamos a eles o segredo de fazer as coisas. Fornecemos o arranque automático. Podemos motivá-los contando a história verídica sobre o que o arranque imediato significou para um prisioneiro durante a Segunda Guerra Mundial.

O ARRANQUE AUTOMÁTICO E O PRISIONEIRO

Kenneth Erwin Harmon era um funcionário civil da Marinha em Manila quando os japoneses chegaram lá. Ele foi capturado e mantido em um hotel por dois dias antes de ser enviado para um campo de prisioneiros.

No primeiro dia, viu que seu colega de quarto tinha um livro debaixo do travesseiro dele. "Me empresta?", perguntou. O livro era *Quem pensa enriquece – O legado*. Kenneth começou a ler. Enquanto lia, conheceu a pessoa mais importante do mundo com o talismã invisível gravado com AMP de um lado e AMN no outro.

Antes de começar a ler, Harmon estava com uma sensação de desespero. Com medo, antecipou a possibilidade de tortura – até mesmo de morte – no campo de prisioneiros. Mas, enquanto lia, sua atitude tornou-se inspirada pela esperança. Ele sentiu o anseio de possuir o livro. Queria tê-lo consigo durante os dias terríveis que viriam. Ao discutir o texto com seu companheiro de prisão, Harmon percebeu que o livro era muito importante para o proprietário.

"Deixe-me copiá-lo", disse ele.

"Claro, vá em frente", foi a resposta.

Kenneth Harmon empregou o segredo de fazer as coisas. Entrou em ação imediata. Em atividade furiosa, começou a datilografar. Palavra por palavra, página por página, capítulo por capítulo. Por estar obcecado com a possibilidade de que tudo fosse tirado a qualquer momento, ficou motivado a trabalhar dia e noite.

Foi bom ele ter feito aquilo, pois, uma hora depois de a última página ser concluída, seus captores levaram-no para o famoso campo de prisioneiros de Santo Tomás. Ele havia terminado em tempo porque começara a tempo. Kenneth Harmon manteve o manuscrito consigo durante os três anos e um mês em que foi prisioneiro. Leu vezes e mais vezes. E a leitura alimentou seu pensamento. Inspirou-o a desenvolver coragem, fazer planos para o futuro e manter a saúde física e mental. Muitos prisioneiros de Santo Tomás ficaram permanentemente lesados física e mentalmente pela desnutrição e pelo medo – medo do presente e do futuro. "Mas eu estava melhor quando deixei Santo Tomás do que quando fui internado – mais bem preparado para a vida –, mentalmente mais alerta", Harmon nos disse. Você capta a *sensação* do pensamento dele na declaração: "O sucesso deve ser praticado continuamente, ou cria asas e voa para longe".

Agora é a hora de agir.

O dia que poderia ter sido desperdiçado

O segredo de fazer as coisas pode mudar a atitude de uma pessoa de negativa para positiva. Um dia que poderia ser arruinado pode tornar-se um dia agradável.

Jorgen Juhldahl, estudante da Universidade de Copenhague, trabalhou como guia turístico em certo verão. Como ele alegremente fez muito mais do que fora pago para fazer, alguns visitantes de Chicago fizeram arranjos para ele viajar pelos Estados Unidos. O itinerário incluía um dia de passeios turísticos em Washington, D.C., a caminho de Chicago.

Ao chegar em Washington, Jorgen fez *check-in* no Hotel Willard, onde sua conta tinha sido pré-paga. Estava encantado. No bolso do casaco, tinha a passagem de avião para Chicago; no bolso das calças, a carteira com o passaporte e dinheiro. E então o jovem sofreu um golpe chocante.

Quando se preparava para dormir, descobriu que a carteira havia desaparecido. Correu escada abaixo até a recepção do hotel.

"Faremos tudo que pudermos", disse o gerente.

Mas na manhã seguinte a carteira ainda não fora localizada. Jorgen Juhldahl tinha menos de dois dólares no bolso. Sozinho em um país estrangeiro, ele se perguntou o que deveria fazer. Mandar um telegrama para os amigos em

Chicago e contar o que tinha acontecido? Ir à embaixada dinamarquesa e relatar a perda do passaporte? Esperar na delegacia de polícia até terem alguma notícia?

Então, de repente, ele disse a si mesmo: "Não! Não vou fazer nada disso! Vou ver Washington. Talvez eu nunca mais venha para cá. Tenho um dia precioso nessa grande capital. Afinal, ainda tenho o bilhete para voar até Chicago hoje à noite, e vai haver muito tempo para resolver o problema de dinheiro e do passaporte. Mas, se eu não vir Washington *agora*, talvez nunca mais veja. Caminhei quilômetros na minha cidade, vou gostar de caminhar aqui".

George refletiu: "Agora é o momento de ser feliz. Sou o mesmo homem que eu era ontem, antes de perder minha carteira. Eu estava feliz. Eu deveria estar feliz agora – simplesmente por estar na América, por ter o privilégio de desfrutar de umas férias nesta grande cidade. Não vou perder meu tempo em infelicidade fútil por causa da minha perda".

E então saiu a pé. Viu a Casa Branca e o Capitólio, visitou os grandes museus, subiu ao topo do Monumento a Washington. Não pôde fazer o passeio a Arlington e alguns outros lugares que queria ver. Porém, viu minuciosamente tudo o que visitou. Comprou amendoim e doces e os mordiscou para não ficar com muita fome.

Quando voltou para a Dinamarca, a parte da turnê americana da qual ele lembrava melhor era aquele dia a pé em Washington – um dia que Jorgen Juhldahl poderia ter desperdiçado se não tivesse empregado o segredo de fazer as coisas. Ele sabia a verdade da afirmação AGORA É A HORA. Ele sabia que o agora deve ser agarrado antes que se torne ontem-eu-poderia-ter...

Para arrematar a história: cinco dias depois daquele dia tumultuado, a polícia de Washington encontrou a carteira e o passaporte e os enviou para ele.

Você tem medo das suas melhores ideias?

Uma das coisas que muitas vezes nos impedem de agarrar o *agora* é certa timidez diante de nossas inspirações. Ficamos com um pouco de medo de nossas ideias quando elas ocorrem primeiro para nós. Podem parecer fora do comum ou exageradas. Disto não resta dúvida: é preciso certa ousadia para aparecer com uma ideia não testada. Todavia, é exatamente esse tipo de coragem que muitas vezes produz os resultados mais espetaculares. A conhecida escritora Elsie Lee fala sobre Ruth Butler e sua irmã Eleanor, filhas de um peleteiro de Nova York nacionalmente conhecido.

"Meu pai era um pintor frustrado", contou Ruth. "Tinha talento, mas a necessidade de ganhar a vida o deixou sem tempo para construir uma reputação como artista. Então ele colecionava pinturas. Mais tarde, começou a comprar pinturas para Eleanor e para mim." Assim, as garotas desenvolveram conhecimento e começaram a apreciar arte, com um bom gosto impecável. Ao se tornarem adultas, os amigos consultavam-nas sobre quais tipos de pinturas deveriam comprar para suas casas. Muitas vezes elas emprestavam peças de sua coleção por breves períodos.

Um dia, Eleanor acordou Ruth às três da manhã: "Não comece a discutir, mas tive uma ideia *fantástica*! Vamos formar uma aliança de MasterMind".

"O que afinal de contas é uma aliança de MasterMind?", perguntou Ruth.

"*Uma aliança de MasterMind é a coordenação de conhecimento e esforço, num espírito de harmonia, entre duas ou mais pessoas, para a realização de um objetivo definido.* E é bem isso que vamos fazer. Vamos entrar no negócio de aluguel de pinturas!"

Ruth concordou. Aquela *era* uma ideia fantástica. Elas começaram a trabalhar no mesmo dia – embora amigos alertassem para os perigos: as valiosas pinturas poderiam ser perdidas ou roubadas, poderia haver ações judiciais e problemas de seguro. Mas elas foram em frente trabalhando – acumularam US$ 300 em capital e convenceram o pai a emprestar de graça o porão da loja de peles.

"Carregamos 1,8 mil pinturas de nossas coleções para o meio dos moldes de casaco", recorda Ruth, "e ignoramos o olhar triste e desaprovador do nosso pai. O primeiro ano foi cruel – uma verdadeira luta."

A ideia inovadora enfim compensou. A empresa, conhecida como Pinacoteca Itinerante de Nova York, tornou-se um sucesso – com cerca de quinhentos quadros constantemente locados para empresas, médicos, advogados e uso residencial.

Um estimado cliente foi um detento da penitenciária de Massachusetts durante oito anos. Humildemente, ele escreveu que talvez a pinacoteca não alugasse para ele, dado o endereço. As pinturas foram enviadas de graça, exceto os custos de transporte. Em troca, Ruth e Eleanor receberam uma carta das autoridades prisionais contando como as pinturas foram usadas em um curso de reconhecimento de arte que beneficiou muitas centenas de detentos. Ruth e Eleanor começaram seu negócio com uma ideia. E a seguir respaldaram sua ideia com ação imediata. Os resultados foram lucro para elas e maior prazer e felicidade para muitos outros.

Você está pronto para dobrar sua renda?

W. Clement Stone percorreu regiões da Ásia e do Pacífico como um dos sete executivos representantes da National Sales Executives International. Numa terça-feira, Stone fez uma palestra sobre motivação para um grupo de empresários em Melbourne, Austrália. Na noite da quinta-feira, recebeu um telefonema. Era Edwin H. East, gerente de uma firma que vendia armários de metal. East estava animado: "Aconteceu uma coisa maravilhosa! Você vai ficar tão entusiasmado quanto eu quando eu contar!".

"Diga. O que aconteceu?"

"Uma coisa incrível! Você fez a palestra sobre motivação na terça-feira. Em sua palestra, recomendou dez livros inspiradores. Comprei *Quem pensa enriquece – O legado* e comecei a ler naquela noite. Li por horas. Na manhã seguinte, comecei a ler de novo e então anotei num pedaço de papel: 'Minha meta principal definida era dobrar as vendas do ano passado neste ano'. O surpreendente é que fiz isso em quarenta e oito horas."

"Como você fez isso?", Stone perguntou a East. "Como dobrou sua renda?"

East respondeu o seguinte:

> Em seu discurso sobre motivação, você contou como Al Allen, um dos seus vendedores de Wisconsin, tentou fazer vendas em determinado

> quarteirão. Você disse que Al teve sorte porque trabalhou o dia inteiro e não fez uma venda.
>
> Naquela noite, você disse, Al Allen desenvolveu *insatisfação inspiradora*. Ele decidiu que no dia seguinte iria de novo exatamente nos mesmos clientes potenciais e venderia mais apólices de seguro que qualquer um dos outros representantes de seu grupo venderia toda a semana.
>
> Você contou como Al Allen esquadrinhou completamente o mesmo quarteirão. Visitou as mesmas pessoas e vendeu 66 novos contratos de acidente. Lembrei da sua afirmação: "Alguns podem pensar que não dá para fazer, mas Al fez". Acreditei em você. Eu estava pronto.
>
> Lembrei do arranque automático que você nos deu: FAÇA ISSO AGORA!
>
> Fui para os meus registros e analisei dez contas "mortas". Preparei o que anteriormente poderia parecer um enorme programa para apresentar a cada uma. Repeti o arranque automático FAÇA ISSO AGORA! várias vezes. Depois, contatei as dez contas com uma Atitude Mental Positiva e fiz oito vendas grandes. É incrível – verdadeiramente surpreendente – o que AMP pode fazer pelos vendedores que usam seu poder!

Edwin H. East estava pronto quando ouviu a palestra sobre motivação. Escutou a mensagem que era aplicável a ele. Estava procurando alguma coisa – e encontrou o que procurava. Nosso objetivo ao relatar essa história específica é que você também leu sobre Al Allen. Mas pode não ter visto como poderia aplicar o princípio em sua própria experiência. Edwin H. East aplicou. E você também pode. Pode aplicar os princípios de cada uma das histórias que lê em *Atitude Mental Positiva*.

Agora, no entanto, queremos que você aprenda o arranque automático: FAÇA ISSO AGORA!

Você pode misturar negócios e prazer

Às vezes, a decisão de agir imediatamente pode tornar realidade seus sonhos mais loucos. Com Manley Sweazey funcionou assim.

Manley adorava caçar e pescar. Sua ideia de uma vida boa era caminhar oitenta quilômetros floresta adentro com sua vara de pescar e seu rifle, depois caminhar de volta alguns dias mais tarde, exausto, enlameado e muito feliz.

O único problema dessa diversão é que tirava muito tempo de seu trabalho como vendedor de seguros. Então, certo dia, enquanto relutantemente deixava seu lago de robalos favorito e rumava de volta para sua mesa, Manley teve uma ideia maluca. Imaginou que em algum lugar havia gente vivendo em áreas remotas – gente que precisava de seguro. Se houvesse, ele poderia trabalhar e ficar ao ar livre ao mesmo tempo! De fato, Manley descobriu que havia um grupo assim: os homens que trabalhavam para a Ferrovia do Alasca. Eles viviam em alojamentos espalhados ao longo dos oitocentos quilômetros de trilhos. E que tal se Manley fosse vender seguros para os homens da ferrovia e para os caçadores e mineradores de ouro ao longo da rota?

No mesmo dia em que a ideia lhe ocorreu, Sweazey começou a fazer planos positivos. Consultou um agente de viagens e começou a fazer as malas. Não parou e não deixou que as dúvidas surgissem sorrateiramente e o assustassem, levando-o a acreditar que a ideia poderia ser desmiolada... que poderia fracassar. Em vez de esmiuçar a ideia em busca de falhas, pegou um barco para Seward, Alasca.

Caminhou por toda a extensão da estrada de ferro muitas e muitas vezes. O "Andarilho Sweazey", como era conhecido, tornou-se uma visão bem-vinda para aquelas famílias isoladas, não só porque vendia seguros onde ninguém mais tinha pensado valer a pena dar-se ao trabalho de fazer isso, mas também porque representava o mundo exterior. Ele fez um esforço extra. Aprendeu sozinho a cortar cabelo e fazia isso gratuitamente. Também aprendeu a cozinhar. Uma vez que os homens solteiros comiam principalmente enlatados e bacon, Manley, com suas habilidades culinárias, era um convidado bem-vindo. E o tempo todo ele fazia o que aparecia ao natural. Fazia o que queria fazer: vagar pelas colinas, caçando, pescando e, como ele diz, "vivendo a vida de Sweazey".

No ramo dos seguros de vida, existe um lugar de honra reservado para homens que vendem o equivalente a mais de um milhão de dólares em um ano. Chama-se a Mesa-Redonda dos Milhões de Dólares. A parte notável e quase inacreditável da história de Manley Sweazey é que, tendo agido segundo seu impulso, partido para a vida selvagem do Alasca, caminhado por uma ferrovia onde ninguém mais tinha se dado ao trabalho de ir, ele fez seu milhão de dólares em negócios, e mais, em um só ano, garantindo seu lugar à Mesa-Redonda.

Nada disso teria acontecido se ele tivesse hesitado em empregar o segredo de fazer as coisas quando teve sua ideia "louca".

Memorize o arranque automático FAÇA ISSO AGORA!

FAÇA ISSO AGORA! pode afetar todas as fases de sua vida. Pode ajudá-lo a realizar as coisas que você deve fazer, mas não tem vontade. Pode impedi-lo de procrastinar quando confrontado com um dever desagradável. Mas também pode ajudá-lo, como a Manley Sweazey, a fazer aquilo que você *quer* fazer. Ajudá-lo a aproveitar aqueles momentos preciosos que, caso perdidos, talvez jamais sejam recuperados. A palavra agradável para um amigo, por exemplo. O telefonema para um associado, apenas para dizer que você o admira. Tudo como reação ao arranque automático FAÇA ISSO AGORA!

Escreva uma carta para si mesmo

Eis aqui uma ideia para ajudá-lo a começar. Sente e escreva uma carta para si mesmo contando as coisas que sempre teve intenção de fazer como se já tivessem sido realizadas – projetos pessoais, de caridade ou comunitários. Redija a carta como se um biógrafo estivesse escrevendo sobre a pessoa maravilhosa que você realmente é quando está sob a influência de AMP. Mas não pare por aí. Use o segredo de fazer as coisas. Responda ao arranque automático *FAÇA ISSO AGORA!*

Lembre-se: independentemente do que você foi ou do que é, pode ser o que você quer se *agir* com AMP. O arranque automático FAÇA ISSO AGORA! é um automotivador importante. É o passo fundamental rumo à compreensão e aplicação dos princípios do próximo capítulo, intitulado "Como motivar a si mesmo".

PILOTO Nº 8

PENSAMENTOS PELOS QUAIS SE GUIAR

1. É melhor fazer alguma coisa e não pagar nada do que pagar taxas e não fazer nada.
2. "Muitas vezes o que lemos e professamos se torna parte da nossa biblioteca e do nosso vocabulário em vez de se tornar parte da nossa vida." Pare e pense nisso. Você tem conhecimento dos princípios que podem ajudá-lo a alcançar qualquer meta que valha a pena na vida e que você possa desejar – mas você faz deles parte da sua vida?
3. "Semeie uma ação e colha um hábito, semeie um hábito e colha um caráter, semeie um caráter e colha um destino." Quais hábitos de pensamento ou ação, em *qualquer* atividade humana, você gostaria de adquirir? Quais hábitos você gostaria de eliminar? Você deve saber como adquirir hábitos desejáveis e eliminar os indesejáveis se aprendeu a reconhecer e aplicar os princípios revelados neste livro.
4. O segredo de fazer as coisas é: FAÇA ISSO AGORA!
5. Enquanto viver, quando a sugestão FAÇA ISSO AGORA! fulgurar de seu subconsciente em sua mente consciente, para que você faça o que você deve fazer, vá adiante imediatamente com a ação desejável. Esse hábito vai torná-lo um realizador destacado.
6. O ônus de aprender está sobre a pessoa que quer aprender. Se você quer aprender como alcançar qualquer coisa na vida sem violar as leis de Deus e os direitos dos seus semelhantes, agora é a hora de começar a estudar e aprender os conceitos que podem ensiná-lo como atingir suas metas. Estude e aplique os princípios contidos em *Atitude Mental Positiva* – e não apenas leia o que está escrito.
7. Agora é a hora de agir.

FAÇA ISSO AGORA!

CAPÍTULO 9

COMO MOTIVAR A SI MESMO

O que é motivação? Motivação é aquilo que induz à ação ou determina uma escolha. É aquilo que fornece um motivo.

Um motivo é o "anseio interior", dentro somente do indivíduo, que o incita à ação, tal como instinto, paixão, emoção, hábito, estado de ânimo, impulso, desejo ou ideia. É a esperança ou outra força que dá início a uma ação em uma tentativa de produzir resultados específicos.

MOTIVANDO A SI MESMO E AOS OUTROS

Quando conhecer os princípios que *podem* motivá-lo, você vai conhecer os princípios que *podem* motivar os outros. Por outro lado, quando conhecer os princípios que *podem* motivar os outros, vai conhecer os princípios que *podem* motivá-lo.

Como motivar a si mesmo é o objetivo deste capítulo. Como motivar os outros é o objetivo do Capítulo 10. Como motivar a si e aos outros com uma Atitude Mental Positiva é o objetivo de *Atitude Mental Positiva*. Em essência, este é um livro sobre motivação.

Nosso objetivo ao apresentar experiências específicas de sucesso e fracasso de outras pessoas é motivá-lo para a ação desejável. Portanto, para se motivar, tente entender os princípios que motivam os outros – para motivar os outros, tente entender os princípios que o motivam.

Estabeleça o hábito de motivar a si mesmo com AMP... à vontade. E então você poderá dirigir seus pensamentos, controlar suas emoções e ordenar seu destino.

Motive a si e aos outros com o ingrediente mágico

Qual é o ingrediente mágico? Um certo homem encontrou-o. Eis aqui a história. Há alguns anos, esse homem, um bem-sucedido fabricante de cosméticos, aposentou-se aos 65 anos de idade. Depois disso, a cada ano os amigos ofereciam uma festa de aniversário, e em cada uma dessas ocasiões pediam a ele para revelar sua fórmula. Ano após ano, ele se recusava amavelmente; no entanto, no aniversário de 75 anos, os amigos, meio brincando e meio a sério, mais uma vez perguntaram se ele revelaria o segredo.

"Vocês têm sido tão maravilhosos ao longo dos anos que agora vou contar", disse. "Vejam, além das fórmulas usadas por outros fabricantes de cosméticos, eu adicionei o ingrediente mágico."

"Qual é o ingrediente mágico?", perguntaram.

"Nunca prometi a nenhuma mulher que meus cosméticos iriam torná-la bonita, mas sempre dei esperança."

Esperança é o ingrediente mágico!

Esperança é um desejo com a expectativa de obter o que é desejado e a crença de que é obtenível. Uma pessoa reage de modo consciente ao que lhe é desejável, crível e atingível. E também reage de modo subconsciente ao anseio interno que induz à ação quando sugestão ambiental, autopersuasão ou autossugestão causam a liberação dos poderes da mente subconsciente.

A resposta à sugestão pode desenvolver obediência direta, neutra ou em ação reversa a um símbolo específico. Em outras palavras, pode haver vários tipos e graus de fatores motivacionais. Cada resultado tem uma causa determinada. Cada um de seus atos é resultado de determinada causa – os seus motivos.

A esperança, por exemplo, motivou o fabricante de cosméticos a construir um negócio rentável. A esperança também motivou as mulheres a comprarem os cosméticos. A esperança também irá motivá-lo.

OS DEZ MOTIVOS BÁSICOS QUE INSPIRAM TODA AÇÃO HUMANA

Cada pensamento que você tem, cada ato que desempenha voluntariamente, pode ser rastreado até algum motivo ou uma combinação de motivos definidos. Existem dez motivos básicos que inspiram todos os pensamentos, todas as ações voluntárias. Ninguém nunca faz nada sem ter sido motivado.

Quando se trata de aprender como motivar a si mesmo para qualquer objetivo determinado ou como motivar os outros, você deve ter uma compreensão clara desses dez motivos básicos. Aqui estão eles:

1. O desejo de AUTOPRESERVAÇÃO.
2. A emoção do AMOR.
3. A emoção do MEDO.
4. A emoção do SEXO.
5. O desejo de VIDA APÓS A MORTE.
6. O desejo de LIBERDADE DO CORPO E DA MENTE.
7. A emoção da RAIVA.
8. A emoção do ÓDIO.
9. O desejo de RECONHECIMENTO E AUTOEXPRESSÃO.
10. O desejo de GANHO MATERIAL.

Ao ler este capítulo, talvez você sinta que ele contém alimento para o pensamento. Um bom sanduíche tem nove décimos de pão e um décimo de carne. Ao contrário de um sanduíche, este capítulo tem nove décimos de carne. Assim os autores o planejaram. Esperamos que você mastigue e digira cuidadosamente.

EMOÇÕES NEGATIVAS SÃO BOAS?

Ao ler *Atitude Mental Positiva*, você vê claramente que emoções, sentimentos e pensamentos negativos são prejudiciais para o indivíduo. Mas há ocasiões em que sejam bons? Sim, emoções, sentimentos, pensamentos e atitudes negativas são boas – no momento adequado e sob as circunstâncias certas.

Afinal, aquilo que é bom para a espécie humana é bom para o indivíduo humano. É claro que, no processo de evolução, pensamentos, sentimentos, emoções e atitudes negativas protegeram os indivíduos. Na verdade, esses pensamentos negativos impediram a extinção da espécie. E as forças negativas de uma pessoa, como as forças negativas de uma barra de ímã, repelem de modo eficaz a força dos poderes negativos dos outros. Tem sido assim. Então, como se trata de uma lei universal, continuará sendo.

Agora, a cultura, o refinamento e a civilização, como o próprio homem, também evoluíram de um estado primitivo. Quanto mais cultos, refinados e civilizados uma sociedade ou um ambiente, menor é a necessidade do indivíduo de usar forças negativas. Contudo, em um ambiente negativo, antagônico, uma pessoa com bom senso irá usar as forças negativas com AMP para opor-se ao mal com que se depara.

Como você vive em um país com leis projetadas para proporcionar o maior bem para o maior número, como os direitos do indivíduo são protegidos e como você está em uma sociedade e um ambiente de cultura e refinamento, na forma de civilização mais elevada, esses pensamentos, sentimentos, emoções e paixões negativas que se encontram latentes dentro de você, provenientes do passado hereditário, agora não são necessários para resolver os problemas que o homem primitivo de outro modo não poderia ter resolvido, pois ele era a lei para si mesmo. E a lei do indivíduo tornou-se subserviente à lei da sociedade para seu benefício.

Agora vamos esclarecer esses conceitos. Vamos tomar a raiva, o ódio e o medo como exemplos.

Raiva e ódio. Indignação justa contra o mal é uma forma de raiva e ódio. O desejo de proteger a nação quando atacada por um inimigo ou o desejo de proteger os fracos contra o ataque criminoso do louco para salvar a vida humana são bons. Matar para fazer isso, quando necessário, é um exemplo da pior forma de todos os sentimentos e emoções negativas usados para alcançar um objetivo digno. Em nossa sociedade, o patriotismo de um soldado ou o cumprimento do dever por um policial são virtudes.

Medo. Em cada nova experiência e em cada novo ambiente, a natureza o protege do perigo potencial alertando por meio de alguma nuance da emoção do medo. Você pode ter certeza de que, em um novo ambiente, o indivíduo mais corajoso de início vai experimentar a percepção de um sentimento consciente ou subconsciente de timidez ou medo. Se verificar que os medos não são benéficos para ela, a pessoa com AMP vai neutralizar uma emoção negativa indesejável, substituindo-a por uma positiva.

O QUE VOCÊ PODE FAZER A RESPEITO DISSO?

O homem é o único ser do reino animal que, pelo funcionamento da mente consciente, pode voluntariamente controlar as emoções a partir de seu interior, ao invés de ser forçado a fazê-lo por influências externas. E só ele pode deliberadamente mudar hábitos de resposta emocional. Quanto mais civilizado, culto e refinado você é, *mais facilmente* pode controlar suas emoções e seus sentimentos, se optar por fazer isso.

As emoções são controladas por meio da combinação entre razão e ação. Quando os medos são injustificados ou prejudiciais, podem e devem ser neutralizados. Como?

Embora suas emoções não estejam sempre imediatamente sujeitas à razão, estão imediatamente sujeitas à ação. Você pode usar a razão para determinar a inutilidade de uma emoção negativa e, assim, motivar-se para a ação. Você pode substituir o medo por um sentimento positivo. Como se faz isso?

Um meio eficaz é a autopersuasão, na verdade um comando para si mesmo, com um símbolo de uma palavra que incorpore o que você quer ser. Assim, se você está com medo e quer ser corajoso, dê o comando *seja corajoso* com rapidez diversas vezes. Prossiga com a ação. Se você quer ser corajoso, aja com coragem. Como?

Use o arranque automático FAÇA ISSO AGORA! E entre em ação.

Neste e no próximo capítulo, você verá como controlar suas emoções e ações usando autopersuasão. Nesse ínterim, *mantenha a mente nas coisas que você deve e quer e longe das coisas que não deve e não quer.*

Uma fórmula de sucesso que sempre funciona

Você está entre as centenas de milhares de pessoas do mundo todo que já leram *Autobiografia*, de Benjamin Franklin, ou entre as dezenas de milhares que leram o livro de Frank Bettger, *Do fracasso ao sucesso em vendas*? Caso não, recomendamos que leia os dois. Esses livros contêm uma fórmula que sempre funciona quando aplicada com AMP.

Em sua autobiografia, Benjamin Franklin indica ter tentado ajudar Benjamin Franklin da mesma maneira que a pessoa mais importante do mundo quer ajudar você. Ele escreveu (em linguagem modernizada): "Sendo a minha intenção adquirir o hábito de todas estas virtudes, julguei que seria melhor não distrair minha atenção por tentar tudo de uma só vez, mas fixá-la em uma de cada vez e, quando tivesse domínio sobre uma, então proceder para outra, e assim por diante, até ter passado pelas treze e, como a aquisição prévia de algumas poderia facilitar a aquisição de algumas outras, arranjei-as tendo isso em vista". Os nomes das virtudes listadas por Franklin, juntamente com os preceitos (automotivadores para autopersuasão) que deu a cada uma, são:

1. TEMPERANÇA: não coma até o embotamento; não beba até a exaltação.
2. SILÊNCIO: não fale nada além daquilo que possa beneficiar os outros ou você mesmo; evite conversa trivial.
3. ORDEM: deixe todas as suas coisas nos devidos lugares; deixe cada parte do seu negócio ter seu próprio tempo.
4. RESOLUÇÃO: decida executar o que você deve; execute sem falta o que você decidir.
5. FRUGALIDADE: não faça nenhuma despesa a não ser para fazer o bem aos outros ou a você mesmo, ou seja, não desperdice nada.

6. DILIGÊNCIA: não perca tempo; esteja sempre ocupado em algo útil; corte todas as ações desnecessárias.
7. SINCERIDADE: não cometa fraude prejudicial; pense de forma inocente e justa e, se falar, fale de acordo.
8. JUSTIÇA: não prejudique ninguém com injúrias ou omitindo os benefícios que são seu dever.
9. MODERAÇÃO: evite extremos; abstenha-se de ressentir-se de injúrias tanto quanto acha que elas mereçam.
10. LIMPEZA: não tolere nenhuma impureza no corpo, nas roupas ou na habitação.
11. TRANQUILIDADE: não se perturbe com ninharias ou com acidentes comuns ou inevitáveis.
12. CASTIDADE: use o ato sexual raramente, apenas para a saúde ou descendência, nunca até o embotamento, fraqueza ou prejuízo da paz ou reputação – sua ou de outros.
13. HUMILDADE: imite Jesus e Sócrates.

Além disso, Franklin escreveu:

> Compreendendo então que, de acordo com os conselhos de Pitágoras em *Versos de Ouro*, o exame diário seria necessário, planejei o seguinte método para conduzir tal exame: fiz um pequeno livro, no qual dediquei uma página para cada uma das virtudes. Tracei linhas com tinta vermelha em cada página, de modo a ter sete colunas, uma para cada dia da semana, marcando cada coluna com uma letra referente ao dia. Cruzei essas colunas com treze linhas vermelhas, marcando o início de cada linha com a primeira letra de uma das virtudes, em cuja linha e coluna adequada eu poderia marcar, com um pontinho preto, cada falha que, mediante exame, eu verificasse ter cometido a respeito daquela virtude naquele dia.

É tão importante saber como usar uma fórmula quanto conhecer a fórmula. Eis aqui como usar seu conhecimento:

TEMPERANÇA

Não coma até o embotamento; não beba até a exaltação.

	DOM	SEG	TER	QUA	QUI	SEX	SÁB
T.							
S.	X	X				X	
O.	XX	X	X		X	X	X
R.			X				X
F.			X				
D.			X				
S.							
J.							
M.							
L.							
T.							
C.							
H.							

UMA FÓRMULA EM AÇÃO

1. Concentre-se em um princípio durante uma semana inteira, todos os dias da semana. Responda com a ação adequada sempre que surgir uma ocasião.
2. A seguir, inicie a segunda semana com o segundo princípio ou virtude. Deixe o primeiro ser controlado por sua mente subconsciente. Caso surja uma ocasião em que o emprego de um princípio anterior fulgure em sua mente consciente, use o arranque automático FAÇA ISSO AGORA! e então AJA! Continue a se concentrar em um princípio de cada vez, a cada semana, e deixe os outros serem executados pelos hábitos estabelecidos em seu subconsciente quando surgir a ocasião.
3. Quando a série estiver concluída, comece de novo. Assim, ao final de um ano, você terá completado todo o ciclo quatro vezes.

4. Quando tiver adquirido uma característica desejada, substitua um novo princípio para uma nova virtude, atitude ou atividade que deseje desenvolver.

Você acabou de ler o método que Benjamin Franklin usou para ajudar Benjamin Franklin. Como *Atitude Mental Positiva* é um livro de autoajuda, seria sábio você estudar o método de Franklin e ver como pode aplicar os princípios. No capítulo intitulado "Como motivar os outros", você verá como Frank Bettger ergueu-se do fracasso ao sucesso empregando o plano de Benjamin Franklin.

Se você decidir começar seu próprio plano e não souber exatamente com quais princípios começar, pode iniciar com as treze virtudes usadas por Benjamin Franklin. Ou pode optar pelos dezessete princípios do sucesso descritos no Capítulo 2.

Agora, um pouco de pão para o seu sanduíche

Para isso, vamos falar sobre o primeiro homem da Fuller Brush. Alfred C. Fuller, o primeiro dos "homens da Fuller Brush", veio de uma família de agricultores pobres que viviam na Nova Escócia. Al parecia não conseguir manter um emprego. Na verdade, durante os primeiros dois anos em que tentou se sustentar, perdeu três empregos.

Mas houve uma mudança radical na vida de Fuller quando ele tentou vender escovas. Naquele momento, ficou motivado. Começou a perceber que seus três primeiros empregos não eram o tipo de trabalho adequado para ele. Fuller não gostava daqueles empregos. Trabalhar não lhe caía naturalmente. Mas vender, sim. E viu imediatamente que se sairia bem como vendedor. Ele gostava de seu trabalho. Então condicionou sua mente para fazer o melhor trabalho em vendas do mundo. Ele era fantástico.

Tendo conseguido êxito como vendedor, estabeleceu uma meta em sua ascensão pela escada do sucesso: montar um negócio próprio. Essa meta ajustava-se muito bem à sua personalidade, desde que lidasse com vendas.

Alfred C. Fuller parou de vender escovas para outra pessoa. E se divertiu mais do que nunca. Ele fabricava as próprias escovas à noite e vendia no dia seguinte. Quando as vendas começaram a crescer, alugou espaço em um antigo galpão por onze dólares mensais e contratou um assistente que fazia as escovas enquanto ele se concentrava nas vendas.

O resultado final do rapaz que perdeu seus três primeiros trabalhos? A empresa Fuller Brush, com milhares de vendedores de porta em porta e milhões de dólares em renda anual!

Veja, você fica mais apto a ter sucesso se fizer o que vem ao natural.

Mas existem fatores de motivação maiores do que perder um emprego, ganhar dinheiro ou ter sucesso nos negócios. O desejo de autopreservação é o mais forte da lista.

Sete sobreviveram

O capitão Edward V. Rickenbacker foi um dos homens mais bem-sucedidos e estimados dos Estados Unidos. O capitão Eddie, como era carinhosamente chamado, é um símbolo de fé, integridade, alegria com o trabalho árduo e bom senso. Aqueles que o conheceram, ouviram suas palestras ou leram seu livro, *Seven Came Through*, foram inspirados pelo símbolo que ele representa.

O avião que transportava o capitão Eddie e sua tripulação caiu no Pacífico. Nenhum vestígio dos destroços ou dos homens foi encontrado na primeira semana. Nem na segunda. Mas o mundo ficou estupefato com a notícia de que o capitão Eddie foi salvo no 21º dia.

Imagine o capitão Eddie e sua tripulação em três jangadas no Pacífico, sem nada à vista além de céu e mar. Imagine esses homens, portanto, sofrendo o choque de colidir com a água quando o avião caiu, sofrendo com o calor do sol abrasador, com fome e sede. Então, imagine as três jangadas amarradas umas às outras pela manhã e à noite, com cada membro da tripulação curvando a cabeça em oração ou ouvindo atentamente enquanto o Salmo 23 ou os versículos de Mateus 6:31–34 eram lidos: "Assim não andeis ansiosos, dizendo: 'Que havemos de comer?', ou 'Que havemos de beber?', ou 'O que nos havemos de vestir?' (pois os gentios é que procuram todas essas coisas); porque vosso Pai celestial sabe que precisais de todas elas. Mas buscai primeiramente o seu reino e a sua justiça, e tudo isso vos será acrescentado. Não andeis, pois, ansiosos pelo dia de amanhã, porque o dia de amanhã a si mesmo trará seu cuidado; ao dia bastam os seus próprios males".

Bem, você tem o cenário, vamos então ouvir diretamente o capitão Eddie, como ele escreveu em seu livro:

> Como já afirmei, não houve ocasião em que eu tenha perdido a fé em nosso resgate final, mas os outros não pareciam compartilhar plenamente desse estado de espírito. Meus companheiros claramente começaram a pensar no que havia para além da morte – e a pensar nisso em termos de suas próprias vidas.
>
> Digo que na verdade em nenhum momento jamais duvidei de que seríamos salvos. Tentei compartilhar minha filosofia com aqueles homens na esperança de estimular seu desejo de continuar. Ela se baseava na simples observação de que, quanto mais tempo eu tivesse que sofrer sob circunstâncias penosas, mais certo era que eu apreciaria minha libertação. Isso é parte da sabedoria que surge nos mais velhos.

Caso você nos perguntasse como motivar a si mesmo, listaríamos os motivos básicos. Eles estão repetidos aqui!

Primeiro, o desejo de autopreservação; depois, as emoções de amor, medo, sexo. O desejo de vida após a morte e a liberdade do corpo e da mente a seguir. Depois disso, as emoções de raiva e ódio. Então, o desejo de reconhecimento e autoexpressão. E o último na lista dos dez motivos básicos seria o desejo de riquezas materiais.

No capítulo a seguir, você verá como qualquer um dos motivos básicos, ou uma combinação desses, motiva os outros.

PILOTO Nº 9

PENSAMENTOS PELOS QUAIS SE GUIAR

1. Motivação é aquilo que induz à ação ou determina uma escolha. É a esperança ou outra força que inicia uma ação em uma tentativa de produzir resultados específicos.
2. Motive-se com AMP. Lembre-se: o que a mente do homem pode conceber e acreditar, a mente do homem pode alcançar com AMP. Reconheça a possibilidade do improvável.
3. Esperança é o ingrediente mágico na motivação de si mesmo e dos outros.
4. Emoções, sentimentos, pensamentos e atitudes negativas são bons no momento adequado e sob as circunstâncias certas.
5. Os dez motivos básicos são autopreservação, amor, medo, sexo, desejo de vida após a morte, liberdade de corpo e mente, raiva, ódio, desejo de reconhecimento e autoexpressão, bem como desejo de riqueza material.
6. Motive a si mesmo como Benjamin Franklin motivou-se. Crie o seu próprio gráfico. FAÇA ISSO AGORA! Se tiver dificuldade em listar treze virtudes que gostaria de adquirir ou metas que gostaria de alcançar, pode começar com uma e depois aumentar a lista ao perceber quais virtudes ou metas deseja. Como Benjamin Franklin, tenha um automotivador para cada uma. *Importante*: inspecione seu progresso diariamente.
7. O capitão Eddie Rickenbacker desenvolveu uma forte fé que o socorreu em um momento de necessidade. Como você pode fortalecer sua fé para que ela o ajude na hora de maior necessidade?
8. Você está preparado para poder aplicar sua fé no momento de maior necessidade?

ESPERANÇA É O INGREDIENTE MÁGICO PARA MOTIVAR A SI MESMO E AOS OUTROS.

CAPÍTULO 10

COMO MOTIVAR OS OUTROS

É importante saber como motivar os outros de forma eficaz e em uma direção desejável. Ao longo da vida, você desempenha papéis duplos, nos quais motiva os outros e eles o motivam: pai e filho, professor e aluno, vendedor e comprador, mestre e servo – você assume todos os papéis.

Como uma criança motivou seu pai

Um menininho de dois anos e meio estava caminhando com seu pai depois de um jantar de Natal muito pesado. Após andarem por uma quadra e meia, a criança parou, olhou para o pai com um sorriso e disse: "Papai". E hesitou. O pai respondeu: "Sim?". O menino fez uma pequena pausa e continuou: "Se você disser *por favor,* vou deixar você me carregar". Quem poderia resistir a esse tipo de motivação? Até um bebê recém-nascido motiva os pais à ação.

E, claro, um pai motiva o filho. Vimos isso ilustrado por Thomas Edison e sua mãe. Ter confiança em um jovem o faz adquirir autoconfiança. Quando a criança sente-se envolta pela crença aconchegante e cálida de que vai se sair bem, ela é realmente capaz de fazer melhor do que imaginava. Suas defesas relaxam, ela baixa a guarda, tem condições de parar de gastar energia emocional protegendo-se de possíveis mágoas ou falhas; em vez disso, despende a energia em busca das prováveis recompensas do sucesso. Ela fica relaxada. A confiança tem um efeito mensurável na capacidade da criança – traz à tona o melhor dela. "Minha mãe me fez", disse Edison. E o próprio Napoleon Hill teve uma experiência nesse sentido. Ele fala a respeito da seguinte forma:

> Quando novinho, eu era considerado um diabrete. Sempre que uma vaca era solta no pasto, ou uma barragem era quebrada, ou uma árvore era misteriosamente cortada, todo mundo suspeitava do jovem Napoleon Hill.
>
> Havia certa justificativa para toda essa suspeita. Minha mãe havia morrido, e meu pai e meus irmãos achavam que eu era ruim, então eu realmente era bem ruim. Se as pessoas me consideravam assim, eu não iria decepcioná-las.
>
> Então um dia meu pai anunciou que ia se casar novamente. Todos ficamos preocupados com qual tipo de nova "mãe" teríamos, mas eu em particular havia decidido que nenhuma nova mãe que entrasse em nossa casa conseguiria encontrar lugar em meu coração. Finalmente chegou o dia em que aquela mulher estranha entrou em nossa casa. Meu pai ficou em segundo plano e deixou-a lidar com a situação à sua maneira. Ela deu a volta pela sala e cumprimentou cada um alegremente – isto é, até chegar em mim. Eu estava empertigado como uma vareta, com as mãos dobradas sobre o peito, e olhei para ela sem a menor sugestão de boas-vindas em meus olhos.
>
> "E este é Napoleon", disse meu pai. "O pior garoto das colinas."
>
> Nunca vou esquecer o que minha madrasta fez. Ela colocou as duas mãos em meus ombros e me olhou diretamente nos olhos com um brilho em seus olhos que guardarei para sempre com carinho. "O pior garoto?", disse ela. "De jeito nenhum. Ele é simplesmente o garoto mais brilhante das colinas, e tudo o que precisamos fazer é trazer isso à tona."
>
> Minha madrasta sempre me incentivou a me aventurar por conta própria em esquemas ousados que mais tarde se revelaram a espinha dorsal da minha carreira. Nunca vou esquecer a grande lição que ela me ensinou sobre como motivar os outros dando-lhes confiança em si mesmos.
>
> Foi minha madrasta quem me fez progredir. Seu profundo amor e sua fé inabalável motivaram-me a tentar tornar-me o tipo de garoto que ela acreditava que eu fosse.

Você pode motivar os outros tendo fé neles. Fé, entenda-se bem, é ativa, não passiva. Fé passiva tem a mesma força que a visão de um olho que não observa.

A fé ativa sai a campo por sua crença e se arrisca a fracassar, pois presume que terá sucesso.

Quando motivar os outros por ter fé neles, você deve ter uma fé ativa. Deve comprometer a crença deles. Deve dizer: "Sei que você vai ter sucesso neste trabalho, então comprometi *a mim e outros* com o seu sucesso. Estamos aqui, esperando por você". Quando você tem esse tipo de fé em alguém, tal pessoa terá sucesso.

Uma carta pode mudar uma vida para melhor

A fé pode ser expressa em uma carta. Na verdade, uma carta é uma excelente ferramenta para expressar pensamentos e motivar outra pessoa. Quem escreve uma carta afeta a mente subconsciente do receptor por meio da sugestão. O poder dessa sugestão depende, é claro, de vários fatores.

Se você é pai, por exemplo, e seu filho está na escola, você pode realizar o que de outro modo talvez não pudesse alcançar. Pode aproveitar a oportunidade para (a) moldar o caráter de seu filho, (b) discutir assuntos que poderia hesitar ou nunca ter tempo de discutir em conversação e (c) expressar seus pensamentos mais íntimos.

Uma criança pode não aceitar de imediato conselhos dados verbalmente, pois o ambiente e as emoções envolvidas no momento da conversa podem impedir que isso aconteça. Todavia, a mesma criança guardaria como um tesouro o mesmo conselho recebido em uma carta sincera e escrita com cuidado.

Para um filho ou filha longe de casa, uma carta com todo o seu conteúdo, inclusive conselhos, é muito bem-vinda. E, se escrita corretamente, pode ser lida com frequência, estudada e digerida.

O executivo ou gerente de vendas que escreve o tipo certo de carta para os vendedores pode motivá-los a quebrar todos os recordes anteriores. Da mesma forma que o vendedor, o gerente de vendas que escreve irá se beneficiar dessa ferramenta de motivação.

Para escrever uma carta, deve-se pensar. Portanto, o escritor deve cristalizar suas ideias no papel. Ele pode fazer perguntas para conduzir a mente do destinatário pelos canais desejados. Na verdade, pode fazer uma pergunta para obter uma carta de resposta. Ou, quando a pessoa que o escritor gostaria de ouvir não escreve de volta, ele, como um perito em publicidade, pode usar uma isca. Foi isso que J. Pierpont Morgan fez.

Uma maneira de motivar um estudante universitário a escrever

J. Pierpont Morgan provou que existe pelo menos uma maneira de fazer estudantes universitários responderem uma carta. Sua irmã havia se queixado de que seus dois filhos universitários não escreviam para casa. Morgan disse que conseguiria fazer os meninos responderem imediatamente se mandasse uma carta. Sua irmã desafiou-o a provar. Ele escreveu para os sobrinhos e recebeu uma resposta imediata de ambos.

Surpresa, sua irmã perguntou: "Como você fez isso?". Morgan entregou as cartas para a irmã, e ela viu que ambas continham informações interessantes sobre a vida universitária e lembranças de casa. Mas o pós-escrito nas duas era semelhante. Um deles dizia: "Os dez dólares que você disse ter colocado dentro da carta não chegaram".

Motive pelo exemplo

Um gerente de vendas bem-sucedido sabe que um dos meios mais eficientes de motivar um vendedor é dar o exemplo ao trabalhar com ele em campo. W. Clement Stone tem inspirado muita gente com a história que contou sobre como treinou um vendedor que morava em Sioux Center, Iowa. Eis aqui o relato:

> Escutei um de nossos vendedores de Sioux Center, Iowa, queixar-se por mais de duas horas certa noite. Ficou falando que havia trabalhado por dois dias sem fazer uma única venda. Ele disse: "É impossível vender naquela cidade porque as pessoas lá são holandesas, são uma comunidade fechada e não compram de estranhos. Além disso, a região teve safras ruins por cinco anos".

Sugeri que no dia seguinte fôssemos vender em Sioux Center, a cidade onde ele havia trabalhado por dois dias sem fazer uma única venda. Então, na manhã seguinte, fomos para lá. Eu pretendia provar que o vendedor com AMP que acreditasse no sistema de nossa empresa e o utilizasse poderia vender independentemente dos obstáculos.

Enquanto o vendedor dirigia, fechei os olhos, relaxei, meditei e condicionei minha mente. Mantive-a nos motivos pelos quais eu deveria e iria vender para aquelas pessoas, em vez de por que não poderia ou não iria vender.

Pensei o seguinte: ele diz que são holandeses com espírito de clã, por isso não compram. Isso é bom! O que tem de tão bom nisso? É um fato bem conhecido que, se você vender para alguém de um clã, particularmente para um líder, você pode vender para todo o clã. Tudo o que tenho que fazer é fechar a primeira venda com a pessoa certa. E vou fazê-lo, mesmo que leve um bom tempo.

Além disso, ele afirma que a região colhe safras ruins há cinco anos. O que poderia ser melhor? Os holandeses são pessoas maravilhosas e guardam o dinheiro deles. Também são responsáveis e querem proteger suas famílias e propriedades. Então, o fato é que provavelmente não adquiriram seguro contra acidentes de nenhum outro vendedor de seguros porque estes nem sequer tentaram. Como o vendedor com quem eu estava a caminho, os outros tinham uma atitude mental negativa. Nossas apólices oferecem excelente proteção a um custo baixo. Na verdade, não vou encontrar nenhuma concorrência!

Então me dediquei ao que denomino "condicionamento mental". Repeti para mim mesmo, com reverência, sinceridade, expectativa e emoção: "Por favor, Deus, me ajude a vender! Por favor, Deus, me ajude a vender!". Depois tirei um cochilo.

Quando chegamos a Sioux Center, visitamos o banco. A equipe consistia em um vice-presidente, um caixa e um contador. Em vinte minutos, o vice-presidente tinha comprado a maior proteção que nossa companhia se dispunha a vender, uma apólice completa. O caixa adquiriu uma apólice completa. Mas nunca me esquecerei do contador, pois ele não comprou.

Começando pelo primeiro estabelecimento comercial junto ao banco, vasculhamos sistematicamente loja após loja, escritório após escritório; conversamos com cada indivíduo em cada estabelecimento.

Uma coisa incrível aconteceu: todas as pessoas que abordamos naquele dia compraram a apólice completa. Não houve exceção.

Enquanto voltava de Sioux Center, agradeci ao poder divino pela assistência que recebi.

Então, por que tive êxito em vender no mesmo lugar onde o outro homem havia falhado? Na verdade, tive sucesso exatamente pelas mesmas razões que ele fracassou, exceto pelo *algo mais*.

Ele disse que era impossível vender porque eles eram holandeses e fechados em um clã. Isso é AMN. Já eu sabia que eles comprariam porque eram holandeses e fechados em um clã. Isso é AMP.

Além disso, ele falou que era impossível vender porque eles tinham safras ruins havia cinco anos. Isso é AMN. Eu sabia que eles comprariam porque tinham safras ruins havia cinco anos. Isso é AMP.

O algo mais foi a diferença entre AMP e AMN. Eu pedi orientação divina e ajuda. Além do mais, acreditei que estava recebendo.

Então aquele vendedor retornou a Sioux Center e lá permaneceu por muito tempo. E cada dia em que lá esteve foi um dia de recorde de vendas para ele.

Isso ilustra o valor de motivar outra pessoa pelo exemplo, pois esse vendedor também teve sucesso onde havia fracassado porque aprendeu o valor de trabalhar com uma Atitude Mental Positiva.

Os fatores mais importantes para o sucesso em vendas são, em ordem de importância (a) inspiração para a ação, (b) conhecimento de uma técnica de vendas bem-sucedida para o produto ou serviço específico, denominada *know-how* e (c) conhecimento do produto ou serviço em si, *conhecimento da atividade*. Esses mesmos três princípios podem ser relacionados ao sucesso de qualquer negócio ou profissão.

Na história que acabou de ler, você pôde presumir que o vendedor tinha conhecimento das vendas (*know-how*) e conhecimento do serviço que estava vendendo. Mas faltava o ingrediente mais importante: inspiração para a ação.

Quando quiser motivar, faça-o com um livro inspirador

Existem muitas maneiras de motivar uma pessoa, mas a mais eficaz é um livro inspirador. Há muitos anos, Morris Pickus, um executivo e consultor de vendas muito conhecido, deu *Quem pensa enriquece – O legado* a W. Clement Stone. Desde então, Stone usou livros inspiradores como os mencionados em *Atitude Mental Positiva* para ajudar vendedores a desenvolverem inspiração para a ação.

Stone sabia que inspiração e entusiasmo são a vida de uma organização de vendas. E, como a chama da inspiração e do entusiasmo será extinta a menos que continuamente abastecida com o combustível que a alimenta, Stone tornou um hábito providenciar que seus representantes recebessem livros de autoajuda com frequência, além de publicações semanais e mensais destinadas a agir como vitaminas mentais.

Se você sabe o que motiva uma pessoa, você pode motivá-la

Quando menino, Walter Clarke, da Walter Clarke Associates de Providence, Rhode Island, pretendia ser médico. Ao crescer, pensou que queria se tornar engenheiro. E estudou engenharia. Na Universidade de Colúmbia, no entanto, achou o estudo do funcionamento da mente humana tão interessante e desafiador que mudou da engenharia para a psicologia. E finalmente recebeu seu diploma.

Walter Clarke trabalhou como instrutor de pessoal na loja de departamento Macy's e em várias outras empresas muito conhecidas. Naquela época, os testes psicológicos conhecidos revelavam informações específicas sobre o QI, a aptidão e a personalidade dos testados. Mas faltava algo importante!

Walter empenhou-se em encontrar o fator ausente. Ele pensou: "Um engenheiro pode selecionar a peça apropriada e colocá-la no devido lugar para que uma máquina funcione de modo eficiente. E é exatamente o que quero fazer com as pessoas. Quero selecionar a pessoa certa para o serviço certo".

Veja, como muitos instrutores de pessoal, Walter verificou que os indivíduos fracassavam no serviço, embora os testes psicológicos indicassem inteligência, aptidão e personalidade suficientes para terem sucesso. "Por que então há tanto absentismo, rotatividade e fracassos?", perguntou a si mesmo. "Que fator está faltando?"

A resposta a essa pergunta tornou-se tão simples e óbvia que é verdadeiramente surpreendente outros psicólogos não a terem descoberto. Veja bem, uma pessoa é mais do que um corpo mecânico. É um espírito com um corpo. Ela é bem-sucedida ou fracassa porque está – ou não – motivada.

Walter esforçou-se para desenvolver uma tecnologia de análise para:

- Indicar tendências do comportamento do indivíduo em um ambiente agradável ou antagônico;
- Mostrar o tipo de ambiente que o atrai ou repele sob situações favoráveis ou desfavoráveis;
- Em essência, indicar "o que vem ao natural" para o indivíduo.

Além disso Walter Clarke, procurou desenvolver uma técnica que pudesse ser usada com sucesso para analisar os requisitos de determinado trabalho. Como trabalhou duro e continuou a procurar, encontrou e reconheceu exatamente o que estava procurando e desenvolveu o que chamou de Análise Vetorial de Atividade, mais conhecida como AVA.

A análise baseia-se na semântica, especificamente na reação do indivíduo a símbolos em palavra. A partir das respostas dadas pelo candidato, Clarke projetava um gráfico. Ele também criou uma fórmula para o planejamento de um diagrama semelhante para qualquer trabalho específico.

Quando o diagrama do candidato correspondia ao do trabalho, Clarke tinha uma combinação perfeita. Por quê? Porque o candidato teria um emprego fazendo o tipo de trabalho que lhe era natural. E fazer o que se gosta é divertido.

O único objetivo da AVA, conforme concebida por Walter Clarke, é ajudar a gestão de negócios em (a) seleção de pessoal, (b) desenvolvimento de gestão, (c) corte do alto custo do absentismo e (d) da rotatividade de pessoal. Walter Clarke alcançou um objetivo principal definido.

Por muitos anos, W. Clement Stone buscou uma ferramenta de trabalho científica que pudesse auxiliar em seus esforços para ajudar os representantes sob sua supervisão a alcançar o sucesso na solução de problemas pessoais, familiares, sociais e de negócios. Ele procurava uma fórmula simples, exata e utilizável que eliminasse conjecturas e economizasse tempo quando aplicada a um indivíduo específico em determinado ambiente.

Quando ouviu falar da AVA, Stone investigou e imediatamente reconheceu a ferramenta de trabalho que procurava fazia tanto tempo. Ele pôde ver que a AVA poderia ser utilizada para fins muito além daqueles para os quais fora concebida. E, ao estudar com Walter Clarke, suas conclusões foram confirmadas: quando você sabe (a) quais são os traços da personalidade do indivíduo, (b) qual é o ambiente dele e (c) o que o motiva, você pode motivá-lo.

Como motivar outra pessoa

Durante a leitura de *Atitude Mental Positiva,* você viu a importância da semântica, dos símbolos em palavra, da sugestão, da autopersuasão e da autossugestão. Isso é particularmente enfatizado no Capítulo 4. W. Clement Stone combinou esse conhecimento com o que aprendera com a AVA e fez uma grande descoberta na técnica de motivar outras pessoas.

A descoberta foi: com AMP, você pode ser o que quer ser, se estiver disposto a pagar o preço. Isso é verdade independentemente de experiências passadas, aptidões, QI ou ambiente. Lembre-se: você tem o poder de escolha.

Não é preciso estudar AVA para aprender a motivar a si e aos outros. Mas com certeza poder ajudar, pois você pode usar a técnica adequada quando sabe o que motiva um indivíduo.

A técnica simples que você pode usar para ajudar a motivar a si e aos outros baseia-se no uso da sugestão, autopersuasão e autossugestão. Vamos ser específicos:

1. Se, por exemplo, um vendedor é tímido e o trabalho exige que seja agressivo:

- O gerente de vendas usa a razão para salientar a naturalidade da timidez e do medo. Mostra que outros superaram a timidez. Então, recomenda que o vendedor afirme para si mesmo, com frequência, uma palavra ou um automotivador que simbolize o que ele quer ser.
- Nesse caso, o vendedor repetiria todas as manhãs e em outras vezes ao longo do dia as seguintes palavras com rapidez e frequência: "Seja agressivo! Seja agressivo!". Faria isso especialmente quando tivesse um sentimento de timidez em um ambiente específico onde fosse necessário agir. Em uma situação assim, agiria mediante o arranque automático FAÇA ISSO AGORA!

2. Quando um gerente de vendas descobre que um dos seus subordinados é trapaceiro ou desonesto, deve ter uma conversa com ele. Se perceber que o representante quer sanar o defeito:

- O gerente de vendas conta como outros resolveram essa dificuldade. Dá ao vendedor um livro, artigo ou poema inspirador, ou recomenda passagens específicas da Bíblia. Consideramos livros como *I Can,* de Ben Sweetland, e *Eu desafio você,* de William Danforth, particularmente eficazes.
- Nesse caso, o vendedor repetiria "Seja sincero! Seja sincero!" com rapidez todas as manhãs e a intervalos frequentes ao longo do dia. Faria isso especialmente no momento em que ficasse tentado a ser desonesto ou envolver-se em fraude em um ambiente específico em que fosse necessário tomar uma decisão. Ele agiria com base no automotivador "Tenha a coragem de encarar a verdade", bem como no arranque automático FAÇA ISSO AGORA!

Deve ser fácil para você entender esse plano, uma vez que ele é ilustrado com frequência ao longo deste livro. E, entendendo a eficácia, você mesmo irá usá-lo.

Além disso, ao contrário de centenas de milhares de pessoas que leram a *Autobiografia* de Benjamin Franklin, você agora usará imediatamente o método de Franklin para alcançar o sucesso. Você, ao contrário delas, recebeu o *segredo de fazer as coisas*: FAÇA ISSO AGORA!

Use o método de Franklin para alcançar resultados

Sim, muitas centenas de milhares de pessoas leram a *Autobiografia* de Benjamin Franklin. Todavia, não aprenderam a usar os princípios do sucesso contidos nela. Mas pelo menos um homem aprendeu: Frank Bettger.

Bettger escutou as mensagens que se aplicavam a ele, pois tinha um problema: era um fracasso nos negócios. E estava à procura de uma fórmula viável, pé no chão, que o ajudasse a se ajudar. Como sabia o que estava procurando, descobriu o segredo de Franklin.

Franklin indicou que devia todo o seu sucesso e felicidade a só uma ideia: uma fórmula para a realização pessoal. Bettger reconheceu a fórmula e a usou. O que aconteceu? Ergueu-se do fracasso ao sucesso. Ele nos conta sobre isso em seu maravilhoso livro motivador *Do fracasso ao sucesso em vendas*.

Por que você não usaria a fórmula de Franklin para a realização pessoal? Você pode, caso queira. Se os autores deste livro tiverem sucesso em motivá-lo a usar essa ideia, você também, como Bettger, será capaz de erguer-se do fracasso ao sucesso. Ou, se não é um fracasso, com o uso do método de Franklin será capaz de obter o que procura, seja sabedoria, virtude, felicidade, saúde, seja riqueza.

Bettger escreveu seus objetivos em treze cartões separados. O primeiro é intitulado "Entusiasmo". O automotivador é: *Para ser entusiástico, aja com entusiasmo*. Como o grande professor e psicólogo William James provou de forma muito conclusiva, as emoções não estão imediatamente sujeitas à razão, mas estão imediatamente sujeitas à ação.

E a ação pode ser física ou mental. Um pensamento pode ser tão estimulante e eficaz quanto uma ação para alterar uma emoção de negativa para positiva. Nesse caso, a ação, seja física ou mental, precede a emoção.

Veja como o plano funciona

Visto que o propósito de *Atitude Mental Positiva* é ajudá-lo, e como os autores querem que você *entre em ação*, iremos ilustrar como motivamos indivíduos de uma plateia a agir segundo o sistema de Franklin-Bettger. Estimulamos muitos milhares de alunos a aplicar o plano de Franklin-Bettger usando o cartão "Entusiasmo" e o automotivador *Para ser entusiástico, aja com entusiasmo.*

Chamamos um aluno da primeira fila da classe e damos uma lição simples, contudo eficaz, que ele aprende imediatamente. Cá está como fazemos – experimente. Eis o diálogo que ocorreria entre instrutor e aluno:

> "Você quer sentir-se entusiasmado?".
> "Sim."
> "Então aprenda o automotivador: *Para ser entusiástico, aja com entusiasmo.* Agora repita essa frase."
> "Para ser entusiástico, aja com entusiasmo."
> "Certo! Qual é a palavra-chave na afirmação?"
> "Aja."
> "É isso mesmo. Vamos parafrasear a mensagem, assim você vai aprender o princípio e conseguir relacioná-lo e assimilá-lo em sua vida. Se você quer ficar doente, o que você faz?"
> "Ajo como doente."
> "Você está certo. Se quer ficar melancólico, o que você faz?"
> "Ajo com melancolia."
> "Certo outra vez! E, se quer ser entusiástico, o que você faz?"
> "Para ser entusiástico, ajo com entusiasmo."

Prosseguimos salientando que se pode relacionar esse automotivador para qualquer virtude desejável ou meta pessoal. Assim, podemos tomar a justiça como um exemplo, e um cartão poderia dizer: *Para ser justo, aja com justiça.* E então o instrutor diria:

> Lembre-se, quando a ideia de outra pessoa é aceita por você, torna-se *sua* ideia para *seu* uso. Você é dono dela! Agora, quero que você *fale* em

um tom entusiasmado de voz. Quero que *aja* com entusiasmo. Para falar com entusiasmo, faça o seguinte:

- *Fale em voz alta!* Isso é especialmente necessário se você está emocionalmente perturbado, se está tremendo por dentro diante de uma plateia, se tem "borboletas no estômago".
- *Fale rapidamente!* Sua mente funciona mais rápido quando faz isso. Você pode ler dois livros com maior compreensão no tempo em que lê, um caso se concentre e leia com rapidez.
- *Enfatize!* Enfatize palavras importantes, palavras que sejam importantes para você ou sua audiência – palavras como *você*, por exemplo.
- *Faça pausas!* Quando falar rapidamente, pause onde haveria um ponto, uma vírgula ou outra pontuação no texto escrito. Assim você emprega o efeito dramático do silêncio. A mente de quem está escutando alcança os pensamentos que você expressou. Uma pausa depois de uma palavra que você deseja enfatizar acentua a ênfase.
- *Mantenha um sorriso em sua voz!* Com isso, ao falar em voz alta e rapidamente, você elimina a rispidez. Você pode colocar um sorriso em sua voz colocando um sorriso no rosto, um sorriso nos olhos.
- *Module!* Isso é importante se você estiver falando por um longo período. Lembre-se de que você pode modular tanto o tom quanto o volume. Pode falar em voz alta e, em intervalos, alterar para um tom de conversação e um volume mais baixo, se quiser.
- Quando as borboletas pararem de voar por seu estômago, você pode então falar em um tom de voz entusiástico e coloquial.

Faça isso agora!

No capítulo anterior, você leu os treze princípios usados por Benjamin Franklin. Aqui foi dito que *entusiasmo* é o primeiro dos princípios usados por Frank Bettger. E você sabe que Atitude Mental Positiva é o primeiro dos dezessete princípios do sucesso.

Portanto, se ainda não fez isso, comece o primeiro dos seus dezessete cartões com o título "Desenvolva uma Atitude Mental Positiva". Prossiga com um cartão para cada um dos princípios do sucesso e use o método de Franklin para alcançar resultados.

A essa altura, sua ação baseada no automotivador FAÇA ISSO AGORA! provaria conclusivamente que você pode motivar a si mesmo. *Você pode!* E, motivando-se propositadamente, achará fácil motivar aos outros.

Agora que sabe como motivar a si e aos outros, você está pronto para receber a chave da cidadela da riqueza. O próximo capítulo responde a pergunta: existe um atalho para a riqueza?

PILOTO Nº 10

PENSAMENTOS PELOS QUAIS SE GUIAR

1. Ao longo da vida, você desempenha papéis duplos nos quais motiva aos outros e eles o motivam. Aprenda e aplique a arte da motivação com AMP.

2. Motive aos outros a terem autoconfiança, mostrando que você tem fé neles e em si.

3. Uma carta pode mudar uma vida para melhor. Dê início ao hábito de motivar seus entes queridos escrevendo cartas contendo sugestões boas e salutares.

4. Motive os outros pelo exemplo.

5. Quando quiser motivar, faça-o com um livro inspirador de autoajuda.

6. Se você sabe o que motiva uma pessoa, pode motivá-la se aprender a arte da motivação com AMP.

7. Motive os outros pela sugestão. Motive a si mesmo por autopersuasão.

8. Embora suas emoções não estejam sempre sujeitas à razão, estão sujeitas à ação. Se você lembra de um exemplo no qual poderia

experimentar a emoção do medo, que ação você pensa que poderia tomar para neutralizá-lo?

9. Para se tornar entusiasmado, aja com entusiasmo!

10. Para falar com entusiasmo e superar a timidez e o medo, (a) fale em voz alta, (b) fale rapidamente, (c) enfatize palavras importantes, (d) faça uma pausa onde houver um ponto, vírgula ou outra pontuação no texto por escrito, (e) mantenha um sorriso em sua voz para que ela não seja ríspida e (f) module.

11. Faça o primeiro de seus dezessete cartões de sucesso com AMP. FAÇA ISSO AGORA!

QUALQUER COISA NA VIDA
PELA QUAL VALHA A PENA TRABALHAR,
VALE A PENA REZAR!

PARTE III

SUA CHAVE PARA A CIDADELA DA RIQUEZA

CAPÍTULO 11

EXISTE UM ATALHO PARA A RIQUEZA?

Existe um atalho para a riqueza? Um atalho é definido como uma forma de realizar algo mais rapidamente do que pelo processo ordinário. É uma rota mais direta do que a normalmente tomada.

O homem que toma o atalho *conhece* seu destino. Conhece a rota mais direta. Todavia, nunca chegará ao destino a menos que inicie e continue em direção a ele, não obstante as interrupções que encontre ou os obstáculos com que se depare. No Capítulo 2, listamos os dezessete princípios do sucesso:

1. Atitude Mental Positiva
2. Objetivo definido
3. Esforço extra
4. Pensamento exato
5. Autodisciplina
6. MasterMind
7. Fé aplicada
8. Personalidade agradável
9. Iniciativa pessoal
10. Entusiasmo
11. Atenção controlada
12. Trabalho em equipe
13. Aprender com a derrota
14. Visão criativa

15. Orçamento de tempo e dinheiro
16. Manutenção da boa saúde física e mental
17. Usar a força cósmica do hábito (lei universal)

Por que repetimos os dezessete princípios do sucesso? Porque queremos mostrar a *você* o atalho para a riqueza. Queremos que *você* tome a rota mais direta. Para tomar a rota mais direta, você deve necessariamente *pensar com AMP*. E uma Atitude Mental Positiva resulta da aplicação dos princípios do sucesso.

A palavra *pensar* é um símbolo. O significado dela para *você* depende de quem você é. Quem é *você*? *Você* é o produto de sua hereditariedade, meio ambiente, corpo físico, mente consciente e subconsciente, experiência, de determinada posição e direção no tempo e no espaço, e algo mais, incluindo poderes conhecidos e desconhecidos. Quando você *pensa com AMP*, pode relacionar, usar, controlar ou harmonizar todos os poderes.

Só *você* pode pensar por *você*. Portanto, o atalho para a riqueza para *você* pode ser expresso em um símbolo de cinco palavras:

PENSE COM AMP E ENRIQUEÇA.

Se você realmente pensar com AMP, automaticamente vai prosseguir com a ação. Vai empregar os princípios da AMP expressos neste livro, que vão ajudá-lo a atingir qualquer meta que não viole as leis de Deus ou os direitos dos seus semelhantes.

PILOTO Nº 11

UM PENSAMENTO PELO QUAL SE GUIAR

Um atalho para a riqueza: pense com AMP e enriqueça!

SE VOCÊ TEM AMP, VOCÊ PODE FAZER SE ACREDITAR QUE PODE!

CAPÍTULO 12

ATRAIR – NÃO REPELIR – A RIQUEZA

Seja você quem for – independentemente da sua idade, educação ou ocupação –, você pode atrair riqueza. Também pode repelir. Dizemos: "Atrair – não repelir – a riqueza".

Este capítulo revela como você pode ganhar dinheiro. Você gostaria de ser rico? Seja sincero consigo mesmo. Claro que sim. Ou você tem medo de ser rico?

Talvez você seja doente e, devido a isso, não tente adquirir riqueza. Se for esse o caso, lembre-se da experiência de Milo C. Jones, sobre quem você leu no Capítulo 2. Ou, se está internado em um hospital, pode atrair riqueza engajando-se em estudo, pensamento e planejamento, como fez George Stefek.

NUMA CAMA DE HOSPITAL – PENSE!

Ao estudar a carreira de homens bem-sucedidos, vez após vez descobrimos que eles datam seu sucesso do dia que pegaram um livro de autoaperfeiçoamento. Nunca subestime o valor de um livro. Os livros são ferramentas, proporcionam inspiração que pode lançá-lo em um novo e ousado programa e também iluminam os dias sombrios que um programa assim implica.

George Stefek estava convalescendo no Hospital Administrativo para Veteranos de Hines. Lá descobriu por acaso o valor do tempo dedicado a pensar. Financeiramente, estava falido. Enquanto convalescia, tinha muito tempo livre. Não havia muita coisa a fazer, exceto ler e pensar. Ele leu *Quem pensa enriquece – O legado*. E ficou pronto.

George teve uma ideia. Muitas lavanderias, ele sabia, dobravam as camisas recém-passadas sobre um pedaço de cartolina para mantê-las lisas e livres de amassados. Escrevendo algumas cartas, descobriu que as cartolinas de camisa custavam às lavanderias US$ 4 o milhar. Sua ideia era vender as cartolinas a US$ 1 o milhar; no entanto, cada uma teria um anúncio. Os anunciantes, é claro, pagariam pelo espaço, e George teria lucro.

Ele teve uma ideia e tentou fazê-la funcionar. Quando saiu do hospital, entrou em ação! Novato no campo da publicidade, teve problemas. Mas enfim desenvolveu técnicas de venda bem-sucedidas por meio do que os outros chamam de "tentativa e erro", mas que nós chamamos de "tentativa e sucesso". George manteve o costume que havia começado no hospital de todos os dias dedicar tempo ao estudo, pensamento e planejamento.

Mesmo com o negócio avançando rapidamente, decidiu aumentar as vendas, melhorando a eficiência do serviço. As cartolinas, quando retiradas das camisas, não eram conservadas pelos clientes das lavanderias. Ele se perguntou: "Como posso fazer com que as famílias guardem essas cartolinas de camisa com as propagandas?". A solução fulgurou em sua mente.

O que fez? De um lado da cartolina de camisa, continuou a imprimir um anúncio em preto e branco ou em cores. Do outro, acrescentou uma novidade – um jogo interessante para as crianças, uma receita deliciosa para a esposa ou palavras cruzadas instigantes para toda a família.

George contou que um marido se queixou de que a conta da lavanderia tinha subido de forma súbita e inexplicável. Ele então descobriu que a esposa estava mandando para a lavanderia camisas que ele normalmente teria usado mais um dia, apenas para obter mais das receitas de George!

Mas a coisa não parou por aí. George era ambicioso. Queria expandir os negócios ainda mais. Então se perguntou outra vez: "Como?". E encontrou a resposta.

George Stefek doou o valor total de US$ 1 por milhar que recebia das lavanderias para o Instituto Americano de Lavanderia. O instituto, por sua vez, recomendou a todos os membros que ajudassem a si mesmos e à associação comercial usando as cartolinas de camisa de George Stefek com exclusividade.

E assim ele fez outra descoberta importante: *quanto mais você dá daquilo que é bom e desejável, mais recebe!*

O tempo dedicado a sessões de pensamento cuidadosamente planejado trouxeram considerável riqueza a George Stefek. Ele descobriu que reservar tempo é essencial para a atração bem-sucedida de qualquer riqueza.

É no silêncio que nossas melhores ideias nos ocorrem. Não cometa o erro de acreditar que você está no seu estado mais efetivo e eficiente quando em algum tipo de correria frenética. Não presuma estar perdendo tempo quando reserva tempo para pensar. O pensamento é a fundação sobre a qual tudo o mais é construído pelo homem.

Não é necessário você ir para um hospital para estabelecer o hábito de ler bons livros de motivação, pensar ou fazer planos. E suas sessões de pensamento, estudo e planejamento não precisam ser muito longas. Se investir apenas 1% do seu tempo em uma sessão dessas atividades, isso fará uma incrível diferença na velocidade com que você alcança suas metas.

Seu dia tem 1.440 minutos; invista 1% desse tempo em uma sessão de estudo, pensamento e planejamento, e ficará pasmo com o que esses quatorze minutos farão por você. Você pode ficar surpreso ao verificar que, desenvolvendo esse hábito, receberá ideias construtivas quase a qualquer hora ou em qualquer lugar onde possa estar: enquanto lava a louça, anda de ônibus ou toma banho.

Certifique-se de usar duas das maiores, todavia simples, ferramentas de trabalho já inventadas – ferramentas usadas por um gênio como Thomas Edison –, um lápis e um pedaço de papel. Edison sempre tinha papel e lápis à mão. Desse modo, você, como ele, vai registrar as ideias que aparecem de dia ou à noite.

Outro requisito para atrair riqueza é aprender a definir sua meta. É importante que você entenda isso. Poucas pessoas, mesmo quando percebem a importância disso, entendem realmente como definir uma meta.

Aprenda a definir suas metas

Existem quatro coisas importantes a ter em mente:

1. *Escreva sua meta.* Você então vai começar a cristalizar seu pensamento. O próprio ato de pensar enquanto escreve tende a criar uma impressão indelével na memória.
2. *Dê um prazo a si mesmo.* Especifique um tempo para alcançar seu objetivo. Isso é importante para motivá-lo: parta na direção de sua meta e continue andando em direção a ela.
3. *Defina padrões elevados.* Parece haver uma relação direta entre a facilidade de alcançar uma meta e a força de seus motivos. Você descobriu por si no Capítulo 9 como motivar a si mesmo e no Capítulo 10 como motivar os outros.

   De modo geral, quanto mais alta for sua meta principal, mais concentrado será o esforço para alcançá-la. O motivo é que a lógica tornará obrigatório almejar pelo menos um objetivo intermediário, bem como um imediato. Assim, almeje alto. E tenha um degrau imediato e outro intermediário levando à sua realização.

   A seguinte pergunta deve estimular seu pensamento: onde você vai estar e o que estará fazendo daqui a dez anos se continuar fazendo o que está fazendo agora?
4. *Almeje alto.* É curioso que almejar alto na vida, pleitear prosperidade e abundância não exige mais esforço do que é exigido para se aceitar miséria e pobreza.

Barganhei com a vida por um centavo,
E a vida não pagava mais,
Por mais que eu implorasse à noite,
Quando contava minhas parcas reservas.

Pois a vida é apenas empregadora,
Ela dá o que você pede,
Mas, uma vez que tenha estabelecido o salário,
Ora, é preciso aguentar a tarefa.

Trabalhei por um salário vil,

Só para descobrir, consternado,
Que qualquer salário que eu tivesse pedido à vida,
A vida teria pagado com boa vontade.

Você deve ser corajoso o suficiente para pedir à vida mais do que possa sentir que mereça neste momento, pois é um fato observável que as pessoas tendem a elevar-se para atender às demandas colocadas sobre elas.

Embora seja extremamente desejável que você projete seu programa do começo ao fim, isso nem sempre é viável. Não se sabe sempre todas as respostas entre o início de um grande empreendimento ou jornada e seu final. Mas, se você sabe onde está e onde quer estar, começando de onde está para chegar aonde quer estar, você avançará passo a passo até chegar lá, caso se mantenha adequadamente motivado.

Dê o primeiro passo

A coisa mais importante depois de definir uma meta é partir para a ação. Uma avó de 63 anos, a Sra. Charles Philipia, decidiu que iria a pé de Nova York para Miami, Flórida. Ela chegou a Miami e, enquanto estava lá, foi entrevistada por jornalistas. Eles queriam saber se a ideia de uma longa viagem a pé não a assustara. Como ela conseguira coragem para fazer uma viagem tendo os pés como único meio de transporte?

"Não é preciso coragem para dar um passo", respondeu Philipia. "E isso foi tudo o que realmente fiz. Só dei um passo. E então dei outro passo. E depois outro, e mais outro, e aqui estou eu."

Sim, você deve dar o primeiro passo. Não faz diferença quanto tempo de pensamento e estudo você tenha gasto, isso será de pouca utilidade a menos que você também aja.

Um dos autores foi apresentado a um homem em Phoenix, Arizona, por um amigo. Foi uma apresentação um tanto estranha: "Conheça o homem que recebeu US$ 1 milhão em dinheiro por uma mina de ouro e agora tem o milhão e também é dono da mina".

"Como nesse mundo você conseguiu uma coisa dessas?", veio a pergunta com considerável admiração.

"Oh, tive uma ideia, mas não tinha dinheiro. Eu tinha uma picareta e uma pá. Então peguei minha picareta e minha pá e fui tornar minha ideia realidade", ele respondeu. "Aí me ocorreu: se procurasse uma mina de ouro e cavasse em torno do veio, caso a encontrasse, uma das grandes corporações de mineração poderia bancar o trabalho, já que eu não teria o capital necessário. Você sabe, o maquinário de mineração custa bastante dinheiro hoje em dia."

Ele seguiu contando: "Então procurei e achei um veio de ouro. Tudo indicava que tinha feito uma descoberta muito valiosa. Vendi por US$ 2 milhões. Os termos eram US$ 1 milhão em dinheiro e uma primeira hipoteca de US$ 1 milhão. Quando as operações de mineração estavam em andamento, o veio esgotou-se. Informei aos donos da mineradora que, se quisessem abandonar a mina, eu a retomaria e cancelaria a hipoteca. Eles aceitaram. Então você vê, recebi US$ 1 milhão em dinheiro pela mina e ainda tenho o milhão e a mina".

Riqueza repelida com AMN

Atitude Mental Positiva atrairá riqueza, e atitude mental negativa fará exatamente o contrário. Com Atitude Mental Positiva, você *vai continuar tentando* até obter a riqueza que procura. Pode começar com uma AMP e dar o primeiro passo. Todavia, pode ficar influenciado pelo lado negativo de seu talismã e parar quando está a apenas um passo de alcançar o destino. Pode deixar de empregar um dos dezessete princípios do sucesso. Cá está um bom exemplo:

Vamos chamar nosso homem de Oscar. Em meados de 1929, Oscar estava na estação de trem de Oklahoma City, onde precisava aguardar por várias horas uma conexão para o leste. Ele havia passado meses no deserto do oeste, com temperaturas de até 38 graus. Estivera à procura de petróleo para uma firma do leste. E tivera êxito.

Oscar havia se formado no MIT. Dizem que tinha combinado a velha varinha de vedor, galvanômetro, magnetômetro, oscilógrafo, válvulas de rádio e outros instrumentos em um aparelho para a detecção de depósitos de petróleo.

Ele fora informado de que a empresa da qual era representante estava insolvente. A falência ocorrera porque o presidente havia usado os grandes recursos em dinheiro em especulação no mercado acionário. O mercado quebrou no final de 1929. Oscar estava a caminho de casa sem emprego, e o panorama era deveras desanimador. A AMN começou a exercer uma poderosa influência sobre ele.

Como tinha que esperar várias horas, decidiu ocupar-se montando seu instrumento na estação de trem. A leitura do aparelho foi tão alta na indicação positiva de depósitos de petróleo que Oscar, enraivecido, impulsivamente chutou o instrumento e o destruiu. Veja, ele estava frustrado. "Não tem como haver tanto petróleo! Não tem como haver tanto petróleo!", gritou repetidamente em desgosto.

Oscar estava frustrado. Estava sob a influência de uma atitude mental negativa. A oportunidade que estivera buscando jazia a seus pés. Ele tinha apenas que dar um passo para alcançá-la. Mas, devido à influência de AMN, recusou-se a reconhecer isso. Oscar perdeu a fé na própria invenção. Se estivesse sob a influência da AMP, poderia ter atraído a riqueza, ao invés de repelido.

Fé aplicada é um dos dezessete importantes princípios do sucesso. O teste de sua fé é se você a aplica na hora de maior necessidade.

A AMN levou Oscar a acreditar que muitas das coisas em que ele tinha fé estavam erradas. Como você deve lembrar, a Depressão trouxe uma consciência de medo à mente de muitas pessoas – ele foi uma destas. Tinha trabalhado duro e se sacrificado, contudo, estava desempregado por algo de que não tinha culpa. Oscar tinha o presidente da companhia em alta estima, no entanto, aquele homem em quem ele confiava desviara fundos da empresa. Agora a máquina que tinha provado seu valor no passado parecia ter pifado. Sim – ele estava frustrado.

Quando Oscar embarcou no trem na estação ferroviária de Oklahoma City naquele dia, deixou seu aparelho para trás. E também uma das mais ricas reservas de petróleo do país. Pouco tempo depois, descobriu-se que Oklahoma City estava literalmente boiando em cima de petróleo. Oscar tornou-se a demonstração viva da aplicação de dois princípios: Atitude Mental Positiva atrai riqueza, e atitude mental negativa repele.

A RIQUEZA PODE SER ADQUIRIDA COM UM SALÁRIO MODESTO

Você poderia dizer: "Tudo isso sobre atitudes mentais positivas e negativas é muito bom para quem quer fazer um milhão de dólares. Mas não estou realmente interessado em fazer um milhão. Claro, quero segurança. Quero o suficiente para viver bem e cuidar das necessidades que terei um dia quando me aposentar. E quanto a mim, que sou um empregado de escritório? E quanto a mim, que tenho apenas um salário justo?".

Nossa resposta é a seguinte: você também pode adquirir riqueza. Riqueza suficiente para ter segurança. Ou até mesmo riqueza suficiente para tornar-se rico apesar do que você diz. Apenas deixe a influência de AMP de seu talismã afetá-lo de modo favorável. Vamos provar que isso pode ser feito.

E, se por algum motivo você não estiver totalmente convencido, apenas leia um livro: *O homem mais rico da Babilônia*. Então dê o primeiro passo à frente. Continue andando e terá a segurança financeira ou riqueza que procura. Foi exatamente isso que Osborn fez.

Osborn era um trabalhador assalariado, no entanto, adquiriu riqueza. Não faz muitos anos que se aposentou com a seguinte declaração: "Agora passo o tempo com meu dinheiro ganhando dinheiro para mim, enquanto faço o que quero fazer".

Novamente, o princípio usado por Osborn é tão óbvio que muitas vezes não é visto. O princípio que ele aprendeu e que você também pode empregar será explicado em umas poucas palavras. Na leitura de *O homem mais rico da Babilônia,* Osborn descobriu que a riqueza pode ser adquirida se você:

- Economizar apenas dez centavos de cada dólar que ganha;
- A cada seis meses investir suas economias e os juros ou dividendos dessas economias e investimentos;

- Quando investir, procurar conselho especializado em investimentos seguros, e assim não jogar e perder seu capital.

Vamos repetir: foi exatamente isso que Osborn fez. Apenas pense. Você pode ter segurança ou riqueza economizando apenas dez centavos de cada dólar que ganha e investindo com segurança.

Quando você deve começar? *Faça isso agora!*

Vamos comparar a experiência de Osborn com a de um homem que tinha boa saúde física e leu um livro inspirador. Ele tinha 50 anos de idade quando foi apresentado a Napoleon Hill. O homem sorriu ao dizer: "Li seu livro *Quem pensa enriquece – O legado* há muitos anos – mas não estou rico".

Napoleon riu e então respondeu a sério: "Mas você pode ser rico. Seu futuro está à sua frente. Você deve preparar-se para estar pronto. E, ao se preparar para as oportunidades que estão disponíveis para você, deve primeiro desenvolver uma Atitude Mental Positiva".

O interessante é que o homem deu atenção ao conselho do autor. Cinco anos depois, não estava rico, mas havia desenvolvido Atitude Mental Positiva. E estava no caminho para a riqueza. Ele tivera uma dívida de muitos milhares de dólares. No período de cinco anos, liquidou as dívidas completamente e começou a fazer investimentos com o dinheiro que economizara.

Ele desenvolveu AMP e estudou o livro *Quem pensa enriquece – O legado*. Não apenas leu. Aprendeu a reconhecer os princípios e aplicá-los.

Enquanto o lado AMN de seu talismã o influenciara, ele fora como aqueles trabalhadores que culpam as ferramentas por sua parca produtividade.

Você alguma vez culpou suas ferramentas? Onde recai a culpa se você tem uma câmera perfeita e usa o filme certo, se tem o conjunto apropriado de regras para tirar fotos perfeitas em todo tipo de situação, se alguém tira fotografias perfeitas com a sua câmera, mas as suas são um fracasso? A culpa é da câmera? Pode ser que você já tenha lido as regras, mas nunca tenha reservado um tempo para entendê-las? Ou, se entendeu, pode ser que não as tenha aplicado?

Pode ser que você tenha lido *Atitude Mental Positiva* – um livro que poderia mudar todo o curso da sua vida para melhor – sem reservar tempo para entender, memorizar automotivadores, aprender os princípios que vão garantir sucesso e aplicá-los? A resposta ficará evidente para você por meio da sua ação.

Não é tarde demais para aprender. Se você não aprendeu até agora, pode muito bem aprender neste momento: você não terá êxito consistente a menos que conheça e entenda as regras, não terá sucesso continuamente a menos que as aplique. Portanto, reserve tempo para compreender e aplicar o que está lendo neste livro. AMP irá ajudá-lo.

"A casa dos meus sonhos"

Lembre-se: os pensamentos que você tem e as declarações que faz sobre si mesmo determinam sua atitude mental. Se você tem um objetivo que vale a pena, encontre a razão pela qual você *pode* alcançá-lo, em vez de centenas de razões pelas quais não pode.

Uma das regras para se obter o que se quer por meio de AMP é agir assim que tiver uma meta em vista. Outra é: fazer um esforço extra. W. Clement Stone conta a seguinte experiência que ilustra as duas regras:

> Numa noite de abril, quando eu estava visitando Frank e Claudia Noonan na Cidade do México, Claudia comentou: "Quem me dera tivéssemos uma casa nos Jardines del Pedregal de San Angel". (A parte mais desejável dessa linda cidade.)
>
> "Por que não?", perguntei.
>
> Frank riu e respondeu: "Não temos dinheiro".
>
> "Isso faz alguma diferença, se você sabe o que quer?", perguntei e, sem esperar por uma resposta, fiz uma pergunta que poderia fazer a você: "A propósito, você já leu algum livro inspirador e motivador como *Quem pensa enriquece – O legado, O poder do pensamento positivo, Eu posso, Eu desafio você, TNT, Imaginação aplicada, Turn on the Green Lights in Your Life, Acres de diamantes*, ou *The Magic of Believing*?".
>
> "Não", foi a resposta.
>
> Com isso contei várias experiências de pessoas que sabiam o que queriam, liam um livro inspirador, escutavam sua mensagem e em seguida

entravam em ação. E até contei que anos atrás eu havia comprado uma casa nova de US$ 30 mil nos meus termos – com um sinal de US$ 1,5 mil – e como no devido tempo ela foi completamente paga. Prometi mandar um dos livros recomendados. Mandei.

Frank e Claudia Noonan estavam prontos.

No mês de dezembro seguinte, enquanto estudava na minha biblioteca, recebi um telefonema de Claudia, que disse: "Acabamos de chegar da Cidade do México, e a primeira coisa que Frank e eu queremos fazer é agradecer-lhe".

"Agradecer pelo quê?"

"Queremos agradecer por nossa nova casa nos Jardines del Pedregal de San Angel."

Num jantar alguns dias mais tarde, Claudia explicou: "Num final de tarde de sábado, Frank e eu estávamos relaxando em casa. Alguns amigos dos Estados Unidos telefonaram e perguntaram se poderíamos levá-los aos Jardines del Pedregal de San Angel. Acontece que estávamos bastante cansados. Além do mais, tínhamos ido lá com eles no início da semana. Frank estava pronto para dar uma desculpa quando uma expressão usada no livro fulgurou em sua mente – *Faça um esforço extra*. Enquanto andávamos com eles através daquele paraíso construído pelo homem, vi a casa dos meus sonhos – até a piscina que eu desejava. (Claudia é a campeã de natação Claudia Eckert.) Frank comprou-a".

Frank disse: "Você vai gostar de saber que, embora a propriedade custe mais de meio milhão de pesos, fiz um depósito de apenas cinco mil pesos. Custa menos para nossa família morar nos Jardines de Pedregal de San Angel do que em nossa antiga casa".

"Por quê?", perguntei surpreso.

"Bem, compramos as duas casas que havia na propriedade em vez de uma. O aluguel de uma casa é suficiente para pagar tudo."

Não era nada de muito surpreendente. É bastante comum uma família comprar um apartamento dúplex, alugar um e viver no outro. Para uma pessoa sem experiência, o surpreendente é a facilidade de conseguir o que se quer ao compreender e aplicar os princípios do sucesso encontrados em uma autobiografia ou livro de autoaperfeiçoamento.

"Atraia riqueza com AMP", dizemos. Você diz: "Dinheiro chama dinheiro, e eu não tenho dinheiro". Essa é uma atitude mental negativa. Se você não tem dinheiro, use DOP. Que é do que se trata o próximo capítulo.

PILOTO Nº 12

PENSAMENTOS PELOS QUAIS SE GUIAR

1. Se você conhece seu destino específico e dá o primeiro passo, você está a caminho!
2. O teste de sua fé é se você a aplica quando não está em dificuldades, bem como no momento de maior necessidade.
3. Se você não tem êxito quando finalmente lê e estuda *Atitude Mental Positiva*, de quem é a culpa?
4. A casa dos seus sonhos: você pode tê-la! Como Frank e Claudia Noonan, você pode comprar duas casas e alugar uma para pagar ambas.
5. Você precisa sofrer um acidente ou adoecer e ir parar no hospital para estabelecer o hábito de dedicar tempo regular ao estudo, pensamento e planejamento referentes a sua vida pessoal, familiar ou profissional?
6. Você deu a largada rumo à realização de metas desejáveis (a) escrevendo cada meta, (b) estabelecendo prazos para alcançá-las, (c) estabelecendo metas *elevadas* e (d) inspecionando suas afirmações escritas diariamente?
7. Onde você vai estar e o que estará fazendo daqui a dez anos se continuar fazendo o que faz agora?
8. *O homem mais rico da Babilônia* – esse livro oferece uma fórmula comprovada de sucesso:
   - Economize apenas dez centavos de cada dólar que você ganha.

- A cada seis meses invista suas economias e os juros ou dividendos dessas economias e investimentos.
- Antes de investir, procure conselho especializado em investimentos seguros.
- Se precisar do dinheiro que está economizando para despesas ou necessidades presentes, trabalhe uma hora extra (ou mais), de modo que não tenha desculpa para não economizar 10% dos seus ganhos.

DEDIQUE TEMPO AO ESTUDO,
PENSAMENTO E PLANEJAMENTO
COM AMP!

CAPÍTULO 13

SE VOCÊ NÃO TEM DINHEIRO, USE DOP!

"Negócios? É muito simples. É o dinheiro de outras pessoas!", disse Alexandre Dumas filho na peça *A questão do dinheiro*.

Sim, é simples assim: use *DOP – dinheiro de outras pessoas*. Essa é a forma de adquirir riquezas. Benjamin Franklin fez isso, William Nickerson fez isso, Conrad Hilton fez isso, Henry J. Kaiser fez isso. E, se você é rico, provavelmente fez isso também.

Agora, se não é rico, aprenda a ler o que não está escrito. Na verdade, rico ou pobre, leia o que está escrito em cada lugar-comum, axioma ou automotivador. A premissa básica não escrita de "Use DOP" é: você vai operar dentro dos mais elevados padrões éticos de integridade, honra, honestidade, lealdade, anuência e da Regra de Ouro e *aplicar esses padrões* em suas relações de negócios.

O homem desonesto não tem direito a crédito. O automotivador *Use DOP* implica o reembolso integral conforme acordado, com compensação ou lucro vantajoso para aqueles cujo dinheiro é usado.

Crédito e uso de DOP são a mesma coisa. A falta de um sistema de crédito satisfatório dentro de um país mantém as nações atrasadas, ao passo que um sistema de crédito como o dos Estados Unidos é o que desenvolveu tamanha riqueza e progresso nessa nação. É um sistema singularmente americano.

A pessoa, empresa ou nação que não tem crédito – ou, caso tenha, não o utilize para expansão e progresso – está deixando de lado um número importante na combinação para o sucesso. Portanto, siga o conselho de um homem de negócios sábio e bem-sucedido como Benjamin Franklin.

Bom conselho

Conselhos a um jovem comerciante, escrito em 1748 por Franklin, discute o uso de DOP como segue: "Lembre-se: o dinheiro é de natureza prolífica, geradora. *Dinheiro pode gerar dinheiro,* e sua descendência pode gerar mais".

Além disso, Franklin disse: "Lembre-se: seis libras por ano não passam de centavos por dia. Por essa pequena soma (que pode ser desperdiçada diariamente em tempo ou despesa despercebida), um homem com crédito pode, para sua própria segurança, ter a posse constante e o uso de cem libras".

Essa declaração de Franklin é o símbolo de uma ideia. Seu conselho é tão bom hoje quanto no tempo em que foi escrito. Ao empregá-lo, você pode começar com alguns centavos e ter posse constante de US$ 500. Ou pode expandir a ideia e ter a posse constante de milhões de dólares. Isso é o que Conrad Hilton fez. Ele era *um homem com crédito.*

A corporação de hotéis Hilton obteve crédito de milhões de dólares para construir hotéis de luxo para viajantes aéreos em grandes aeroportos. A garantia da corporação: basicamente, o nome de Hilton em negócios honestos.

Honestidade é uma coisa para a qual nunca foi encontrado um substituto satisfatório. É algo que vai mais fundo em um ser humano do que a maioria dos traços de personalidade. A honestidade, ou a falta dela, manifesta-se de forma indelével em cada palavra que alguém fala, cada pensamento e ação, e muitas vezes se reflete no rosto, de modo que o observador mais casual pode sentir a qualidade da sinceridade imediatamente. A pessoa desonesta pode anunciar sua fraqueza no próprio tom de voz, na expressão facial, na natureza e tendência de suas conversas ou no tipo de serviço que presta.

Então, ainda que este capítulo possa parecer ser sobre o uso do dinheiro de outras pessoas, também tem fortes conotações de caráter. Honestidade e reputação, crédito e sucesso nos negócios estão todos misturados. O homem que tem o primeiro está no caminho para obter os outros três.

Faça investimentos com DOP

William Nickerson foi outro homem com crédito e reputação que descobriu: "Dinheiro pode gerar dinheiro, e sua descendência pode gerar mais". Ele fala disso em seu livro. O título diz o que ele fez. O livro conta como ele fez.

O livro de Nickerson destina-se especificamente a ganhar dinheiro com DOP no mercado imobiliário em seu tempo livre. Porém, quase tudo que ele tem a dizer também se aplica a você em seus esforços para adquirir riqueza fazendo investimentos com DOP. O título do livro é *How I Turned $ 1.000 into $ 3 Million in My Spare Time* (Como transformei US$ 1 mil em US$ 3 milhões no meu tempo livre).

"Mostre-me um milionário", diz ele, "e vou lhe mostrar, quase que invariavelmente, um mutuário de peso." Para respaldar sua declaração, Nickerson aponta homens ricos como Henry Kaiser, Henry Ford e Walt Disney.

E nós vamos apontar Charlie Sammons, que, com crédito bancário, desenvolveu um negócio de US$ 40 milhões em dez anos. Mas antes falaremos sobre as pessoas que ajudaram homens como Conrad Hilton, William Nickerson e Charlie Sammons emprestando o dinheiro do qual precisavam.

Seu banqueiro é seu amigo

Os bancos estão no negócio para emprestar dinheiro. Quanto mais emprestam para pessoas honestas, mais dinheiro ganham. Os bancos comerciais emprestam dinheiro principalmente para fins comerciais. Assim, empréstimos para luxos não são encorajados.

Seu banqueiro é um especialista. E o mais importante: é seu amigo. Ele quer ajudar, pois é uma das pessoas ansiosas para vê-lo ter sucesso. Se o banqueiro conhece o negócio dele, escute o que ele tem a dizer.

Uma pessoa com bom senso nunca subestima o poder de um dólar emprestado ou os conselhos de um especialista. Foi o uso de DOP e um plano de sucesso – somados aos princípios de iniciativa, coragem e bom senso do sucesso com AMP – que levaram um garoto americano médio chamado Charlie Sammons a ficar rico.

Como alguns texanos, Charlie Sammons, de Dallas, foi um milionário. Na verdade, como alguns outros texanos, um multimilionário. Todavia, aos 19 anos de idade, não estava melhor em termos financeiros do que a maioria dos adolescentes, exceto que tinha trabalhado e guardado algum dinheiro.

Um dos funcionários do banco onde Charlie depositava regularmente suas economias todos os sábados interessou-se por ele. O banqueiro sentiu que ali estava um rapaz de caráter e capacidade – e que sabia o valor do dinheiro.

Então, quando Charlie decidiu entrar num negócio próprio, comprando e vendendo algodão, o banqueiro deu crédito. E essa foi a primeira experiência de Charlie Sammons com o uso de DOP. Como você verá, não foi a última. Naquela ocasião ele aprendeu e desde então viu confirmado: *Seu banqueiro é seu amigo.*

Cerca de um ano e meio depois de se tornar corretor de algodão, o jovem tornou-se comerciante de cavalos e mulas. Foi então que aprendeu muito sobre a natureza humana. Sua compreensão das pessoas, somada ao conhecimento sobre dinheiro, logo desenvolveu em Charlie Sammons uma filosofia muito sólida, de um tipo comumente observado em pessoas que são, ou serão, bem-sucedidas. Sammons aprendeu essa filosofia quando era jovem. Nunca a perdeu. Manteve-a sempre. Essa filosofia é conhecida como *bom senso*.

Quando Charlie atuava já fazia alguns anos como comerciante de cavalos e mulas, dois homens o procuraram e pediram que fosse trabalhar para eles. Os dois haviam desenvolvido uma reputação como extraordinariamente bem-sucedidos na venda de seguros. Tinham procurado Sammons porque haviam aprendido uma lição a partir da derrota. Aconteceu assim: parece que, após terem vendido seguros de vida com sucesso por um período de muitos anos, os dois vendedores ficaram motivados a montar uma empresa própria. Com certeza eram bons vendedores. Mas eram maus gestores. Na verdade, eram tão bons vendedores que venderam a empresa até quebrá-la.

Não é incomum vendedores suporem que o sucesso financeiro de um negócio esteja subordinado *apenas* às vendas. Mas é uma premissa falsa. Uma má administração pode perder dinheiro tão rápido ou mais rápido do que uma boa gestão de vendas e uma equipe de vendas possam trazê-lo.

O problema é que nenhum daqueles dois era um bom administrador. Mas tinham aprendido a sua lição – da maneira mais difícil. No dia em que foram ver Charlie, um dos vendedores contou sua história de derrota e disse: "Desde que nossa companhia faliu, pagamos todas as nossas perdas com as comissões que ganhamos com a venda de seguros. Também tivemos que pagar nosso sustento. Levou bastante tempo, mas conseguimos. Sabemos que somos bons vendedores. E também sabemos agora que devemos nos manter na nossa especialidade – vendas". Ele hesitou, olhou nos olhos do jovem e continuou: "Charlie, você tem os pés no chão. Você tem bom senso, e precisamos de você. Juntos podemos ter êxito". E tiveram.

Um plano e DOP produziram US$ 40 milhões

Alguns anos mais tarde, Charlie Sammons comprou todas as ações da empresa que ele e os dois homens tinham formado. Como conseguiu o dinheiro? Usou DOP mais o que havia economizado. Onde conseguiu a grande quantidade de dinheiro de que precisava? Pegou emprestado de um banco, claro. Lembre-se: ele aprendeu muito cedo que o banqueiro era seu amigo.

E então, no ano em que a empresa dele produziu um volume de prêmios de quase US$ 400 mil, o executivo de seguros enfim encontrou a fórmula de sucesso para a rápida expansão que havia muito tempo procurava. Ele estava pronto. Foi essa fórmula, além de DOP, que gerou um volume de US$ 40 milhões em prêmios em um único ano.

Sammons ficara sabendo que uma companhia de seguros de Chicago tinha desenvolvido com sucesso um plano de vendas por meio de "pistas". Já faz muitos anos que os gerentes de vendas usam o que é denominado "sistema de pistas" para promover um novo negócio. E, com pistas boas suficientes, os vendedores muitas vezes obtêm rendimentos extremamente grandes. A averiguação de indivíduos que manifestam interesse é chamada de "pista". As pistas geralmente são obtidas de algum programa de publicidade promocional.

Talvez você saiba por experiência própria que, sendo a natureza humana como é, muitos vendedores ficam tímidos ou temerosos ao tentar vender para pessoas que não conhecem ou com quem não tiveram nenhum contato pessoal ou comunicação prévios. Por causa desse medo, perdem muito tempo que poderia ser usado na venda para clientes potenciais.

Mas mesmo um vendedor comum ficará motivado a abordar todos os clientes potenciais sobre os quais tiver pistas. Ele sabe que muitas vendas podem ser feitas, mesmo com pouco treinamento ou experiência, se estiver munido de boas pistas, com um endereço e uma pessoa específica para ver no local. O vendedor acredita que esse cliente potencial está de algum modo interessado antes de conversar com ele; portanto, não fica temeroso como ficaria se fosse obrigado a tentar vender para uma pessoa sem qualquer pré-condicionamento.

Algumas empresas constroem todo o seu programa de vendas com base em pistas. E a publicidade é usada para obtê-las. Mas publicidade custa dinheiro.

Charlie Sammons sabia onde buscar o dinheiro quando teve uma boa ideia financiável – o Banco da República Nacional de Dallas. É bem sabido no Texas que esse banco ajudou a construir o estado. E que está no negócio de empréstimo de dinheiro para pessoas íntegras como Charlie Sammons, quem têm um plano e sabem como executá-lo.

Embora seja verdade que alguns banqueiros não dediquem tempo para conhecer o negócio de seu cliente, Oran Kite e outros funcionários do banco texano dedicavam. Charlie explicou seu plano para eles. E, como resultado, pôde empregar crédito ilimitado para construir seu negócio de seguros por meio do sistema de pistas.

Veja, foi devido ao sistema de crédito norte-americano que Charlie Sammons teve condições de construir a seguradora Reserve Life. E, sob tal sistema, teve condições de ampliar um volume de prêmio de US$ 400 mil para mais de US$ 40 milhões no curto espaço de dez anos. Novamente, como usou DOP em seus investimentos, foi capaz de investir e deter o controle acionário de hotéis, prédios de escritórios, fábricas e outras empresas.

A compra de uma empresa com o dinheiro do vendedor

Você não precisa ir ao Texas para usar DOP. W. Clement Stone comprou uma companhia de seguros com um US$ 1,6 milhão em ativos usando o dinheiro do vendedor. Ele foi para Baltimore. Stone descreve a compra assim:

> Era final de ano, e eu estava dedicado ao estudo, pensamento e planejamento. Decidi que meu grande objetivo para o ano seguinte seria possuir uma companhia de seguros com licença para operar em vários estados. Estabeleci um prazo para quando isso deveria estar concretizado: 31 de dezembro do ano seguinte.
>
> Agora eu sabia o que queria e havia fixado uma data para realizar. Mas não sabia como poderia conseguir. Isso realmente não era importante, pois eu acreditava que poderia encontrar uma maneira. Portanto, pensei, devo olhar para uma empresa que cumpra meus requisitos: (1) tenha licença para vender seguros de saúde e acidente e (2) esteja licenciada para operar em quase todos os estados. Eu não precisava de uma empresa estabelecida. Apenas de um veículo.
>
> Havia o problema do dinheiro, é claro. Mas eu o enfrentaria quando surgisse. Já naquele momento ocorreu-me que eu era um vendedor por vocação e, portanto, poderia, caso necessário, elaborar um acordo em três vias: um contrato para comprar a empresa, ressegurar todo o negócio com alguma empresa grande e assim possuir tudo, exceto o seguro em vigor. Essas outras seguradoras estavam dispostas a pagar um bom preço por uma empresa estabelecida. Eu não precisava de uma empresa estabelecida. Tinha experiência e capacidade para construir uma seguradora de acidentes e saúde contanto que tivesse o veículo. Já havia provado isso com a construção de uma organização nacional de vendas de seguro.
>
> E então dei o passo seguinte: pedi orientação e ajuda divina.
>
> Enquanto analisava os problemas imediatos com os quais poderia ser confrontado, ocorreu-me que deveria informar ao mundo o que eu queria, e este me ajudaria. (Essa conclusão não está em conflito com os

princípios estabelecidos por Napoleon Hill em *Quem pensa enriquece – O legado*, onde ele afirma que você deve manter seus objetivos definidos em segredo, exceto para os membros da sua aliança de MasterMind. Quando encontrei a empresa que queria comprar, é claro que segui a sugestão dele e mantive as negociações em segredo para o mundo até fechar o negócio.)

Então deixei o mundo saber o que eu queria. Toda vez que encontrava uma pessoa do setor que pudesse me dar informações, falava sobre o que estava procurando. Joe Gibson, da Excess Insurance, era uma dessas pessoas. Encontrei com ele apenas em uma ocasião.

O ano novo teve início com entusiasmo, pois eu tinha um grande objetivo e parti para alcançá-lo. Passou-se um mês. Dois. Passaram-se seis meses. Finalmente passaram-se dez meses. E, embora eu tivesse checado muitas possibilidades, nenhuma preenchia meus dois requisitos básicos.

Então, em um sábado de outubro, sentado à minha mesa com meus papéis empurrados para o lado, dedicado ao tempo de estudo, planejamento e pensamento, chequei a lista dos meus objetivos para o ano. Todos haviam sido alcançados, menos um – o importante.

Restavam apenas dois meses, disse a mim mesmo. Existe uma maneira. Embora eu não saiba qual é, sei que vou encontrá-la. Nunca me ocorreu que meu objetivo não pudesse ser alcançado ou que não seria alcançado dentro do prazo especificado. Sempre existe uma maneira, disse a mim mesmo. De novo, como em ocasiões semelhantes, pedi orientação e ajuda divina.

Dois dias mais tarde, algo inesperado aconteceu. Eu estava de novo sentado à minha mesa. Dessa vez estava ocupado a ditar. O toque do telefone ao meu lado soou como uma perturbação. Peguei o receptor, e uma voz disse: "Olá, Clem. Aqui é Joe Gibson". Nossa conversa foi curta, e nunca vou esquecer. Joe falou rapidamente:

"Achei que você estaria interessado em saber que a Companhia de Crédito Comercial de Baltimore provavelmente liquidará a empresa Pennsylvania Casualty por causa de suas imensas perdas. Claro que você sabe que a Crédito Comercial detém a Pennsylvania Casualty. Haverá uma reunião do conselho de administração na próxima quinta-feira, em Baltimore. Todos os negócios da Pennsylvania Casualty já estão sendo ressegurados por duas outras companhias de seguros da Crédito Comercial. O nome do vice-presidente executivo da Crédito Comercial é E. H. Warheim".

Agradeci a Joe Gibson efusivamente, fiz mais uma ou duas perguntas e desliguei o telefone. Depois de alguns minutos de pensamento, fulgurou em minha mente que, se eu conseguisse conceber um plano pelo qual a Companhia de Crédito Comercial realizasse seus objetivos mais rapidamente e com maior certeza do que com o plano em cogitação, não deveria ser difícil convencer os diretores a aceitarem meu plano.

Eu não conhecia E. H. Warheim, por isso hesitei em telefonar, mas senti que a rapidez era essencial. E então dois automotivadores obrigaram-me a agir: *Onde não há nada a perder por tentar e tudo a ganhar se for bem-sucedido, tente de todas as formas. Faça isso agora!*

Sem mais um segundo de hesitação, peguei o telefone e fiz uma chamada de longa distância para E. H. Warheim em Baltimore. "Senhor Warheim", comecei, com um sorriso em minha voz. "Tenho boas notícias para você!"

Então me apresentei, expliquei que tinha ouvido falar sobre a possível ação a ser tomada em relação à Pennsylvania Casualty e que pensava estar em condições de ajudá-los a alcançar seus objetivos mais rapidamente. Na mesma hora, marquei um encontro para ver Warheim e seus associados no dia seguinte, às 14h, em Baltimore, acompanhado de W. Russell Arrington, meu advogado.

A Pensilvânia Casualty satisfazia minhas necessidades. Tinha licença para operar em 35 estados. Não tinha nenhum seguro em vigor, pois o negócio já havia sido ressegurado por outras empresas. Ao fazer a venda, a Companhia de Crédito Comercial atingiu seus objetivos com rapidez e certeza. Além disso, recebeu de mim US$ 25 mil pela licença.

A empresa tinha US$ 1,6 milhão em ativos líquidos – valores negociáveis e dinheiro. Como consegui US$ 1,6 milhão? Usei DOP. Aconteceu assim:

"E quanto ao US$ 1,6 milhão em ativos?", perguntou Warheim.

Eu estava pronto para a pergunta e imediatamente respondi: "A Companhia de Crédito Comercial está no negócio de emprestar dinheiro. Simplesmente vou tomar emprestados US$ 1,6 milhão de vocês".

Todos nós rimos, e então continuei: "*Vocês têm tudo a ganhar e nada a perder*. Tudo que tenho servirá de garantia para o empréstimo, incluindo a empresa de US$ 1,6 milhão que estou comprando agora. Vocês estão no negócio de emprestar dinheiro. E que melhor segurança poderiam ter do que a garantia da empresa que estão me vendendo? Além do mais, receberão juros sobre o empréstimo. O mais importante para vocês é que dessa forma vão resolver seu problema com rapidez e certeza".

Quando pausei, Warheim fez outra pergunta muito importante: "Como você vai pagar o empréstimo?". Eu também estava pronto para essa pergunta. Minha resposta foi: "Quitarei o empréstimo inteiro em sessenta dias. Veja, não preciso de mais do que meio milhão dólares para operar uma empresa de acidentes e saúde nos 35 estados em que a Pennsylvania Casualty está licenciada. Como a empresa será totalmente controlada por mim, tudo que preciso fazer é reduzir o capital e o excedente da Pennsylvania Casualty de US$ 1,6 milhão para US$ 500 mil, e posso então empregar o restante em meu empréstimo com vocês".

Observei ainda: "Você e eu sabemos que um homem de negócios depara-se com a questão do imposto de renda em qualquer transação envolvendo rendimentos ou gastos. Mas essa transação não exigirá imposto de renda pelo simples motivo de que a Pennsylvania Casualty não teve lucros e, portanto, nenhuma parte do dinheiro que eu receber ao reduzir o capital será de lucros".

Então me foi feita outra pergunta: "E quais seus planos para reembolsar o saldo de meio milhão de dólares?". Mais uma vez eu estava preparado para responder: "Isso deve ser fácil. A Pennsylvania Casualty tem ativos que consistem apenas em dinheiro, títulos da dívida pública e títulos de primeira linha. Posso tomar emprestado esse meio milhão de dólares nos bancos com os quais tenho feito negócios empenhando minha participação na Pennsylvania Casualty e outros bens como garantia adicional para o empréstimo".

Quando eu e Arrington deixamos o escritório da Companhia de Crédito Comercial, às 17h, o negócio estava fechado.

Essa experiência foi relatada em detalhes para ilustrar os passos dados para atingir objetivos mediante o uso de DOP. Se você consultar o Capítulo 11, intitulado "Existe um atalho para a riqueza?", vai ver como foram aplicados aqui os princípios ali mencionados. Embora essa história indique como o uso de DOP pode ajudar uma pessoa, o crédito às vezes pode ser prejudicial.

AVISO – CRÉDITO PODE CAUSAR MAL A VOCÊ

Até aqui falamos sobre os benefícios da utilização do crédito. Falamos sobre a prática de tomar dinheiro emprestado com a finalidade de ganhar dinheiro. Isso é capitalismo. Isso é bom. Mas o que é bom pode ser prejudicial para uma pessoa com atitude mental negativa. O crédito não é exceção. E pode fazer uma pessoa até então honesta tornar-se desonesta. O abuso do crédito é uma das principais fontes de preocupação, frustração, infelicidade e desonestidade.

Estamos falando aqui de crédito dado voluntariamente por um credor. Ele dá crédito a uma pessoa que pensa ser digna, em cuja veracidade pode confiar. Quem trai uma relação desse tipo é desonesto. Tal pessoa vai tomar dinheiro emprestado ou comprar mercadorias *sem a intenção* de fazer os pagamentos acordados ou de pagar o empréstimo na íntegra.

Da mesma forma, a pessoa honesta pode tornar-se desonesta quando negligencia o reembolso dos empréstimos que *ela* faz ou o pagamento das mercadorias que *ela* compra, ainda que as circunstâncias possam impedi-la de fazer o pagamento na data devida.

O homem sob a influência do lado AMP do seu talismã *tem coragem para encarar a verdade.* Vai ter a coragem de notificar seus credores com toda a antecedência possível quando as circunstâncias o impedirem de fazer um pagamento. E então irá elaborar um arranjo satisfatório por mútuo consentimento com seu credor. Acima de tudo, *fará sacrifícios até a obrigação enfim estar totalmente paga.*

O homem honesto com bom senso não abusa dos privilégios do crédito. O homem honesto que carece de bom senso vai fazer empréstimos ou compras a crédito de forma indiscriminada. Então, quando não vê jeito de pagar os credores, a influência de AMN em seu talismã exerce uma força tão fantástica que ele pode se tornar desonesto. Pode sentir que a situação é desesperadora e não há nada a fazer a respeito. Percebe que não será jogado na cadeia por dever dinheiro de empréstimo. Embora pense que não vá ser punido, na verdade as preocupações, medos e frustrações são uma punição bastante real. Ele continuará a ser desonesto até ficar de novo sob a influência do lado AMP de seu talismã – sob uma influência forte o suficiente para levá-lo a honrar suas obrigações na íntegra.

O abuso de privilégios de crédito provoca literalmente doença física, mental e moral. Lembre-se de "Necessidade, AMN e crime" no Capítulo 3, intitulado "Limpe as teias de aranha do seu pensamento".

Aviso – DOP e ciclos

Quando era um vendedor muito jovem, no início de 1928, W. Clement Stone foi falar com um funcionário do Continental Illinois National Bank and Trust Company de Chicago. O banqueiro estava conversando com um cliente ou amigo. Enquanto o jovem vendedor aguardava, ouviu-o dizer: "O mercado não pode continuar em alta para sempre. Vou vender minhas ações".

Alguns dos mais sagazes investidores do país perderam fortunas quando o mercado de ações quebrou no ano seguinte – tudo porque careciam de conhecimento sobre os ciclos ou, se tinham conhecimento, ao contrário do banqueiro, deixaram de agir. Dezenas de milhares de indivíduos envolvidos em todos os tipos de empreendimento, inclusive agrícolas, perderam fortunas

– embora fossem honestos e prudentes. Sua riqueza fora adquirida com DOP. À medida que seus títulos aumentavam de valor, faziam mais empréstimos para comprar mais títulos, terras agrícolas ou outros bens. Quando o valor de mercado dos títulos caiu, não tiveram condições de pagar no momento em que os bancos foram forçados a cobrar os empréstimos.

Os ciclos repetem-se com regularidade. Assim, na primeira metade da década de 1970, milhares de pessoas honestas e prudentes de novo perderam a riqueza porque não quitaram os empréstimos a tempo vendendo uma parte de seus títulos – ou não se abstiveram de se endividar mais para fazer compras adicionais. Quando usar DOP, certifique-se de calcular como você pode e irá pagar o indivíduo ou instituição que emprestou o dinheiro.

Importante: se você perdeu uma parte de sua riqueza ou toda ela, lembre-se de que os ciclos se repetem. Não hesite em começar de novo no momento adequado. Muitas pessoas ricas de hoje perderam fortunas anteriormente. Porém, como não perderam sua AMP, tiveram coragem de aprender com a experiência e, subsequentemente, adquirir fortuna ainda maior.

Se quiser aprender mais sobre ciclos, consulte *Cycles – The Mysterious Forces that Trigger Events,* de Edward R. Dewey e Og Mandino. Você vai considerar extremamente proveitoso. Mantenha-se a par de teorias e experimentos sobre ciclos lendo a revista *Cycles* (disponível *on-line* em http://cyclesmagazine.org).

Nos negócios, existem pouquíssimos números necessários na combinação para o sucesso; contudo, se um ou mais números estiverem faltando, você vai fracassar até encontrar os que faltam. O uso de dinheiro de outras pessoas tem sido o meio pelo qual homens honestos que eram pobres ficaram ricos. Dinheiro ou crédito é um número importante na combinação para o sucesso nos negócios.

O NÚMERO QUE FALTA

Um jovem gerente de vendas cujos ganhos anuais são superiores a US$ 35 mil escreveu: "Tenho uma sensação, o tipo de sensação que alguém teria se estivesse parado na frente de um cofre contendo toda a riqueza, felicidade e sucesso do mundo e tivesse todos os números da combinação – *exceto um.*

Apenas um número! Se tivesse, poderia abrir a porta". Com frequência, a diferença entre pobreza e riqueza reside no emprego de todos os princípios em uma fórmula, menos um. Só que o número que falta faz toda a diferença!

Isso pode ser ilustrado na experiência de outro homem que fora bem-sucedido na venda de cosméticos para um fabricante antes de montar um negócio próprio. Em seu negócio, Leonard Lavin, como qualquer homem que começa de baixo, foi confrontado por problemas. Como você verá mais tarde, foi bom. Foi bom porque ele precisou estudar, pensar, planejar e trabalhar duro antes de encontrar uma solução para cada problema.

Ele e a esposa, Bernice, formaram uma aliança de MasterMind perfeita e trabalhavam juntos em completa harmonia. Fabricavam um item cosmético e atuavam como distribuidores para outras empresas. Mas careciam de capital de giro, por isso eram forçados a fazer o trabalho eles mesmos.

À medida que os negócios cresceram, Bernice tornou-se especialista em *gestão administrativa e compras*, além de uma excelente *administradora*. Leonard tornou-se um *gerente de vendas* bem-sucedido e um eficiente *gerente de produção*. Quando o negócio cresceu, foram sábios o bastante para contratar os serviços de um *advogado* com bom senso – do tipo que faz as coisas. Também beneficiaram-se dos serviços de um perito em *contabilidade* e *impostos*.

A maneira de fazer uma fortuna é fabricar ou vender um produto ou serviço (de preferência de baixo custo) cuja necessidade se repete. Eles fizeram ambas as coisas.

Cada dólar que podia ser poupado era reinvestido no negócio. A necessidade motivou-os a estudar, pensar e planejar, fazer cada dólar render, obter o máximo de resultados de cada hora de trabalho, eliminar o desperdício. Mês a mês as vendas avançavam, enquanto Leonard agressivamente procurava quebrar cada recorde anterior. Tornou-se conhecido no ramo como um homem que conhecia seu negócio. Ficou conhecido por muitos como um homem que aprendera a *fazer um esforço extra*. Em duas situações, fazer um esforço extra mudou completamente o curso da carreira de Leonard para melhor.

Em uma situação, o banqueiro de Leonard apresentou-o a três dos clientes do banco que tinham investido em outra empresa de cosméticos. Eles precisavam dos conselhos de alguém com *bom senso*. Leonard reservou tempo para ajudá-los. Leonard também fez um esforço extra ao prestar um favor para um comprador em uma drogaria de Los Angeles. E então um dia o comprador mostrou seu apreço informando-o confidencialmente que a empresa VO-5, de produtos de qualidade para cabelo, poderia estar à venda.

Leonard ficou animado. Ali estava uma empresa de quinze anos com um produto de qualidade que havia se estabilizado. Ele sabia, pela experiência com cosméticos e pelo *estudo de tendências e ciclos*, que tudo o que essa companhia precisava era de vida nova, sangue novo, nova atividade.

Ele agiu sob o arranque automático FAÇA ISSO AGORA! De fato, naquela mesma noite, fez uma reunião com o proprietário. Uma transação desse tipo, quando comprador e vendedor não se conhecem, normalmente demora semanas, às vezes meses, antes que haja a convergência de ideias. Personalidade agradável e bom senso por parte do comprador ou do vendedor muitas vezes eliminam atrasos desnecessários. Por causa da *personalidade agradável* e do *bom senso* de Leonard, o proprietário concordou em vender a empresa por US$ 400 mil naquela mesma noite.

É verdade que Leonard estava indo bem, mas também era verdade que cada dólar poupado estava sendo reinvestido no negócio. Onde poderia conseguir US$ 400 mil? Em seu quarto de hotel, naquela noite, percebeu que tinha todas as combinações para a riqueza verdadeira, menos uma. Apenas uma – dinheiro.

Na manhã seguinte, ao acordar, Leonard teve um lampejo de inspiração. Novamente reagiu ao arranque automático FAÇA ISSO AGORA! E então fez uma chamada de longa distância para um dos três homens a quem fora apresentado por seu banqueiro. Ele os havia ajudado, e talvez agora pudessem dar o conselho certo, pois entendiam mais de financiamento do que ele. Como haviam investido em outra empresa de cosméticos, talvez investissem na dele. Eles investiram. Como eram experientes em investir, empregaram uma fórmula de sucesso que tornava necessário Leonard concordar em (a) consolidar todas as suas operações, (b) dedicar todos os esforços a uma só corporação, (c) fazer a corporação pagar o empréstimo em parcelas trimestrais durante um período de cinco anos, (d) pagar o empréstimo com taxas de juros de mercado e (e) dar 25% das ações da corporação como prêmio pela aposta no investimento.

Leonard concordou. Ele viu o valor do uso de DOP. Os três homens também usaram DOP. Pegaram os US$ 400 mil emprestados de seus bancos.

O número que faltava – agora Leonard e Bernice tinham-no! Trabalharam longas horas. Colocaram o coração no negócio. Consideraram aquilo um jogo eletrizante. E não demorou muito para o VO-5 ser usado por toda parte nos Estados Unidos e em alguns outros países.

Dezembro geralmente é o mês mais fraco do ano para os fabricantes de cosméticos. Mas, nesse mês, um ano e meio após Leonard e Bernice assumirem a gestão do VO-5 e de outro produto adquirido – o Rinse Away –, a fábrica tinha um volume superior a US$ 870 mil. Era o equivalente ao que VO-5 e Rinse Away juntos haviam rendido durante os anos da gestão anterior.

Bernice e Leonard Lavin encontraram o número que faltava. Com ele, encontraram também a combinação para adquirir riqueza. Apenas três anos após a aquisição da VO-5, suas ações da empresa estavam avaliadas em mais de US$ 1 milhão. Os números da combinação dos Lavin para o sucesso foram:

1. Um produto ou serviço cuja necessidade se repete.
2. Uma empresa que ganhava dinheiro com um produto exclusivo ou marca, mas que se estabilizou.
3. Um bom gerente de produção, que opera a fábrica com a máxima eficiência.
4. Um gerente de vendas bem-sucedido, que aumenta as vendas constantemente (para o lucro da empresa), adotando uma fórmula de sucesso e simultaneamente buscando métodos melhores de venda.
5. Um bom administrador com AMP.
6. Um contador perito que entende de contabilidade de custos e das leis de imposto de renda.
7. Um bom advogado, com bom senso e AMP, que faz as coisas.

8. Capital de giro ou crédito suficiente para operar o negócio e expandi-lo no momento certo.

Você também pode usar DOP, pois: "Negócios? É muito simples. É o dinheiro de outras pessoas".

Se optar por aprender os princípios do presente capítulo, bem como do Capítulo 12, intitulado "Atrair – não repelir – a riqueza", você, como Leonard e Bernice Lavin, pode encontrar os números que faltam para destrancar a porta da riqueza para si.

Mas, para ser saudável e feliz, você deve encontrar satisfação em seu trabalho. Quando ler o próximo capítulo, aprenderá como.

PILOTO Nº 13

PENSAMENTOS PELOS QUAIS SE GUIAR

1. "Negócios? É muito simples. É o dinheiro de outras pessoas!"
2. DOP: dinheiro de outras pessoas é a maneira de adquirir riqueza.
3. A premissa básica não escrita de "Use DOP" é operar nos mais elevados padrões éticos de *integridade, honra, honestidade, lealdade, consentimento* e da *Regra de Ouro*.
4. O homem desonesto não tem direito a crédito.
5. Seu banqueiro é seu amigo.
6. Onde não há nada a perder por tentar e muito a ganhar se for bem-sucedido, tente de todas as maneiras!
7. Quando quiser fazer acordo com alguém, desenvolva um plano que dê ao outro o que ele quer, e, com isso, você consiga o que quer. Um bom negócio é mutuamente vantajoso.
8. Crédito utilizado de forma indiscriminada pode causar mal a você. Abuso de crédito é causa de muita frustração, miséria e desonestidade.

9. Para desbloquear a combinação do sucesso, você deve saber todos os números necessários. A falta de apenas um número pode impedi-lo de alcançar seu objetivo.

10. Você também pode encontrar os números que faltam e destrancar a porta da riqueza para si.

11. Aprenda sobre os ciclos a fim de saber quando expandir e quando fazer e quitar empréstimos.

TENHA A CORAGEM DE ENCARAR A VERDADE!

CAPÍTULO 14

COMO ENCONTRAR SATISFAÇÃO NO TRABALHO

Não importa qual seja o seu trabalho – chefe ou empregado, gerente ou operário de fábrica, médico ou enfermeiro, advogado ou secretário, professor ou estudante, dona de casa ou empregada –, você deve a si mesmo encontrar satisfação em seu trabalho enquanto estiver nele.

Você pode, você sabe. Satisfação é uma atitude mental. Sua atitude mental é a única coisa sobre a qual somente você tem controle absoluto. Você pode se decidir a encontrar satisfação no trabalho e descobrir a maneira de fazê-lo.

Você está mais apto a encontrar satisfação no trabalho se fizer algo que "vem ao natural" – aquilo para que tem aptidão ou gosto natural. Quando aceita um emprego que não "vem ao natural", você pode experimentar frustrações e conflitos emocionais e mentais. No entanto, também pode neutralizar e eventualmente superar tais conflitos e frustrações – se usar AMP e estiver motivado a ganhar experiência para se tornar proficiente no trabalho.

Jerry Asam tinha AMP. E adorava seu trabalho. Encontrava satisfação no que fazia. Quem é Jerry Asam? Qual a ocupação dele? Jerry é um descendente dos reis havaianos. O emprego que tanto amava era o de gerente de vendas da sucursal havaiana de uma grande organização.

Jerry amava o trabalho porque o conhecia bem e era muito proficiente. Assim, estava fazendo o que vinha ao natural. Contudo, tinha aqueles dias em que as coisas poderiam ser um pouco mais cor-de-rosa. No trabalho de vendas, dias ruins podem ser perturbadores – caso não se estude, pense e planeje a correção das dificuldades e não se mantenha uma Atitude Mental Positiva. Por isso Jerry lia livros motivadores e inspiradores. Com a leitura, aprendeu lições muito importantes:

- Você pode controlar sua atitude mental pelo uso de automotivadores.
- Se você define uma meta, fica mais apto a alcançá-la. E, quanto mais elevada a meta que define, maior será a sua realização se você tiver AMP.
- Para ter sucesso em qualquer coisa, é necessário conhecer as regras e entender como aplicá-las. É necessário dedicar tempo regularmente ao pensamento construtivo, estudo, aprendizado e planejamento.

Jerry acreditou nas lições. Entrou em ação. Experimentou as lições. Estudou manuais de venda de sua empresa e praticou nas vendas reais o que havia aprendido lendo. Estabeleceu metas – metas altas – e alcançou-as. Todas as manhãs dizia para si mesmo: "Sinto-me saudável! Sinto-me feliz! Sinto-me fantástico!". E sentia-se mesmo saudável, feliz e fantástico. Seus resultados de vendas também eram fantásticos!

Quando Jerry teve certeza de que era proficiente em vendas, montou um grupo de vendedores e ensinou as lições aprendidas. Treinou os homens nos mais recentes e melhores métodos de venda, conforme apresentados nos manuais de treinamento de sua empresa. Levou pessoalmente os vendedores para a rua e demonstrou como é fácil vender caso se use os métodos certos, tenha um plano e encare cada dia com uma Atitude Mental Positiva. Ensinou-os a definir metas de vendas altas e alcançá-las com AMP.

Todas as manhãs o grupo do Jerry se reunia e entoava com entusiasmo, em uníssono: "Sinto-me saudável! Sinto-me feliz! Sinto-me fantástico!". Então riam juntos, davam tapinhas de boa sorte nas costas uns dos outros, e cada um seguia seu caminho para vender a cota do dia. Cada homem fixava uma meta, e as metas eram tão altas que os vendedores e gerentes de vendas mais velhos e mais experientes do continente ficavam atônitos. No final da semana, cada vendedor entregava um relatório que fazia o presidente e o gerente de vendas da organização de Jerry abrirem largos sorrisos.

Jerry e os homens sob seu comando estavam felizes e satisfeitos com seus empregos? Pode apostar que sim! E cá estão algumas das razões pelas quais eram felizes:

- Estudaram bem o trabalho, conheciam e entendiam tão bem as regras, as técnicas e como aplicá-las que o que faziam era natural para eles.
- Definiam metas regularmente e acreditavam que iriam cumpri-las. Sabiam que o que a mente do homem pode conceber e acreditar, a mente do homem pode alcançar com AMP.
- Mantinham uma Atitude Mental Positiva contínua pelo uso de um automotivador.
- Desfrutavam a satisfação proveniente de um trabalho bem feito.

"Sinto-me saudável! Sinto-me feliz! Sinto-me fantástico!"

Outro jovem vendedor da mesma organização no continente aprendeu a controlar sua atitude mental com o uso do automotivador de Jerry Asam. Era um universitário de 18 anos de idade que trabalhou durante as férias de verão vendendo seguros, visitando lojas e escritórios em busca de clientes. Algumas das coisas que tinha aprendido durante o treinamento teórico eram:

- Os hábitos que um vendedor desenvolve nas duas primeiras semanas depois de sair da escola de vendas irão acompanhá-lo ao longo de toda a carreira.
- Quando você tiver uma meta de vendas, continue tentando até batê-la.
- Mire mais alto.
- Na hora de necessidade, use automotivadores como *Sinto-me saudável! Sinto-me feliz! Sinto-me fantástico!* para se motivar a uma ação positiva na direção desejada.

Depois de duas semanas de experiência em vendas, o rapaz fixou um alvo específico de realização. Ele almejava ganhar um prêmio. Para se qualificar, era necessário fazer no mínimo cem vendas em uma única semana.

Até a noite de sexta-feira, ele havia fechado oitenta vendas – faltavam vinte para o alvo. O jovem vendedor estava decidido que nada poderia impedi-lo de alcançar seu objetivo. Ele acreditava no que haviam lhe ensinado: *o que a mente de um homem pode conceber e acreditar, a mente de um homem pode alcançar com AMP.*

Embora os outros vendedores de seu grupo tivessem encerrado a semana de trabalho na sexta à noite, ele voltou ao trabalho no sábado de manhã cedo. Ali pelas três da tarde, ainda não tinha feito nenhuma venda. Ele fora ensinado que as vendas estão subordinadas à atitude do vendedor – não ao cliente potencial. Lembrou então do automotivador de Jerry Asam e repetiu cinco vezes com entusiasmo: *Sinto-me saudável! Sinto-me feliz! Sinto-me fantástico!*

Por volta das cinco da tarde, tinha feito três vendas. Estava a apenas dezessete vendas do objetivo. Lembrou que *o sucesso é alcançado por quem tenta e mantido por quem continua tentando com AMP!* De novo repetiu várias vezes com entusiasmo: *Sinto-me saudável! Sinto-me feliz! Sinto-me fantástico!* Lá pelas onze da noite, estava cansado, mas feliz. Tinha feito a vigésima venda do dia. Tinha atingido o alvo. Ganhou o prêmio e aprendeu que o fracasso pode ser transformado em sucesso ao se continuar tentando.

Atitude mental faz a diferença

Foi a atitude mental que motivou Jerry Asam e os vendedores sob seu comando a encontrarem satisfação em seus empregos. Foi uma Atitude Mental Positiva controlada que ajudou o jovem estudante a ganhar a recompensa e a satisfação que buscava.

Olhe ao redor. Observe as pessoas que gostam de seu trabalho e aquelas que não gostam. Qual a diferença entre elas? Pessoas felizes e satisfeitas controlam sua atitude mental. Adotam uma visão positiva da situação. Olham em busca do que é bom, e, quando algo não é tão bom, olham primeiro para si para ver se podem melhorar. Tentam aprender mais sobre seu trabalho para que possam se tornar mais proficientes e fazê-lo ser mais satisfatório para si mesmas e seus empregadores.

Aquelas que são infelizes agarram firme sua AMN. Na verdade, é quase como se quisessem ser infelizes. Olham em busca de tudo sobre o que possam se queixar: a jornada de trabalho é muito longa, o horário de almoço é muito curto, o chefe é muito rabugento, a empresa não dá férias suficientes ou o tipo correto de bônus. Ou talvez reclamem até mesmo de coisas irrelevantes, tais como: Susie usa o mesmo vestido todos os dias, John, o escriturário, não escreve de forma legível, e por aí vai. Qualquer coisa – de modo que possam ficar infelizes. E são muito bem-sucedidas nisso. São pessoas decididamente infelizes – no trabalho e geralmente em outros aspectos também. AMN as domina inteiramente.

Isso é verdade independentemente do tipo de trabalho envolvido. Se você quiser ficar feliz e satisfeito, pode ficar: você vai controlar sua atitude mental e virar o seu talismã de AMN para AMP, vai olhar para formas e meios de criar felicidade.

Se você conseguir levar felicidade e entusiasmo para seu local de trabalho, estará fazendo uma contribuição que pouca gente pode igualar. Tornará seu trabalho divertido, e sua satisfação no emprego será medida em sorrisos – além de em produtividade.

Uma meta definida deixou-a empolgada

Em uma de nossas aulas, falávamos sobre o princípio de levar entusiasmo para o trabalho quando uma jovem na parte de trás da sala levantou a mão. Ela ficou em pé e disse: “Vim aqui com o meu marido. O que vocês dizem pode ser muito bom para um homem de negócios, mas não é bom para uma dona de casa. Vocês homens têm desafios novos e interessantes todos os dias. Mas não é assim no trabalho doméstico. O problema do trabalho doméstico é que... é por demais cotidiano”.

Aquilo pareceu um verdadeiro desafio para nós: um monte de gente tem trabalhos “por demais cotidianos”. Se pudéssemos encontrar uma maneira de ajudar essa jovem, talvez pudéssemos ajudar outros que achavam seu trabalho rotineiro. Perguntamos a ela o que fazia seu trabalho doméstico parecer tão "cotidiano", e constatou-se que ela nem bem acabava de arrumar as camas e estas já estavam em desordem outra vez, nem bem acabava de lavar os pratos e estes já estavam sujos de novo, nem bem acabava de limpar o chão e este já estava empoeirado de novo. "Você arruma as coisas só para que possam ser desarrumadas de novo", disse ela.

"Parece mesmo frustrante", concordou o instrutor. "Há mulheres que gostam do trabalho doméstico?"

"Bem, sim, acho que há", ela disse.

"O que elas encontram no trabalho doméstico que as interessa e mantêm entusiasmadas?"

Após pensar um momento, a jovem respondeu: "Talvez seja a atitude delas. Elas não parecem pensar que seu trabalho seja confinante, parecem ver algo além da rotina".

Era esse o cerne do problema. Um dos segredos da satisfação no trabalho é ser capaz de "ver além da rotina". Saber que seu trabalho está *levando a algum lugar*. Isso é válido seja você uma dona de casa, um arquivista, um operador de bomba de gasolina ou o presidente de uma grande corporação. Você encontrará satisfação nas tarefas de rotina somente quando as enxergar como pedras de uma trilha. Cada tarefa, uma pedra levando-o na direção que você escolher.

Use a teoria das pedras da trilha

A resposta para a jovem dona de casa era encontrar alguma meta que realmente quisesse alcançar e encontrar uma maneira de fazer sua rotina de tarefas domésticas cotidianas levar à consecução desse objetivo. Ela revelou que sempre quisera levar a família numa viagem ao redor do mundo.

"Tudo bem", disse o instrutor. "Podemos resolver isso. Agora, defina um prazo para você mesma. Quando quer ir?"

"Quando o caçula tiver doze anos", disse ela. "Isso será daqui a seis anos."

"Agora, vejamos. Isso vai dar certo trabalho. Para começar, vocês vão precisar de dinheiro. Seu marido terá que ter condições de se ausentar por um ano. Vocês precisarão planejar um itinerário e estudar os países que vão visitar. Você acha que consegue transformar arrumação das camas, lavagem da louça, limpeza do chão e planejamento das refeições em pedras da trilha rumo ao seu objetivo?"

Alguns meses mais tarde, a senhora dessa história veio nos ver. Ficou claro no minuto em que ela entrou na sala que ali estava uma mulher orgulhosa de seu sucesso.

"É incrível", ela disse, "como a ideia das pedras da trilha funcionou bem! Não encontrei uma única tarefa que não se encaixe. Uso meu tempo na limpeza como tempo de pensamento e planejamento. A hora das compras é um momento maravilhoso para expandir nossos horizontes: compro alimentos de outros países deliberadamente, alimentos que vamos comer em nossa viagem. E uso o momento das refeições como um momento de ensino. Se vamos ter macarrão com ovos chinês, leio tudo que consigo encontrar sobre a China e seu povo, e no jantar conto para a família. Nenhuma de minhas funções é monótona ou desinteressante para mim agora. E sei que nunca serão novamente, graças à teoria das pedras da trilha!"

Assim, não importa quão monótono ou cansativo seu trabalho possa ser: se no final dele você vê uma meta que deseja, esse trabalho pode trazer satisfação. Essa é uma situação que confronta muita gente em todas as esferas. Um jovem pode querer ser médico, mas precisa trabalhar para pagar os estudos. O trabalho que ele pegar será decidido por muitos fatores, tais como jornada, localização, pagamento por hora e assim por diante. Aptidão terá pouco a ver com isso. Um rapaz muito inteligente e ambicioso pode acabar atrás de uma máquina de refrigerante, lavando carros ou cavando buracos. Certamente o trabalho não oferece nenhum desafio ou estímulo. É apenas um meio para um fim. Todavia, como sabe que está indo aonde quer ir, para ele quaisquer tensões que o emprego possa impor valem a pena pelo resultado final.

Às vezes, no entanto, o preço a pagar em determinado emprego é muito alto em relação à meta que ele vai comprar. E, caso seu trabalho seja um desses, troque. Se você está infeliz no emprego, os venenos dessa insatisfação espalham-se por todos os aspectos da vida.

No entanto, se o preço do emprego vale a pena, mas você ainda assim está descontente, desenvolva *insatisfação inspiradora*. A insatisfação pode ser positiva ou negativa, boa ou ruim, dependendo das circunstâncias. Lembre-se: *uma Atitude Mental Positiva é a atitude mental certa em dada situação.*

DESENVOLVA INSATISFAÇÃO INSPIRADORA

Charles Becker, presidente da empresa Franklin Life Insurance, disse: "Eu insistiria em que você ficasse insatisfeito. Não insatisfeito no sentido de descontentamento emburrado, mas insatisfeito no sentido de 'descontentamento divino', que, ao longo da história do mundo, produziu todos os progressos e reformas verdadeiros. Espero que você nunca esteja satisfeito e que sinta constantemente o ímpeto de melhorar e aperfeiçoar, não só a si mesmo, mas também o mundo ao seu redor".

Insatisfação inspiradora pode motivar pessoas a se transformar de pecadoras em santas, a sair do fracasso para o sucesso, da pobreza para a riqueza, da derrota para a vitória e da desgraça para a felicidade.

O que você faz quando comete um erro? Quando as coisas dão errado? Quando surgem mal-entendidos com os outros? Quando se depara com a derrota? Quando tudo parece negro? Quando parece que não há maneira de dar a volta? Quando uma solução satisfatória para o seu problema parece impossível?

Você não faz nada e permite que o desastre o subjugue? Você se dobra? Fica assustado? Foge? Ou desenvolve insatisfação inspiradora? Transforma desvantagens em vantagens? Decide o que quer? Você aplica fé, pensamento claro e ação positiva, sabendo que resultados desejáveis podem e serão alcançados?

Napoleon Hill disse que *cada adversidade tem a semente de um benefício equivalente.* Não é verdade que no passado o que parecia uma grande dificuldade ou uma experiência infeliz inspirou sucesso e felicidade que, caso contrário, talvez não fossem alcançados?

INSATISFAÇÃO INSPIRADORA PODE MOTIVÁ-LO A TER SUCESSO

Albert Einstein estava insatisfeito porque as leis de Newton não respondiam todas as perguntas dele. Então continuou investigando a natureza e a matemática avançada até produzir a teoria da relatividade. A partir dessa teoria, o mundo desenvolveu o método de quebrar o átomo, aprendeu o segredo de transmutar energia em matéria e vice-versa, bem como ousou e teve sucesso em conquistar o espaço – e toda sorte de coisas incríveis que muito provavelmente não teríamos alcançado se Einstein não tivesse desenvolvido insatisfação inspiradora.

Claro que não somos todos Einstein, e o resultado da nossa insatisfação inspiradora talvez não mude o mundo. Mas pode mudar o nosso mundo, e podemos avançar na direção que queremos ir. Deixe-nos contar para você o que aconteceu com Clarence Lantzer quando começou a ficar descontente com seu trabalho.

Valeu a pena?

Clarence Lantzer tinha sido condutor de bonde em Canton, Ohio, durante anos. Um dia acordou de manhã e concluiu que não gostava do trabalho. Era por demais monótono. Estava farto daquilo. Quanto mais Clarence pensava no assunto, mais insatisfeito ficava. Parecia incapaz de parar de pensar naquilo. A insatisfação virou quase uma obsessão. Clarence estava poderosamente insatisfeito.

Mas, quando você trabalha para uma firma por tanto tempo quanto Clarence tinha trabalhado para essa empresa de bonde, você não se demite porque conclui que é infeliz. Pelo menos não se você estiver interessado em que seu pão continue a ter manteiga.

Além disso, Clarence tinha feito o curso "AMP – A ciência do sucesso" e aprendido que se pode ser feliz em qualquer trabalho caso se queira. A tarefa era adotar a atitude certa. Clarence decidiu adotar uma visão sensata da situação e ver o que poderia fazer a respeito. "Como posso ser mais feliz no trabalho?", perguntou a si mesmo. De fato, Clarence chegou a uma resposta muito boa. Decidiu que seria mais feliz se fizesse os outros felizes.

Ora, havia muitas pessoas a quem ele podia fazer feliz, pois todos os dias via muita gente em seu bonde. Sempre tinha conseguido fazer amigos facilmente, então pensou: "Vou usar essa característica para deixar o dia da pessoa que embarcar no meu carro um pouco mais radiante".

O plano de Clarence foi maravilhoso – os clientes acharam. Adoraram as pequenas cortesias e saudações alegres. Ficaram mais felizes, e Clarence também, como resultado de sua alegria e consideração.

Porém, o supervisor adotou uma atitude contrária. Chamou Clarence e o advertiu para parar com toda aquela afabilidade insólita. Clarence não deu atenção ao aviso. Estava curtindo fazer os outros felizes. E, no que dizia respeito a ele e seus passageiros, estava sendo incrivelmente bem-sucedido no trabalho.

Clarence foi demitido! Aí ele teve um problema – e isso foi bom. Foi bom pelo menos de acordo com o curso "AMP – A ciência do sucesso". Clarence decidiu que talvez fosse melhor visitar Napoleon Hill (que estava morando em Canton na época) e ver como e por que esse problema era tão bom. Ligou para Hill e marcaram um horário na tarde seguinte.

"Li *Quem pensa enriquece – O legado*, senhor Hill, e tenho estudado 'AMP – A ciência do sucesso', mas devo ter pegado a trilha errada em algum lugar." E contou a Napoleon Hill o que tinha acontecido. "O que faço agora?", perguntou.

Napoleon sorriu. "Vamos olhar o seu problema", disse. "Você estava insatisfeito com seu emprego do jeito que era. Agiu completamente certo. Tentou usar o seu melhor trunfo, sua disposição amigável e afável, para fazer um trabalho melhor e dar mais satisfação ao emprego. O problema surgiu pelo fato de seu superior não ter imaginação para ver o valor do que você estava fazendo. Mas isso é maravilhoso! Por quê? Porque agora você está em posição de usar sua ótima personalidade para metas ainda maiores."

Napoleon Hill mostrou a Clarence Lantzer que ele poderia usar suas ótimas habilidades e sua disposição amigável com muito mais vantagens como vendedor do que como condutor de bonde. Então Clarence pleiteou e conseguiu um emprego como agente da companhia de seguros New York Life.

O primeiro cliente potencial que Clarence visitou foi o presidente da empresa de bonde. Clarence empregou sua personalidade com esse cavalheiro e saiu do escritório com o pedido de uma apólice de US$ 100 mil. Na última vez que Hill viu Lantzer, este havia se tornado um dos maiores vendedores da New York Life.

VOCÊ É UM PEIXE FORA D'ÁGUA?

As características, habilidades e capacidades que fazem você ser feliz e bem-sucedido em um ambiente podem criar reação oposta em outro. Você tem uma tendência a fazer bem o que quer fazer. Você é chamado de "peixe fora d'água" quando trabalha ou se envolve em atividades que não vêm ao natural e são interiormente repelentes. Em tal situação infeliz, você pode mudar de cargo e ir para um ambiente que lhe seja agradável.

Pode não ser viável mudar de cargo. Você pode então fazer ajustes em seu ambiente para que coincida com suas características, habilidades e capacidades, de modo que você fique feliz. Quando faz isso, você é "um peixe n'água". Essa solução ajudará a mudar sua atitude de negativa para positiva.

Se desenvolver e mantiver um desejo ardente de fazê-lo, você pode até mesmo neutralizar e alterar suas tendências e hábitos, estabelecendo novos. Você pode se "reconfigurar" caso esteja suficientemente motivado. Mas, antes de alcançar o sucesso em mudar hábitos e tendências, esteja preparado para enfrentar conflitos mentais e morais. Você pode vencer se estiver disposto a pagar o preço. Pode achar difícil pagar cada parcela necessária – particularmente as primeiras. Mas, quando tiver pago na íntegra, os traços recém-estabelecidos serão predominantes. As velhas tendências e hábitos vão ficar inativos. Você será feliz porque estará fazendo o que agora vem ao natural.

Para garantir o sucesso, é desejável que você tente zelosamente manter a saúde física, mental e moral durante o período de tal luta interna. No capítulo a seguir, "Sua sublime obsessão", você verá como neutralizar seus conflitos mentais.

PILOTO Nº 14

PENSAMENTOS PELOS QUAIS SE GUIAR

1. Satisfação é uma atitude mental.
2. Sua atitude mental é a única coisa que você tem sobre a qual só você tem controle completo.

3. Memorize: Sinto-me feliz! Sinto-me saudável! Sinto-me fantástico!
4. Quando você definir uma meta – almeje alto!
5. Conheça as regras e entenda como aplicá-las.
6. Defina o seu alvo e continue tentando até chegar lá.
7. Veja além da rotina. Use a teoria das pedras da trilha.
8. Desenvolva insatisfação inspiradora.
9. O que você faz se é um peixe fora d'água?

A DERROTA PODE SER
UMA PEDRA DA TRILHA
OU UMA PEDRA NO MEIO DO CAMINHO,
TUDO DEPENDE SE SUA ATITUDE
É POSITIVA OU NEGATIVA.

CAPÍTULO 15

SUA SUBLIME OBSESSÃO

Com a ideia que estamos prestes a dar, você pode ter riquezas muito além das mais doces esperanças. Essa ideia vai trazer riqueza em felicidade, pois sua personalidade se expandirá. E você receberá carinho e amor, tanto em qualidade quanto em quantidade, que nunca antes sonhou ser possível.

Esse princípio foi expresso vividamente em muitas ocasiões pelo escritor Lloyd C. Douglas. Quando Douglas se aposentou do ministério religioso, migrou para uma forma mais ampla de ensino inspirador: escrever romances. Seu ministério tinha alcançado centenas; seus livros alcançaram milhares; seus filmes, milhões. Em tudo Douglas pregou a mesma mensagem básica, mas ela nunca foi tão claramente expressa como no romance *Sublime obsessão*. O princípio aqui é tão óbvio que quem mais necessita não consegue vê-lo de jeito nenhum. É simplesmente o seguinte:

Desenvolva uma obsessão – uma sublime obsessão – de ajudar os outros.

Doe-se sem esperar recompensa, pagamento ou louvor. E – acima de tudo – mantenha sua boa açao em segredo. Se fizer isso, você colocará em movimento os poderes de uma lei universal. Ao tentar evitar o pagamento por uma boa ação, bênçãos e recompensas serão derramadas sobre você.

NÃO IMPORTA QUEM SEJA, VOCÊ PODE TER UMA SUBLIME OBSESSÃO

Toda pessoa neste mundo pode ajudar os outros doando uma parte de si. Você não precisa ser rico ou poderoso para desenvolver uma sublime obsessão.

Independentemente de quem seja ou do que tenha sido, você pode criar dentro de si um desejo ardente de ser útil aos outros.

Tomemos, por exemplo, o pecador com uma sublime obsessão. Você jamais saberá o nome dele. Isso é segredo. Quando foi convidado a ajudar o Clube de Meninos da América – uma organização cujo único objetivo é a construção do caráter das crianças – com uma pequena doação, ele se recusou. Na verdade, foi mais do que rude com o homem que o procurou para tratar do assunto. "Fora!", disse. "Estou farto de gente me pedindo dinheiro!"

Ao se encaminhar para a porta para sair, o representante parou, se virou e olhou amavelmente para o homem sentado atrás da mesa. "Você pode não desejar compartilhar com os necessitados. Mas eu, sim. Vou compartilhar com você uma parte do que tenho – uma prece: que Deus o abençoe." E então deu a volta rapidamente e saiu.

Com um lampejo de inspiração, o representante do Clube de Meninos tinha lembrado: "Não tenho prata nem ouro; mas o que tenho, isto te dou". Alguns dias depois, uma coisa interessante aconteceu. O homem que disse "Fora!" bateu na porta do escritório do representante do Clube e perguntou: "Posso entrar?". Trazia consigo uma parte do que tinha para compartilhar: um cheque de meio milhão de dólares. Ao colocar o cheque na mesa, ele disse: "Estou dando isso com uma condição: que você nunca deixe ninguém saber que fiz isso".

"Por que não?", foi a pergunta.

"Não quero ser a representação de uma boa pessoa para meninos e meninas. Não sou santo. Fui um pecador."

É por isso que você nunca vai saber o nome dele. Só ele, o representante do Clube de Meninos e o Maior Doador de Todos sabem o nome do pecador cujo dinheiro foi concedido com o propósito de ajudar a evitar que meninos e meninas fizessem as coisas erradas que ele tinha feito.

Assim como o representante do Clube de Meninos, você pode não ter dinheiro, mas pode compartilhar, dando uma parte do que tem. Assim como ele, você pode fazer parte de uma grande causa. E você também, ao doar, pode fazê-lo generosamente.

Seus bens mais preciosos e valorizados, bem como seus maiores poderes, são frequente e necessariamente invisíveis e intangíveis. Ninguém pode tirá-los. Você e somente você pode compartilhá-los.

Quanto mais compartilhar, mais você terá. Se duvida, pode comprovar, oferecendo um sorriso a todos que encontrar, uma palavra gentil, uma resposta agradável, apreço com o calor do coração, ânimo, encorajamento, esperança, honra, crédito e aplauso, bons pensamentos, provas de amor para seus companheiros, felicidade, uma prece pelos ateus e pelos religiosos e tempo para uma causa nobre com entusiasmo.

Se você experimentar qualquer uma das opções acima de doação, também vai comprovar o que descobrimos ser um dos princípios mais difíceis de ensinar àqueles que mais precisam: como causar ações desejáveis dentro de si mesmo. Até aprender, falhará em perceber que o que permanece com você depois de compartilhar irá se multiplicar e crescer, e o que nega aos outros irá diminuir e se reduzir. Portanto, compartilhe o que é bom e desejável e retenha o que é ruim e indesejável.

Faça parte de uma grande causa

Conhecemos uma mãe que perdeu sua única filha, uma adolescente linda, feliz, que trouxe riso e inspiração a todos que tiveram a sorte de conhecê-la. Na tentativa de neutralizar a dor da perda, a mãe desenvolveu a mais sublime obsessão e se tornou parte de uma grande causa. Hoje ela está entre os muitos milhares de mulheres americanas que fazem deste mundo um lugar melhor para se viver. Devido ao trabalho maravilhoso que estava fazendo e à beleza de sua sublime obsessão, escrevemos e perguntamos se faria a gentileza de compartilhar conosco a inspiração que a ajudou a desenvolver sua sublime obsessão. A resposta foi:

> A agonia excruciante de perder nossa amada filha nunca está distante de minha mente. Concebida com amor e alimentada com amor, ela era depositária de todo o nosso futuro e todas as nossas esperanças em todos os sentidos da palavra. O Todo-Poderoso levou nossa filha única

com a idade de 14 anos e meio. É impossível descrever nossa perda. A brilhante promessa do futuro ficou embaçada, pois a luz da nossa vida extinguiu-se. Tudo o que vivíamos plenamente tornou-se vazio. Tudo que era doce ficou amargo.

Meu marido e eu reagimos como todo mundo. Nossa existência foi envolta pela pergunta eternamente sem resposta: POR QUÊ? Meu marido se aposentou, vendemos nossa casa e, buscando uma fuga, fizemos uma longa viagem. Só voltamos quando ficamos face a face com a dura realidade de que não podíamos fugir de nossa tristeza e de nossas memórias. Lenta, muito lentamente, reconhecemos que nossa perda não era exclusiva. Havíamos buscado consolo sem encontrar nenhum porque nossos motivos eram egocêntricos. Levou meses para minha mente começar a aceitar o fato de que todas as alegrias dos filhos, da boa saúde e da segurança são bênçãos que o Todo-Poderoso empresta a cada um de nós. Essas infinitas misericórdias que nós, pessoas finitas, tomamos como garantidas devem ser prezadas por seu verdadeiro significado e por seu grande e insubstituível valor.

Como poderia garantir o direito de manter minhas outras bênçãos? Como poderia mostrar meu apreço e agradecimento aos céus por conceder o amor do meu marido, por viver nesta nossa grande nação, por meus amigos e meus cinco sentidos perfeitos, por todas as coisas boas que me cercavam? Meus esforços para me encontrar começaram a se mover na direção certa.

Embora desprovida de meu bem mais querido, o Todo-Poderoso tinha me dado, em reparação, uma empatia com as pessoas e uma compreensão mais clara dos problemas que afligem a cada um de nós. Meu entendimento em relação à adaptação à minha perda cresceu em ritmo acelerado na proporção que meu serviço em ajudar os outros aumentou.

Procurei encontrar o nicho de trabalho social que enfim daria a oportunidade de deixar minha pequena herança para a humanidade no lugar de minha amada filha e encontrei a resposta na City of Hope. Agora, tão certo quanto o passar do tempo, minha paz mental, chame-a de sublime obsessão se preferir, ganha em estatura. Meu desejo sincero é que todos os que sofrem a perda de um ente querido possam encontrar conforto e serenidade no serviço aos outros.

Hoje, a City of Hope, um centro médico e de pesquisa nacional, fornece atendimento inteiramente grátis ao paciente. Seus serviços são prestados no mais alto nível humanitário e na crença de que "o homem é o guardião de seu irmão". Essa mãe maravilhosa encontrou paz mental em uma obsessão verdadeiramente sublime.

As sementes de pensamento em um livro transformam-se em uma sublime obsessão

A nação inteira – na verdade, o mundo inteiro – pode ser afetada pela sublime obsessão de um único homem que queira dividir uma parte do que tem. Orison Swett Marden compartilhou uma parte do que tinha e desenvolveu uma sublime obsessão que mudou a atitude das pessoas de negativa para positiva.

Aos 7 anos de idade, Orison Swett Marden ficou órfão, fadado a ir à luta por moradia e alimentação. Ainda bem jovem, Marden leu *Self-help*, do autor escocês Samuel Smiles, que, como ele, ficou órfão muito cedo e descobriu os segredos do verdadeiro sucesso. As sementes do pensamento em *Self-help* criaram em Marden um desejo ardente que se transformou em sua sublime obsessão, fazendo de seu mundo um lugar melhor para se viver.

Durante o *boom* que precedeu o pânico de 1893, Marden possuiu e operou quatro hotéis. Como a operação estava confiada a outros, ele dedicava muito do tempo a escrever um livro. Na verdade, estava realizando o desejo de escrever um livro que pudesse motivar a juventude americana como *Self-help* o motivara. Estava trabalhando diligentemente no manuscrito inspirador quando uma irônica reviravolta do destino o atingiu e testou sua fibra.

Marden intitulou sua obra de *Pushing to the Front*. E adotou como lema: "Que cada ocasião seja uma grande ocasião, pois você não tem como saber quando o destino pode estar tirando suas medidas para um lugar maior".

Naquele exato instante o destino estava tirando as medidas de Marden para um lugar maior. O infortúnio que o atingiu teria arruinado muitos homens. O que aconteceu? Sobreveio o pânico de 1893. Dois de seus hotéis foram totalmente queimados. Seu manuscrito, quase concluído, foi destruído. Sua riqueza tangível foi pelo ralo, dizimada.

Contudo, Marden teve a Atitude Mental Positiva. Olhou em volta para ver o que tinha acontecido à nação e a ele mesmo. A primeira conclusão foi de que o pânico fora provocado pelo medo: medo do valor do dólar americano, medo por causa do fracasso de algumas grandes corporações, medo do valor das ações e medo de agitação nas indústrias.

Esses medos provocaram a quebra do mercado de ações; 567 bancos e financeiras, bem como 156 empresas ferroviárias, faliram. As greves se proliferaram. O desemprego afetou milhões de pessoas. Devido à seca e ao calor, os agricultores sofreram perdas nas colheitas.

Marden olhou as coisas materiais e as vidas humanas em frangalhos ao redor. Viu a grande necessidade de alguém ou de algo que inspirasse a nação e seu povo. Surgiram ofertas para gerenciar outros hotéis. Recusou. Um desejo tinha tomado conta dele, uma sublime obsessão. Ele a combinou com AMP. Começou a trabalhar em um novo livro. Seu novo lema, um automotivador: *Toda ocasião é uma grande ocasião!*

"Se houve um tempo em que a América precisou da ajuda de uma Atitude Mental Positiva, é agora", disse aos amigos. Trabalhou em um estábulo, vivendo com um US$ 1,50 por semana. Trabalhou quase incessantemente, dia e noite. Completou a primeira edição de *Pushing to the Front* em 1893.

O livro teve aceitação imediata. Foi usado extensivamente em escolas públicas como livro didático e como leitura suplementar. Empresas fizeram-no circular entre os empregados. Educadores ilustres, estadistas, membros do clero, comerciantes e gerentes de vendas elogiaram-no como o mais poderoso motivador para uma Atitude Mental Positiva. Com o tempo, foi publicado em 25 línguas diferentes. Milhões de cópias foram vendidas.

Marden, como os autores de *Atitude Mental Positiva*, acreditava que *o caráter é a pedra angular na construção e manutenção de sucesso*. Acreditava que as maiores e melhores realizações são a feminilidade e a masculinidade nobres e que a conquista de integridade verdadeira e de um caráter coerente é, em si, sucesso. Ensinou os segredos do sucesso financeiro e nos negócios. Mas também introduziu um protesto perpétuo contra a caça ao dinheiro e a ganância exagerada. Ensinou que existe algo infinitamente melhor do que ganhar a vida: ter uma vida nobre.

Marden mostrou como alguns homens podem ganhar milhões e ainda serem completos fracassados. Aqueles que sacrificam suas famílias, reputação, saúde – tudo – por dólares são fracassados na vida, independentemente de quanto dinheiro possam acumular. Também ensinou que é possível ter sucesso sem se tornar um presidente ou milionário.

Talvez uma das maiores conquistas da sublime obsessão de Marden tenha sido o despertar de homens e mulheres para a conclusão de que poderiam experimentar o sucesso se simplesmente empregassem as virtudes que gostariam que seus filhos tivessem. Igualmente gratificante para ele talvez tenha sido o fato de *Pushing to the Front* ser instrumental na mudança de atitude de toda a nação de negativa para positiva. Essa influência foi sentida em todo o mundo. Marden demonstrou que um desejo ardente pode gerar o impulso de ação imperativo para grandes realizações.

Como você viu, foi preciso coragem e sacrifício para Orison Swett Marden transformar sua sublime obsessão em realidade. A sublime obsessão requer coragem. Você pode precisar ficar sozinho para combater e rechaçar o escárnio e a ignorância dos especialistas. Como grandes descobridores, criadores, inventores, filósofos e gênios, você pode ser tachado de louco, maluco ou pirado. Os especialistas podem dizer que o que você está tentando não pode ser feito. Com o tempo, seu desejo ardente e seu esforço constante tornarão sua sublime obsessão uma realidade. Quando disserem "Não pode ser feito", encontre uma maneira de fazer.

Uma sublime obsessão triunfará apesar dos obstáculos

Há muitos anos, um estudante da Universidade de Chicago e seus amigos foram ouvir uma palestra de Sir Arthur Conan Doyle sobre espiritualismo. Foram para zoar. Pretendiam zombar. Um desses alunos, J. B. Rhine, ficou impressionado com a seriedade do palestrante. Começou a escutar. Certas ideias impressionaram-no. Não conseguiu despachá-las de sua mente. Sir Arthur Conan Doyle referiu-se a homens de renome que estavam pesquisando o reino dos fenômenos psíquicos. J. B. Rhine decidiu investigar e se envolver em alguma pesquisa.

Referindo-se ao incidente tempos depois, Rhine, diretor do Laboratório de Parapsicologia da Universidade Duke, na Carolina do Norte, disse: "Naquela ocasião, foram ditas coisas que eu, como estudante universitário, deveria saber. Durante e após a palestra, comecei a reconhecer algumas delas. Minha educação tinha omitido muitas coisas importantes, tais como formas de buscar o desconhecido. Comecei a ver algumas das falhas do sistema educacional da época".

Rhine interessou-se pela liberdade de todos para obterem novos conhecimentos. Começou a se ressentir de um sistema em que buscar a verdade em qualquer forma ou sobre qualquer assunto tornara-se tabu. Começou a desenvolver um desejo ardente de aprender a verdade sobre os poderes psíquicos do homem de forma científica. Seu desejo ardente transformou-se em sublime obsessão.

Rhine tinha planejado dedicar a vida ao ensino universitário. Foi avisado de que perderia sua reputação e que sua capacidade de ganhos como professor seria prejudicada. Seus amigos e colegas professores ridicularizaram-no e se esforçaram para desencorajá-lo. Alguns começaram a se afastar dele. "Tenho que descobrir por mim", disse a um amigo cientista. O amigo respondeu: "Quando descobrir, guarde para você. Ninguém vai acreditar". Rhine manteve suas descobertas para si até conseguir desenvolver uma prova científica confirmada. Hoje é honrado e respeitado em todo o mundo.

Nos últimos 45 anos, suas batalhas foram uma luta de boxe sem luvas, por assim dizer, combatendo cada centímetro de ignorância, tabus, antagonismo e ridículo. Um dos maiores obstáculos a atormentá-lo constantemente ao longo dos anos foi a falta de dinheiro necessário para a expansão de sua pesquisa. Em certa época, por exemplo, sua única máquina de EEG foi montada a partir de restos encontrados em um monte de lixo. Ela tinha sido descartada por um hospital.

Você já pensou que pode desenvolver uma sublime obsessão tornando-se parte de uma grande causa e compartilhando parte do que tem? Se pensou, já deve ter notado que existem hoje muitos professores de faculdade e universidade cuja sublime obsessão é buscar a verdade em vários campos para que toda a humanidade possa se beneficiar de suas descobertas. Como tais pessoas gastam todo o próprio tempo procurando essas verdades, são quase sempre prejudicadas pela falta de dinheiro para comprar o equipamento necessário, prover o próprio sustento e o sustento de outros que se dedicam a trabalhar no projeto, etc. Você pode se tornar parte de uma dessas causas e assim realizar sua sublime obsessão. Pode encontrar alguma dessas pessoas dedicadas em praticamente qualquer faculdade ou universidade.

Dinheiro é bom?

Dinheiro e uma sublime obsessão! Talvez você indague como podemos juntar dinheiro e sublime obsessão na mesma frase. Caso pergunte, replicamos: "Dinheiro não é bom?". Dinheiro é bom? Muita gente de mentalidade negativa diz que o dinheiro é a raiz de todos os males. Todavia, a Bíblia diz que *o amor ao dinheiro é a raiz de todos os males*. Há uma grande diferença entre as duas frases, apesar de ser apenas uma única palavrinha.

Para os autores, foi incrível observar pessoas de mentalidade negativa reagirem desfavoravelmente a *Quem pensa enriquece – O legado* e seu conteúdo. Tais pessoas poderiam ganhar em um único ano mais do que ganharam em toda a vida até então mudando a atitude de negativa para positiva. Para fazer isso, seria necessário limpar as teias de aranha de seus pensamentos em relação a dinheiro.

Em nossa sociedade, dinheiro é o meio de troca. Dinheiro é poder. Como todo poder, pode ser usado para o bem ou para o mal. *Quem pensa enriquece*

– *O legado* tem motivado milhares de leitores a adquirir riquezas por meio de AMP, inspirando-os com as biografias de homens como Henry Ford, William Wrigley, Henry L. Doherty, John D. Rockefeller, Thomas Alva Edison, Edward A. Filene, Julius Rosenwald, Edward J. Bok e Andrew Carnegie.

Os homens cujos nomes você acaba de ler estabeleceram fundações que até hoje têm no total mais de US$ 1 bilhão em dinheiro reservado exclusivamente para fins de caridade, religiosos e educacionais. As despesas e subvenções provenientes dessas fundações totalizam mais de US$ 200 milhões em um único ano.

Dinheiro é bom? Sabemos que é.

As sublimes obsessões desses homens vão viver eternamente.

E a história da vida de Andrew Carnegie vai convencer o leitor de que ele compartilhou com os outros uma parte do que tinha: dinheiro, filosofia e algo mais. Na verdade, *Atitude Mental Positiva* não teria sido escrito não fosse Andrew Carnegie. É por isso que este livro é dedicado a ele e a você.

Vamos falar sobre ele e sobre você. Vamos aprender com a filosofia dele. Vamos ver como podemos aplicá-la em nossa vida.

UMA FILOSOFIA SIMPLES TRANSFORMOU-SE EM SUBLIME OBSESSÃO

Um menino pobre, imigrante escocês, tornou-se o homem mais rico da América. Sua história inspiradora e sua filosofia motivadora encontram-se na *Autobiografia de Andrew Carnegie*. Quando menino e durante toda a vida, Carnegie foi motivado por uma simples filosofia fundamental: *Qualquer coisa na vida que valha a pena ter, vale a pena trabalhar para ter*. Essa filosofia simples se transformou em uma sublime obsessão.

Antes de morrer aos 83 anos de idade, Carnegie tinha trabalhado diligentemente por muitos anos para compartilhar sua grande riqueza de forma inteligente com aqueles que então viviam e com as gerações futuras. Foi bem-sucedido, doando aproximadamente meio bilhão de dólares por meio de subvenções diretas, fundações e fundos. Sua contribuição de milhões de dólares para a criação de bibliotecas é um exemplo bem conhecido da aplicação de sua norma: Qualquer coisa na vida que valha a pena ter, vale a pena trabalhar para ter. Os livros nessas bibliotecas têm sido e continuarão a ser de benefício apenas para as pessoas que, por meio de leitura e estudo, trabalham para obter o conhecimento, a compreensão e a sabedoria contidos neles.

No ano de 1900, Napoleon Hill, com 18 anos de idade, trabalhava como repórter de uma revista para pagar a faculdade; nessa condição entrevistou o grande fabricante de aço, filósofo e filantropo Andrew Carnegie. A primeira entrevista durou três horas. Então o grande homem convidou o jovem para sua casa. Durante três dias, Carnegie doutrinou Napoleon Hill com sua filosofia. Por fim inspirou o jovem repórter a dedicar pelo menos vinte anos da vida a estudar, pesquisar e encontrar os princípios simples subjacentes ao sucesso.

Carnegie disse a Hill que sua maior riqueza consistia não em dinheiro, mas no que chamou de *filosofia da realização americana*. Incumbiu Hill como seu agente para compartilhá-la com o mundo. E neste livro a compartilha com você.

Carnegie ajudou Hill com cartas de apresentação para grandes homens e mulheres da época. Com conselhos. Compartilhando ideias. Ajudou em todos os sentidos, com uma exceção: dinheiro. Ele disse: "Qualquer coisa na vida que valha a pena ter, vale a pena trabalhar para ter". O magnata sabia que esse automotivador, quando aplicado, atrairia felicidade, saúde física, mental e espiritual, bem como riqueza. Todos podem aprender e aplicar os princípios de Andrew Carnegie.

É de costume um homem compartilhar parte de sua riqueza tangível com seus entes queridos no decorrer da vida ou fazer isso em testamento. Este mundo seria um lugar melhor de se viver se cada pessoa deixasse como herança para a posteridade a filosofia e o *know-how* que trouxeram felicidade, saúde física, mental e espiritual e riqueza – como fez Carnegie. As obras de Napoleon Hill disponibilizaram os princípios pelo quais Carnegie adquiriu sua grande riqueza. Eles são tão aplicáveis por você como foram por ele.

Outro homem rico que tinha uma sublime obsessão e dividiu parte do que possuía foi Michael L. Benedum. Seu amigo chegado, o senador norte-americano Jennings Randolph, contou-nos que Benedum começou com um salário de US$ 25 por semana e se tornou um dos homens mais ricos da

América. Ele valia mais de US$ 100 milhões. Todavia, o momento da virada em sua carreira decorreu de um incidente totalmente insignificante.

Benedum, então um rapaz de 25 anos, cedeu educadamente seu lugar em um trem para um estranho idoso. Para ele, era o óbvio a fazer. Acontece que o estranho era John Worthington, superintendente-geral da South Penn Oil Company. Na conversa que se seguiu, Worthington ofereceu um emprego para Mike. Este aceitou e eventualmente se tornou descobridor de mais petróleo que qualquer outro indivíduo no mundo.

Algumas pessoas dizem que você pode julgar um homem pela filosofia segundo a qual ele vive. A filosofia de Mike sobre dinheiro era algo do tipo: "Sou apenas um depositário dele e serei responsabilizado pelo bem que puder realizar com ele, tanto na comunidade como um todo quanto em prol de oportunidades para as pessoas que aparecerem – assim como me foi dada uma oportunidade naquela ocasião".

Como tantos outros com uma sublime obsessão, Benedum viveu até uma idade avançada. Em seu aniversário de 85 nos, disse: "Perguntaram-me como sigo ativo nessa idade. Minha fórmula é me manter ocupado para que os anos passem despercebidos. Não desprezar nada, exceto o egoísmo, a maldade e a corrupção. Não temer nada, exceto a covardia, a deslealdade e a indiferença. Não cobiçar nada do meu vizinho, exceto sua bondade de coração e sua gentileza de espírito. Pensar muitas, muitas vezes nos meus amigos e, se possível, raramente nos meus inimigos. A meu ver, a idade não é uma questão de anos. É um estado de espírito. Você é tão jovem quanto a sua fé, e acho que hoje tenho mais fé no meu semelhante, no meu país e em meu Deus do que jamais tive".

Você vive mais com uma sublime obsessão

Claro que é aquela velha história: a pessoa que tem algo pelo que viver vive mais tempo. Percebemos isso ao nos familiarizarmos com homens como o honorável Herbert Hoover e o general Robert E. Wood, que tanto fizeram pela juventude americana ao compartilhar seu tempo e dinheiro com os Clubes de Meninos da América. Tiveram vidas longas por causa de suas sublimes obsessões. Dedicaram tempo e pensamento a projetos que beneficiavam os outros e, como suas vidas foram a boa vida de homens com sublimes obsessões, experimentaram o prazer e o valor terapêutico da estima e do amor de seus semelhantes.

"Estão todos na cadeia, exceto meu irmão e eu"

Você pode não ter a riqueza material de um Andrew Carnegie ou de um Michael L. Benedum, mas isso não o priva de construir sua sublime obsessão. Pelo menos, não privou Irving Rudolph, que dedicou a vida a ajudar rapazes em bairros carentes. Esse trabalho foi em gratidão por ter sido salvo por um Clube de Meninos da região barra-pesada onde cresceu.

Como Irving Rudolph entrou para o trabalho nos Clubes de Meninos? Ele morava em uma zona pobre – North Avenue e Halsted Street, em Chicago. Circulava entre um pessoal da pesada. Havia muitos problemas. Muitas coisas em que meninos não deveriam se meter. E pouca coisa para ocupar o tempo deles e mantê-los longe de problemas. Um dia foi inaugurado um Clube de Meninos em uma igreja abandonada do bairro.

"Meu irmão e eu éramos os dois únicos de nossa gangue que visitávamos o Clube", explicou Irving. "Estão todos na cadeia, exceto meu irmão e eu. Se não fosse a Unidade Lincoln do Clube de Meninos, estaríamos lá também."

Irving ficou grato pelo que o Clube de Meninos fez por ele e seu irmão. E dedicou a vida a ajudar rapazes de bairros carentes. Por intermédio de seu entusiasmo e zelo, foram recebidas grandes doações para apoiar os Clubes de Meninos de Chicago. Por intermédio dele, homens e mulheres influentes foram atraídos para a causa.

"Sinto que meu trabalho é apenas um pagamento simbólico por minha gratidão a um poder superior por ter colocado meu irmão e eu sob essa influência", explicou Irving. Em seguida acrescentou: "Visite um Clube de Meninos. Veja por si o bom trabalho que é feito. Você então vai sentir uma parte do que sinto pelas crianças que têm a necessidade que eu tinha".

Hoje existem milhares de homens e mulheres satisfazendo suas sublimes obsessões ao sacrificar tempo e dinheiro para ajudar os Clubes de Meninos da América. Sua vida foi beneficiada pelas sublimes obsessões deles.

Se...

Se você faz o melhor que pode para jamais violar sua honra por mentir ou enganar e para sempre cumprir a responsabilidade que lhe é confiada...

Se você se mantém limpo em pensamento e corpo – se é um exemplo de hábitos limpos, fala limpa, diversão limpa – e se associa a uma turma limpa...

Se você se posiciona pelos direitos dos outros contra a influência indesejável e a persuasão de amigos e as ameaças de inimigos, se uma derrota o inspira a tentar ter sucesso, se tem coragem de encarar o perigo apesar do medo...

Se você trabalha de verdade e aproveita o melhor das oportunidades, se não destrói propriedade de forma intencional, se economiza dinheiro para poder pagar suas despesas neste mundo e ainda ser generoso com aqueles em necessidade e dá ajuda financeira e tempo para causas nobres, se faz uma boa ação todos os dias sem esperar compensação...

Se você é amigo de todos e um irmão de cada homem, mulher e criança, independentemente da raça, cor ou credo...

Se você está preparado para aprender a conhecer os perigos, evitar a negligência e conhecer os recursos necessários para ajudar pessoas feridas e salvar vidas humanas, compartilhar os deveres e as obrigações em sua casa e local de trabalho...

Se você é educado com todos, especialmente os fracos, indefesos e desafortunados...

Se você não mata ou fere qualquer criatura viva desnecessariamente, mas se esforça para proteger todos os animais vivos...

Se você sorri quando pode, faz o seu trabalho imediata e alegremente e se nunca se esquiva ou resmunga diante das responsabilidades ou dificuldades...

Se você é fiel a todos a quem a lealdade é devida, aos membros da sua família, à empresa para a qual trabalha e a seu país...

Se você respeita as autoridades devidamente constituídas e obedece ao que não viola seu código moral...

Se você faz o seu melhor para cumprir seu dever com Deus e seu país, para ajudar outras pessoas em todos os momentos, para manter-se fisicamente forte, mentalmente desperto e moralmente reto...

Então você vive e age em resposta à impressão em sua mente subconsciente do juramento e da lei dos escoteiros da América. Que tipo de pessoa você seria se vivesse por essas normas?

A América é grande porque seu povo vive de acordo com uma grande filosofia. Isso pode ser simbolizado na frase "O grande coração americano".

Henry J. Kaiser é outro com uma sublime obsessão. Ele fez muito para tornar este mundo um lugar melhor para se viver. Uma citação pendurada na parede da oficina de um ferreiro na Inglaterra inspirou-o e também pode inspirar você. É a seguinte:

> "O quê! Dar de novo?", pergunto consternado,
> "E devo continuar dando e dando?"
> "Oh não", disse o anjo a olhar para mim,
> "Apenas continue dando até o Mestre parar de dar para você!"

Em sua leitura, você partiu de *Onde começa a estrada para a realização* e chegou até aqui. Foi acordado por *Cinco bombas mentais para atacar o sucesso*. E recebeu *A chave para a cidadela da riqueza*. Agora *Prepare-se para ter sucesso!* Esse é o propósito dos capítulos a seguir.

PILOTO Nº 15

PENSAMENTOS PELOS QUAIS SE GUIAR

1. Para desenvolver uma sublime obsessão, compartilhe com os outros sem esperar recompensa, pagamento ou elogios. *Mantenha sua boa ação em segredo.*

2. Independentemente de quem seja ou do que tenha sido, você pode criar dentro de si um desejo ardente de ser útil aos outros e desenvolver sua sublime obsessão se tiver AMP.

3. Quando compartilha com os outros uma parte do que tem, aquilo que sobra se multiplica e cresce. Quanto mais compartilhar, mais terá. Portanto, compartilhe o que é bom e desejável e retenha o que é ruim e indesejável.

4. Você pode desenvolver sua sublime obsessão tornando-se parte de uma boa causa, como fez a mãe que perdeu sua única filha.

5. O caráter é a pedra angular na construção e manutenção do sucesso. Mas como você pode melhorar o seu caráter? *Atitude Mental Positiva* vai ajudá-lo a achar as respostas certas.

6. Existe uma coisa infinitamente melhor do que ganhar a vida: ter uma vida nobre! Você acredita nisso? Se acredita, o que fará a respeito?

7. Um desejo ardente pode gerar o impulso imperativo à ação para grandes realizações. Para desenvolver um desejo ardente de atingir uma meta específica, mantenha a meta diante de você diariamente. E se empenhe para alcançá-la.

8. É preciso coragem e sacrifício para desenvolver e manter uma sublime obsessão. Você pode precisar posicionar-se sozinho contra o ridículo e a ignorância dos outros, como fez Joseph Banks Rhine.

9. Algumas pessoas dizem que dinheiro é a raiz de todos os males, mas a Bíblia diz que amor ao dinheiro é a raiz de todos os males. O bem ou mal do dinheiro é subordinado a uma pequena diferença. A pequena diferença é se a atitude é positiva ou negativa.

10. Homens como Andrew Carnegie, Henry Ford e Michael Benedum usaram o poder do dinheiro deles para estabelecer fundações de caridade, educacionais e religiosas. O bem feito pelas sublimes obsessões de tais homens viverá eternamente!

11. *Qualquer coisa na vida que valha a pena ter, vale a pena trabalhar para ter.*
12. Quando você for solicitado a doar dinheiro ou tempo a uma causa que valha a pena, repita para si mesmo:

> "O quê! Dar de novo?", pergunto consternado,
> "E devo continuar dando e dando?"
> "Oh não", disse o anjo a olhar para mim,
> "Apenas continue dando até o Mestre parar de dar para você!"

AQUILO QUE VOCÊ COMPARTILHAR
COM OS OUTROS VAI SE MULTIPLICAR,
E AQUILO QUE VOCÊ NEGAR VAI DIMINUIR!

PARTE IV

PREPARE-SE PARA TER SUCESSO!

CAPÍTULO 16

COMO AUMENTAR O SEU NÍVEL DE ENERGIA

Como está o seu nível de energia hoje? Você acordou ávido para encarar as tarefas que tem pela frente? Empurrou sua cadeira para longe da mesa do café da manhã com a sensação de que estava animado para ir? Mergulhou no trabalho com entusiasmo?

Não? Talvez já faça um tempo que você não tem a vitalidade e o vigor que acha que deveria ter. Talvez se sinta cansado antes de o dia começar e se arraste no trabalho sem alegria. Se assim for, vamos fazer alguma coisa!

Vernon Wolfe, treinador de atletismo, pode nos mostrar o que fazer. Ele foi um dos grandes treinadores dos Estados Unidos. Sob sua tutela, vários estudantes quebraram recordes nacionais da escola preparatória. Como ele treinou essas estrelas? Wolfe tinha uma receita dupla. Ensinou os atletas a condicionar a *mente* e o *corpo* simultaneamente.

"Se você *acreditar* que pode fazer", dizia Vernon Wolfe, "na maioria das vezes você *pode*. É a mente sobre a matéria."

Você tem dois tipos de energia. Uma é física, a outra é mental e espiritual. Esta última é de longe a mais importante, pois de sua mente subconsciente você pode extrair um vasto poder e força em momentos de necessidade.

Pense, por exemplo, nos grandes feitos de força e resistência executados por pessoas sob o estresse de intensa emoção a respeito dos quais você já leu. Acontece um acidente de automóvel, e o marido fica preso debaixo do carro capotado. Em momento de medo e determinação, a esposa miúda e frágil consegue levantar o carro o suficiente para libertá-lo. Ou uma pessoa insana, com a mente dominada pelo subconsciente selvagem à solta, pode quebrar, erguer, dobrar e esmagar com uma força que jamais manifestaria nos períodos de normalidade.

Em uma série de artigos para a *Sports Illustrated*, o doutor Roger Bannister contou como correu uma milha abaixo de quatro minutos pela primeira vez em 6 de maio de 1954, treinando tanto a mente quanto os músculos para tornar realidade esse sonho antigo no mundo do atletismo. Durante meses, ele condicionou o subconsciente para acreditar que o recorde, que algumas pessoas afirmavam ser inatingível, poderia ser alcançado. Outros pensavam na marca dos quatro minutos como uma barreira. Bannister pensou nela como um portão que, caso cruzasse uma vez, abriria o caminho para muitos novos recordes para ele mesmo e para outros corredores.

Claro que ele estava certo. Roger Bannister liderou o caminho. Em um período de pouco mais de quatro anos depois de ele quebrar a marca dos quatro minutos em uma milha, a façanha foi realizada 46 vezes por ele e outros corredores! Em uma corrida em Dublin, Irlanda, em 6 de agosto de 1958, cinco competidores correram uma milha abaixo dos quatro minutos!

O homem que ensinou o segredo a Bannister foi o doutor Thomas Kirk Cureton, diretor do Laboratório de Aptidão Física da Universidade de Illinois. Cureton desenvolveu ideias revolucionárias relativas ao nível de energia do corpo. Elas se aplicam, disse ele, a atletas e não atletas. Podem fazer um atleta correr mais rápido e o homem comum viver mais tempo.

"Não existe nenhuma razão", disse Cureton, "para que qualquer homem não possa estar tão em forma aos 50 quanto aos 20 anos – desde que saiba como treinar o seu corpo." O sistema de Cureton baseia-se em dois princípios: (1) treine todo o corpo, (2) force até o limite de resistência, estendendo o limite a cada treino. "A arte de quebrar recordes", dizia ele, "é a capacidade de tirar de si mais do que você tem. Você se pune mais e mais e descansa entre esses períodos."

Cureton conheceu Roger Bannister durante a realização de testes de aptidão física em estrelas do atletismo europeu. Ele notou que o corpo de

Bannister era maravilhosamente desenvolvido em alguns aspectos. Por exemplo, seu coração era 25% maior do que o normal em relação ao tamanho do corpo. Mas, em outros aspectos, o atleta não era tão bem desenvolvido quanto um homem médio. Bannister acatou o conselho de Cureton para desenvolver *todo* o corpo. Aprendeu a condicionar a mente escalando montanhas. Isso o ensinou a superar obstáculos.

Igualmente importante foi ter aprendido a quebrar grandes objetivos em pequeninos. Roger Bannister raciocinou que um homem corre um único quarto de milha mais rápido do que corre os quatro quartos de uma milha completa. Então treinou para pensar nos quatro quartos de milha separadamente. No treino, dava um tiro de um quarto de milha, depois trotava uma volta pela pista para descansar. Então dava outro tiro de um quarto de milha. A meta era correr cada quarto em 58 segundos ou menos, pois 58 multiplicado por quatro é igual a 232 segundos, ou três minutos e 52 segundos. Ele corria até o ponto de colapso. Então descansava. A cada vez, o ponto de colapso era empurrado um pouquinho mais. Quando finalmente realizou sua grande corrida, foi em três minutos, 59 segundos e seis milésimos!

Cureton ensinou Roger Bannister que "quanto mais o corpo resiste, mais resistirá". Crenças sobre *overtraining* (treino em excesso) e *staleness* (estafa física), dizia ele, são mitos. Contudo, Cureton enfatizava que o repouso é tão importante quanto o exercício e a atividade. O corpo precisa reconstruir, em quantidades ainda maiores, o que foi demolido no exercício. É assim que força, vitalidade e energia são desenvolvidas. O corpo e a mente recarregam-se durante os períodos de descanso e relaxamento. Se você não der a eles a chance de fazer isso, o resultado pode ser danos graves – e até mesmo a morte.

Está na hora de recarregar sua bateria?

Não existe glória em ser o homem mais rico do cemitério. Você não quer ser o melhor cientista, médico, executivo, vendedor ou funcionário jazendo – prematuramente – sob a lápide mais ornamentada. Uma mãe, esposa, pai, filho ou filha amados podem trazer felicidade. Por que então, em vez disso, trazer sofrimento? Por que ser confinado em um hospital psiquiátrico ou jazer embalsamado sete palmos abaixo de um cobertor de linda grama verde simplesmente porque um esgotamento desnecessário danificou uma bateria que não foi recarregada?

Uma criancinha não sabe quando está demasiadamente cansada. Mas com certeza demonstra com seu comportamento e ações. O adolescente pode perceber que está excessivamente fatigado, mas se recusa a admitir – até para si. E então os problemas sexuais, familiares, escolares e sociais podem parecer insuportáveis e insolúveis. Esses problemas podem motivá-lo a ações destrutivas temporárias ou permanentes – ações que ferem ele mesmo e os outros.

Quando seu nível de energia está baixo, sua saúde e suas características desejáveis podem ser subjugadas pela negatividade. Você, como uma bateria, morre quando seu nível de energia é zero. Qual é a solução? Recarregue sua bateria. Como? Relaxe, brinque, descanse e durma!

Como saber quando sua bateria precisa de recarga

Eis aqui uma lista de verificações para ajudá-lo a determinar seu nível atual de energia. Você pode usá-la sempre que sentir que seu nível de energia está baixando. Se é uma pessoa equilibrada, sua bateria pode precisar de recarga quando você se mostra e/ou se sente:

Indevidamente sonolento ou cansado;
Indelicado, antipático, desconfiado;
Queixoso, insultuoso, ofensivo;
Irritável, sarcástico, maldoso;
Nervoso, excitável, histérico;
Preocupado, temeroso, enciumado;
Precipitado, cruel, excessivamente egoísta;
Excessivamente emotivo, deprimido ou frustrado.

AMP EXIGE UM BOM NÍVEL DE ENERGIA – E VICE-VERSA

Quando você está fatigado, seus sentimentos, emoções, pensamentos e ações geralmente positivos e desejáveis tendem a ficar negativos. Quando você está descansado e tem boa saúde, a direção é alterada de volta para a positiva. A fadiga muitas vezes traz à tona o pior dentro de você. Quando sua bateria está carregada e os níveis de energia e atividade são o padrão, você está no seu melhor. É quando pensa e age com AMP. Se seus sentimentos e ações indicam que suas melhores qualidades estão sendo subjugadas pelas negativas e indesejáveis, está na hora de recarregar sua bateria.

Sim, para manter seus níveis de energia física e mental, você precisa exercitar o corpo e a mente. Mas há um terceiro fator. Seu corpo e sua mente precisam ser alimentados adequadamente. Você ajuda a manter seu corpo físico consumindo porções de alimentos saudáveis e nutritivos. Mantém seu vigor mental e espiritual absorvendo vitaminas mentais e espirituais de livros inspiradores e religiosos.

VITAMINAS PARA MENTE E CORPO SÃOS

George Scarseth, Ph.D., ex-diretor de pesquisa da Associação Americana de Pesquisa Agropecuária em Lafayette, Indiana, contou sobre uma aldeia no litoral da África. A aldeia era mais avançada do que uma comunidade semelhante no interior. Por quê? Porque seus habitantes eram fisicamente mais fortes e mentalmente mais alertas – tinham mais energia física – do que os da tribo do interior. A diferença decorria de uma diferença na dieta. Os habitantes das aldeias no interior não tinham quantidade suficiente de proteína, enquanto aqueles na costa obtinham-na dos peixes que comiam.

No livro *Climate Makes the Man*, Clarence Mills escreveu que o governo dos Estados Unidos encontrou alguns moradores do istmo do Panamá excessivamente lentos em sua atividade mental e física. Um estudo científico revelou que tanto os vegetais quanto os animais dos quais aquela população se alimentava careciam das vitaminas do complexo B. Quando adicionaram tiamina à dieta, as mesmas pessoas tornaram-se mais energéticas e ativas.

Se você suspeita que sua dieta é deficiente em certas vitaminas e elementos, de modo que seu nível de energia fique deprimido, deve fazer algo a respeito. Um bom livro de receitas pode ajudar, e há panfletos do governo disponíveis a um custo baixo. Se a condição persistir, faça um *check-up* físico.

Assim como seu corpo, sua mente subconsciente aceitará e absorverá vitaminas mentais e espirituais sem esforço. Mas, ao contrário do corpo físico, o subconsciente vai digerir e reter quantidades ilimitadas. Ao contrário de seu estômago, ele nunca fica empanturrado! Vai assimilar e reter tanto quanto você fornecer – e ainda mais! Onde você vai encontrar essas vitaminas mentais e espirituais? Em livros como os recomendados no Capítulo 22, "O incrível poder de uma bibliografia".

Com efeito, a mente subconsciente é como uma bateria. Sendo assim, você pode obter tremendos surtos de energia mental e espiritual que muitas vezes transmutam-se em vitalidade física. Os arrancos de energia vão se perder se deixarmos que entrem em curto-circuito devido a emoções negativas desnecessárias. Mas, usada de forma construtiva, a energia pode multiplicar-se muitas vezes, assim como um dínamo gerador produz grandes quantidades de energia útil.

O finado William C. Lengel, proeminente editor-chefe do mercado editorial, ilustrou esse tópico lindamente em um artigo para a revista *Success Unlimited*. Lengel descreveu como a energia é desperdiçada com "preocupação, ódio, medo, desconfiança, raiva e fúria" desnecessários. "Todos esses elementos desperdiçados", disse ele, "poderiam facilmente ser transformados em unidades geradoras de força."

Para ilustrar sua tese, Lengel desenhou uma usina de energia elétrica: "A boca aberta das fornalhas, as chamas vermelhas rugindo lá dentro, a água nos medidores de vapor oscilando no nível adequado de temperatura, o vapor impulsionando os pistões que giram os grandes geradores, os comutadores de cobre – superfícies douradas – girando tão rápido que parecem imóveis, faíscas verdes e azuis piscando sob os contatos, cabos grossos ligados ao quadro de distribuição, transportando a corrente elétrica através de uma cidade para milhares de finalidades úteis".

Do outro lado da imagem, Lengel descreveu "a mesma planta, as mesmas caldeiras, motores, geradores. A única diferença é que o quadro de distribuição estava apagado, e os cabos pesados, em vez de ligados ao quadro de distribuição, estavam enfiados em um barril de água enquanto os trabalhadores faziam testes na unidade. Toda a força é, com efeito, desperdiçada. Nenhum elevador funciona, nenhuma máquina opera, nenhuma única lâmpada se acende".

Lengel conclui que, da mesma forma, "um fracassado usa tanta energia em seu trabalho de fracassar quanto uma pessoa bem-sucedida usa na conquista do sucesso".

Tommy Bolt, o campeão de golfe, costumava desperdiçar energia dessa forma. Se errava uma tacada ou um buraco, tinha um ataque de mau humor. Com frequência, ficava tão zangado que enrolava um taco em volta da árvore mais próxima. Quando leu a famosa oração de São Francisco de Assis, ela o transformou em um homem que dirigia sua energia para canais mais proveitosos. A oração deu a Tommy uma nova paz mental, e desde então ele carregou no bolso um cartão impresso com uma parte da oração, dizendo: "Deus, me conceda serenidade para aceitar as coisas que não posso mudar, coragem para mudar as coisas que posso e sabedoria para saber a diferença".

O homem é o único membro do reino animal que, pelo funcionamento da mente consciente, pode voluntariamente controlar as emoções a partir de seu interior, ao invés de ser forçado a fazê-lo por influências externas. Só ele pode deliberadamente mudar hábitos de resposta emocional. Quanto mais civilizado, culto e refinado você é, mais facilmente pode controlar suas emoções e sentimentos – se optar por fazê-lo.

Medo, por exemplo, é bom em determinadas circunstâncias. Se não fosse por medo da água, muitas crianças se afogariam. No entanto, é perfeitamente possível que você esteja desperdiçando sua energia mental e espiritual nessa ou em outras emoções mal direcionadas. Se assim for, pode acionar um interruptor para direcionar a energia para canais úteis. Como? *Mantendo a mente no que você quer e longe das coisas que não quer.* Suas emoções são imediatamente subordinadas à ação. Portanto, entre em ação. Substitua o sentimento negativo por um positivo. Por exemplo, se está com medo e quer ser corajoso, *aja* com coragem! Se quer ser enérgico, aja com energia. Mas certifique-se, é claro, de que sua energia seja gasta em um propósito bom e útil.

Dawn Fraser, da Austrália, nos dá um exemplo maravilhoso do tema em pauta. Nascida do "lado errado dos trilhos" em Balmain, um subúrbio à beira-mar de Sydney, Dawn tinha um corpo anêmico. Todavia, tinha uma determinação *king-size* de se tornar uma grande campeã de natação. Tornou-se a nadadora mais rápida do mundo. Era boa. Mas às vezes não era boa o suficiente para satisfazer a si mesma.

Durante o voo para casa depois dos Jogos do Império em Cardiff, Dawn leu um livro. Era *Quem pensa enriquece – O legado*. "Considerei as fórmulas de Napoleon Hill para o sucesso muito inspiradoras", disse. "Comecei a pensar sobre nossa derrota para as meninas inglesas no *medley*, quando, na etapa de nado livre, nadei em sessenta segundos e seis milésimos. Foi seis décimos de segundo mais rápido do que meu recorde mundial, mas ainda assim não foi bom o bastante para nos dar os dez metros de vantagem dos quais precisávamos. Me perguntei se tinha dado tudo de mim nessa última volta."

Dawn Fraser começou a pensar sobre o sonho que tivera por muito tempo – tornar-se a primeira mulher a nadar cem metros em menos de sessenta segundos. "O minuto mágico", ela chamava. "Se eu pudesse ter feito esse trecho final no minuto mágico, poderíamos ter ganhado", pensou.

"A partir daquele momento, a velha esperança de quebrar o minuto tornou-se um desejo ardente em mim. Chame de obsessão controlada se preferir. Fiz disso a minha grande ambição e montei um plano de ação positiva tendo o minuto mágico como objetivo. Como Napoleon Hill aconselha, decidi fazer o esforço extra – mental e fisicamente."

Além de treinar o corpo, Fraser condicionou a mente também. Bateu recorde após recorde e por fim atingiu a meta. Treinadores de atletas de toda a Austrália foram atraídos para o estudo dos ensinamentos de Napoleon Hill, de acordo com Thomas H. Wyngard, um jornalista australiano.

"Treinadores de ponta em busca de métodos que dessem a seus campeões aquele pouquinho extra além e acima do programa regular de treinamento idealizado cientificamente encontraram nova inspiração nas doutrinas do grande perito americano", disse Wyngard. "Eles adaptaram a técnica da abordagem mental de Napoleon Hill ao que é essencialmente um problema físico. Alguns fizeram o curso 'AMP – A ciência do sucesso' para poder aplicar os princípios corretamente."

Está na hora de recarregar sua bateria? Você começou a aplicar os princípios apresentados em *Atitude Mental Positiva*? Está pronto para se tornar um campeão? Caso esteja, vai querer aprender como pode gozar de boa saúde e ter uma vida mais longa – o tema do nosso próximo capítulo.

PILOTO Nº 16

PENSAMENTOS PELOS QUAIS SE GUIAR

1. Como está o seu nível de energia neste momento?
2. Qual é a sua fonte mais importante de energia física, mental e espiritual?
3. Como você pode aplicar os princípios que Thomas Cureton ensinou a Roger Bannister a fim de ter energia extra para atingir suas metas?
4. Você força até o limite de sua resistência – e depois descansa e tenta de novo?
5. Está na hora de recarregar sua bateria?
6. Como você pode evitar ou neutralizar a fadiga?
7. A maioria de suas refeições baseia-se em dietas equilibradas?
8. Você toma vitaminas espirituais e mentais diariamente lendo material inspirador ou escutando gravações inspiradoras?
9. Sua energia está sendo direcionada para canais úteis? Ou está entrando em curto-circuito e sendo desperdiçada?

10. "Um fracassado usa tanta energia em seu trabalho de fracassar quanto uma pessoa bem-sucedida usa na conquista do sucesso."
11. "Deus me conceda serenidade para aceitar as coisas que não posso mudar, coragem para mudar as coisas que posso e sabedoria para saber a diferença."
12. Quando a emoção de medo é justificada? E injustificada?
13. Para ser enérgico, *aja* com energia!

AUMENTE SEU NÍVEL DE ENERGIA COM AMP!

CAPÍTULO 17

VOCÊ PODE DESFRUTAR DE BOA SAÚDE E VIVER MAIS

A Atitude Mental Positiva desempenha papel importante na sua saúde, bem como na energia e no entusiasmo diários para sua vida e trabalho. "Todos os dias, em todos os sentidos, pela graça de Deus, estou ficando cada vez melhor" não é um jargão fantasioso para o homem que recita a frase várias vezes por dia, desde o despertar até ir para a cama. Em certo sentido, ele está colocando as forças de AMP para trabalhar a seu favor. Está usando as forças que atraem as melhores coisas da vida para ele. Está usando as forças que os autores de *Atitude Mental Positiva* querem que você use.

Como AMP auxilia você

AMP vai ajudá-lo a desenvolver saúde física e mental, bem como a ter uma vida mais longa. E igualmente é certo que AMN prejudicará a saúde física e mental, bem como encurtará sua vida. Tudo depende de qual lado do talismã você vira para cima. A Atitude Mental Positiva adequadamente empregada salvou a vida de muitas pessoas porque alguém próximo tinha uma forte Atitude Mental Positiva. O seguinte incidente comprova isso.

O bebê tinha apenas dois dias de idade quando o médico disse: "A criança não vai viver". O pai rebateu: "A criança viverá!". O pai tinha Atitude Mental Positiva, tinha fé, acreditava no milagre da prece. Ele orou. Também acreditava em ação. E entrou em ação. Colocou o filho aos cuidados de um pediatra que também tinha Atitude Mental Positiva – um médico que sabia por experiência que, para cada fraqueza física, a natureza fornece um fator de compensação. A criança viveu!

"Não aguento mais" – Morte separa casal por um instante

A manchete acima apareceu no Chicago Daily News. O artigo referia-se a um engenheiro civil de 62 anos de idade que chegou em casa e foi para a cama com dores no peito e falta de ar. Sua esposa, dez anos mais jovem, ficou alarmada e começou a esfregar os braços do marido na esperança de aumentar a circulação. Mas ele morreu. "Não aguento mais", a viúva disse à sua mãe, que estava ao lado dela. E morreu. Morreu no mesmo dia.

O bebê que viveu e a viúva que morreu demonstram a poderosa força das atitudes mentais positivas e negativas. Sabendo que acentuar a positiva atrairá coisas boas e que a negativa trará o mal, não é uma questão de bom senso desenvolver atitudes e pensamentos positivos?

Se você ainda não fez isso, agora é a hora de desenvolver AMP. Prepare-se para qualquer possível emergência. Sempre há um motivo para viver. E lembre-se: quando você tem algo pelo que viver, a mente subconsciente impõe à mente consciente fatores de forte motivação para mantê-lo vivo em tempos de emergência. Não precisamos procurar mais nada além do caso de Rafael Correa para provar nosso ponto de vista.

Uma noite memorável

Ele tinha apenas 20 anos de idade. A família não era rica, todavia, era particularmente estimada. Por isso, seis médicos e um jovem estagiário tinham lutado a noite inteira na pequena sala de cirurgia em San Juan, Porto Rico, tentando salvar a vida de Rafael Correa. Depois de doze horas de vigília e atenção incessantes, eles estavam cansados. Estavam com sono. Por mais que tentassem, chegou um momento em que não conseguiram mais ouvir o coração de Rafael bater. Não conseguiam encontrar a pulsação.

O cirurgião-chefe pegou um bisturi e cortou as veias do pulso de Rafael. O fluido era amarelo. O cirurgião não usou anestésico – o corpo do garoto estava tão enfraquecido que a dor não parecia possível. Os médicos pensavam que ele não podia ouvir o que diziam. E falavam como se ele estivesse morto. Um deles disse: "Nem mesmo um milagre pode salvá-lo agora".

O cirurgião-chefe tirou o avental e se preparou para sair da sala. O jovem estagiário perguntou: "Posso ficar com o corpo?". "Sim", foi a resposta. Os médicos deixaram a sala.

Está escrito: "Por isso não desfalecemos (...) Não atentando nós nas coisas que se veem, mas nas que se não veem; porque as que se veem são temporais, e as que se não veem são eternas". Os médicos podiam ver o corpo físico, mas Rafael era *uma mente com um corpo*. O que se passava com a mente dele que não era visível? Naquele estado crepuscular entre a vida e morte, Rafael não era capaz de mover o corpo conscientemente. Mas, por causa da Atitude Mental Positiva que tinha desenvolvido em seu subconsciente lendo livros inspiradores, sua mente estava se comunicando com um poder superior. Rafael sentiu que Deus estava com ele. Começou a falar de Deus como um amigo, como um homem falando com outro:

"Você me conhece, está dentro de mim, é meu sangue, é minha vida, é meu tudo. Só há uma mente, um princípio, uma substância no universo, e eu sou um com tudo o mais. Se eu morrer, não perco nada. Só mudo de forma. Mas tenho apenas 20 anos de idade. Querido Deus, não estou com medo de morrer, mas estou disposto a viver! Se você optar por dar-me vida, algum dia, de alguma forma, terei capacidade e disposição, por sua misericórdia, de levar uma vida melhor e ajudar os outros".

Quando o estagiário se aproximou de Rafael e olhou para seu rosto, observou espasmos nas pálpebras e uma lágrima escorrer pelo canto do olho esquerdo. "Doutor, doutor, venha depressa! Acho que ele está vivo!", chamou animadamente. Demorou mais de um ano para recuperar as forças, mas Rafael Correa viveu.

Alguns anos mais tarde, voou de San Juan a Chicago para pedir aos autores que realizassem um seminário de três noites em San Juan sobre AMP. Foi quando nos contou a história daquela noite memorável em sua vida. Fomos inspirados pela história e particularmente pelo fato de que, desde que a vida lhe fora concedida, Rafael tentava cumprir a promessa de ajudar os outros. Voamos para San Juan para conduzir o seminário.

Enquanto estávamos em San Juan, Rafael nos apresentou ao cirurgião-chefe que estivera com ele toda a noite, e o médico confirmou a história. No decorrer da conversa, perguntamos a Rafael: "Qual o livro o influenciou em sua hora de necessidade?". Ele respondeu: "Eu tinha lido muitos livros inspiradores, mas acredito que os pensamentos que passaram por minha cabeça naquela noite eram principalmente de *Ciência e saúde com a chave das Escrituras*, de Mary Baker Eddy".

Conforme provado por Rafael, livros inspiradores são tremendamente eficazes em mudar vidas. E não há livro com mais inspiração e motivação do que a Bíblia. Ela mudou a vida de mais gente do que qualquer outro livro. Tem ajudado milhares a desenvolver saúde física, mental e moral. Em muitas pessoas, a leitura da Bíblia desenvolveu uma maior compreensão das verdades ali contidas e fez com se aproximassem da igreja. Isso porque a Bíblia motivou-as à ação positiva.

Um livro inspirador como o que você está lendo agora também pode motivá-lo. Pode ser o catalisador que o coloca na estrada das ações desejáveis e positivas e do sucesso.

Use um livro como catalisador

O dicionário define "*catalisador*" na química física como uma substância que provoca ou acelera uma reação química. O dicionário informa, ainda, que um "*anticatalisador*", ou catalisador negativo, retarda uma reação.

Os autores recomendam que você use bons livros inspiradores como catalisadores positivos para acelerar o progresso rumo à realização do verdadeiro sucesso na vida. E se apressam em adverti-lo para que escolha tais catalisadores com cuidado. No Capítulo 22 deste livro, intitulado "O incrível poder de uma bibliografia", você vai encontrar listados muitos livros que os autores garantem que podem atuar como catalisadores positivos em sua vida – se você estiver pronto.

No livro *Your Greatest Power*, Martin J. Kohe conta sobre um regimento britânico que usou o Salmo 91 como catalisador para ajudar não só na realização de um objetivo material, mas também na preservação da própria vida. Kohe escreveu: "F. L. Rawson, notável engenheiro e um dos grandes cientistas da Inglaterra, no livro *Life Understood,* oferece o relato sobre um regimento britânico sob comando do coronel Whitlesey, que serviu na Guerra Mundial por mais de quatro anos sem perder um homem. Esse recorde inigualável foi possível por intermédio da cooperação ativa dos oficiais e homens em memorizar e repetir regularmente as palavras do Salmo 91, chamado de Salmo da Proteção".

A proteção de sua vida também pode ser realizada pela proteção da sua saúde. E que não haja mal-entendido a respeito disso! Sua saúde é um dos seus bens mais valiosos. Muitos homens hoje estariam mais do que dispostos a trocar sua riqueza por uma boa saúde.

"Prefiro ter minha saúde a ter o dinheiro dele"

Dizem que um funcionário de 18 anos, saudável e ambicioso, de uma empresa de Cleveland, Ohio, desenvolveu como grande objetivo definido tornar-se o homem mais rico do mundo. Aos 57 anos de idade, aposentou-se por ordens médicas. Como muitos empresários norte-americanos, *estava acabado* – úlceras no estômago e nervos arrasados. Além disso, era um homem odiado.

"Prefiro ter minha saúde a ter o dinheiro dele", diziam muitos. John K. Winkler conta a história em *John D., a Portrait in Oils.*

Será que o dinheiro pode comprar saúde e afeição?

Quando John D. Rockefeller aposentou-se dos negócios, seus principais objetivos definidos eram desenvolver um corpo saudável, manter a mente saudável, ter uma vida longa e, mais tarde, conquistar a estima dos seus semelhantes. O dinheiro poderia comprar isso? Comprou! Eis aqui como Rockefeller fez, e o que isso pode significar para você. Rockefeller:

- Frequentava o culto da Igreja Batista todos os domingos e fazia anotações para aprender os princípios que poderia aplicar diariamente.
- Dormia oito horas todas as noites e tirava uma sesta todos os dias. Por meio do repouso, evitava fadiga prejudicial.
- Tomava um banho ou uma ducha todos os dias. Mantinha uma aparência arrumada e limpa.
- Mudou-se para a Flórida, para um clima favorável à boa saúde e longevidade.
- Levou uma vida equilibrada. O ar fresco e a luz do sol eram absorvidos enquanto ele se dedicava diariamente ao golfe, seu esporte ao ar livre favorito. Jogos, leitura e outras atividades saudáveis em recintos fechados eram desfrutadas com regularidade.
- Comia lentamente, com moderação, mastigando bem. A saliva em sua boca misturava-se com os alimentos triturados e os líquidos. E estes eram bem digeridos antes de ser engolidos. Eram engolidos à temperatura do corpo. Alimentos demasiado quentes ou demasiado frios para a boca não eram despejados em seu estômago para queimar ou congelar sua mucosa.
- Digeria vitaminas mentais e espirituais. Fazia preces a cada refeição. No jantar, era de costume que a secretária, um convidado ou um membro da família lesse a Bíblia, um sermão, um poema inspirador ou um artigo motivador de algum jornal, revista ou livro.
- Contratou o doutor Hamilton Fisk Biggar em tempo integral. Biggar era pago para manter John D. bem, feliz e vivo. Ele fez isso motivando o paciente a desenvolver uma atitude alegre, feliz. E Rockefeller viveu até os 97 anos.
- Não quis que o ódio de seus semelhantes fosse herdado pelos membros de sua família. Por isso, inteligentemente começou a compartilhar uma parte de seus bens com os necessitados.
- De início, tinha uma motivação basicamente egoísta. Rockefeller queria uma boa reputação. Então algo aconteceu. Agindo com generosidade, ele se tornou generoso. E, proporcionando felicidade e saúde para

muitos por meio de suas contribuições de caridade e filantrópicas, ele as encontrou para si.

- Estabeleceu fundações que beneficiarão a humanidade por gerações no futuro. Sua vida e dinheiro foram instrumentos para o bem. Este mundo é um mundo melhor e mais saudável de se viver por causa de John D. Rockefeller.

Você não precisa acumular uma fortuna antes de vir a perceber que AMP atrairá saúde perfeita. Mas existem alguns outros ingredientes que devem ser utilizados juntamente com AMP, e um deles é a educação sobre a saúde. Não seja ignorante sobre sua saúde.

O PREÇO DA IGNORÂNCIA É PECADO, DOENÇA E MORTE

O que você sabe sobre *higiene*? "*Higiene*" é definida como "um sistema de princípios ou regras concebidos para a promoção da saúde". "*Higiene social*" muitas vezes se refere especificamente ao contágio venéreo. Ignorância sobre higiene física, mental e social pode levar a pecado, doença e morte.

Se você é tímido para discutir tais assuntos, leia *Venture of Faith*, de Mary Alice e Harold Blake Walker. Hoje em dia, por causa de AMP, família, escolas, igrejas, imprensa, classe médica, governos federais e estaduais e organizações de jovens esforçam-se para dissipar a nuvem negra da ignorância sobre higiene física, mental e social por meio da educação. Ensina-se a prevenção, assim como a cura.

Mas a cura para o alcoolismo não é tão fácil de encontrar como a educação em higiene. O alcoolismo figura como o quarto maior problema de saúde dos Estados Unidos. Resulta em doença mental e moral e é um dos maiores contribuintes para essas duas doenças. O custo econômico do alcoolismo é de US$ 25 bilhões por ano. A maior parte disso se refere à perda de tempo na indústria, seguida dos custos hospitalares e danos físicos causados principalmente por acidentes com automóveis. Mas a perda em dinheiro é insignificante em comparação à perda de saúde física, mental e moral e à perda de vidas em função do alcoolismo.

Um alcoolista tem uma doença mental que jaz dormente até a primeira bebida. Se ele não dá início ao hábito, a bebida não tem poder de atração sobre ele. Se bebe, a afinidade é forte, e ele vai beber em excesso. Se beber em excesso, a atração pode tornar-se irresistível, ou assim parecer. E, quando tenta resistir, sem êxito, o alcoolista pode acreditar que não possa ser curado.

O que acontece aos beberrões?

É sabido que o álcool altera as ondas cerebrais, conforme registrado pelo instrumento científico conhecido como eletroencefalógrafo. O álcool tem uma influência muito forte sobre o metabolismo das células nervosas, resultando em ritmos lentos e eventual supressão da voltagem, acarretando mudança no nível de consciência.

O corpo humano mantém-se vivo desde que a mente subconsciente funcione. O corpo pode ser mantido vivo por um longo tempo sem o funcionamento da mente consciente. Existem graus de consciência.

Sanidade é o estado mental saudável em que as atividades do consciente e do subconsciente estão em equilíbrio. Embora trabalhem juntos, cada um tem funções específicas, cada um tem fatores de inibição. Embora às vezes seja saudável e salutar uma pessoa fazer as coisas que quer fazer, mas que são proibidas, os julgamentos e ações devem ser resultado do trabalho em equilíbrio do consciente e subconsciente.

O intelecto e outros poderes da mente consciente agem como governadores que regulam o subconsciente quando uma pessoa está em estado de atividade consciente. Quando a atividade desses governadores desacelera, a máquina começa a correr solta, e o indivíduo pode agir de forma ilógica. Suas atividades não controladas podem variar de um simples ato tolo a um estado mental comumente conhecido como insanidade.

À medida que as barreiras de inibição são reduzidas devido ao efeito do álcool sobre as células do cérebro, os controles de restrição da mente consciente tornam-se menos eficazes. Quando as emoções, paixões e outras atividades da mente subconsciente têm rédea solta, sem regulamentação adequada pelo equilíbrio condutor do intelecto, o indivíduo em estado mental semiconsciente cometerá ações tolas e indesejáveis devido à influência alcoólica.

O alcoolismo é uma doença terrível. Se assume o controle da vida de uma pessoa, pode deixá-la física, mental e moralmente doente, lançando-a numa vida infernal. Uma vez que o álcool obtenha o controle da vida de uma pessoa, não renuncia a seu domínio prontamente. Mas existe uma cura.

Sempre existe uma cura

Qual é a cura do alcoolismo? Parar de beber. Para o alcoolista, isso é mais fácil de dizer do que de fazer. O importante é que *pode ser feito*. Ele pode fazer.

Quando desenvolve uma Atitude Mental Positiva, você não desiste de tentar porque falhou anteriormente ou porque sabe de casos em que outros falharam. Você pode receber esperança de experiências bem-sucedidas e ser motivado por elas. Um bebê aprendendo a andar não é criticado por cair depois de dar os três primeiros passos. Dá-se crédito para o progresso que ele faz em resposta a seu esforço consciente.

O alcoolista pode encontrar ajuda em vários lugares. Curas completas para o alcoolismo têm sido efetuadas por influências ambientais na terapia religiosa das igrejas estabelecidas, missões de resgate como a Pacific Garden em Chicago, encontros de avivamento de evangelistas como Oral Roberts, Alcoólicos Anônimos, ajuda médica e psiquiátrica, incluindo hipnose, hospitais particulares, tais como o Instituto Keeley Dwight em Illinois, ou um livro inspirador como *I Dare You!*

Cada indivíduo deve conquistar sua vitória interna, mas em geral é necessário que fique sob a influência ambiental de alguém que o ajude por meio de sugestão até que ele assuma o controle de seu poder pessoal. Ou, se preferir, até que ele tenha uma Atitude Mental Positiva desenvolvida para além do ponto de reincidência em uma atitude mental negativa. AMP pode fazer maravilhas pelo alcoolista se ele a colocar para trabalhar para si. E AMP fará maravilhas por você também, atraindo saúde e longevidade.

Incertezas sobre a saúde podem minar sua AMP, fazendo com que você se preocupe com cada pequena dor ou mal-estar. Quanto mais tempo permanecer incerto, mais sua atitude mudará da direção positiva para a negativa. Se os sintomas percebidos realmente denotam uma condição que requer atenção, quanto mais você permanecer na incerteza e não fizer nada, maiores são as chances de essa condição se desenvolver. Não fique na dúvida sobre sua saúde. Entre em ação.

Deixe a adivinhação fora das questões de saúde

Ele era gerente de vendas de automóveis, jovem, dinâmico e bem-sucedido. Tinha todo o futuro pela frente, mas estava muito abatido. Na verdade, estava achando que ia morrer. Chegou a selecionar e comprar um lote no cemitério e fez todos os preparativos para o enterro. Deixou a casa em ordem. Mas eis aqui o que realmente aconteceu.

Às vezes ele ficava sem fôlego. O coração batia acelerado. A garganta fechava. Finalmente, foi ao médico da família, um clínico e cirurgião de muito sucesso. O médico aconselhou-o a descansar, levar a vida com calma, retirar-se do trabalho que ele amava, o emocionante jogo de venda de automóveis.

O gerente de vendas ficou em casa por um tempo e descansou o corpo, mas, por causa dos medos, sua mente não sossegava. Ele ainda sofria de falta de ar. O coração batia em disparada. A garganta sufocava. Era verão, e o médico aconselhou-o a passar férias no Colorado.

Ele viajou de trem. O Colorado, com seu clima saudável e montanhas inspiradoras, não impediu a manifestação dos medos. Frequentemente experimentava falta de ar, aceleração cardíaca e a mesma sensação de sufocamento. Uma semana depois, voltou para casa acreditando que a morte estava chegando.

"Deixe a adivinhação fora disso", um dos autores disse ao vendedor (como poderia dizer para você). "Você tem tudo a ganhar e nada a perder indo para uma clínica como a Mayo Brothers em Rochester, Minnesota. FAÇA ISSO AGORA!" O jovem pediu a um parente para ser levado a Rochester. Ele temia morrer no caminho.

Quando foi internado na clínica, o gerente de vendas ficou sabendo o que havia de errado com ele. O médico disse: "Sua dificuldade é que você respira muito oxigênio". Ele riu e falou: "Isso é bobagem". O médico respondeu: "Pule cinquenta vezes, como se estivesse pulando corda". Ele ficou sem ar, o coração disparou, a garganta sufocou.

"O que posso fazer?", perguntou o jovem. O médico respondeu: "Quando sentir essa condição chegando, você pode (1) respirar em um saco de papel ou (2) apenas segurar a respiração por um tempo". E entregou ao paciente um saco de papel. O paciente seguiu as instruções. O coração parou de bater aceleradamente, a respiração ficou normal, e a garganta não incomodou. Ele deixou a clínica como um homem feliz.

Sempre que os sintomas da doença ocorriam, apenas prendia a respiração por um curto espaço de tempo, e o corpo funcionava normalmente. Depois de alguns meses, perdeu o medo, e os sintomas desapareceram. Isso aconteceu há mais de trinta anos. Ele não precisou de cuidados médicos desde então.

Claro que nem todas as curas são tão facilmente obtidas. Há momentos em que você pode ter de usar todos os recursos antes de encontrar ajuda. No entanto, é sábio continuar a busca com persistência e Atitude Mental Positiva. Essa determinação e o otimismo costumam compensar. Isso deu certo para outro gerente de vendas. Deixe-nos contar sobre ele.

SEMPRE EXISTE UMA CURA – ENCONTRE-A

O gerente de vendas deste caso registrou-se no hotel de uma cidadezinha, caiu e quebrou uma perna ao entrar no quarto que lhe indicaram. O gerente do hotel levou o hóspede para o hospital mais próximo, onde um médico atendente engessou a perna. Alguns dias depois, foi considerado seguro ele se deslocar, e o homem voltou para casa.

Convalesceu durante várias semanas sob os cuidados do médico da família. Embora parecesse melhorar, a fratura não sarou. Depois de muitas semanas, o médico disse ao paciente que este iria piorar gradativamente e ficar aleijado. O gerente de vendas ficou muito perturbado, pois seu trabalho exigia que ficasse em pé.

Ele discutiu o assunto com um dos autores, que disse: "Não acredito nisso. Sempre existe uma cura – encontre-a. Deixe a adivinhação fora disso. FAÇA ISSO AGORA!". Ouviu a mesma história do gerente de vendas de automóveis que acabamos de contar para você e a sugestão de que fizesse os preparativos para ir à clínica Mayo Brothers.

Esse gerente também deixou a clínica como um homem feliz. Por quê? Porque disseram: "Seu organismo precisa de cálcio. Poderíamos supri-lo, mas com o tempo o cálcio seria eliminado. Beba um litro de leite por dia". Ele fez isso. Com o tempo, a perna quebrada ficou tão forte quanto a outra.

Uma Atitude Mental Positiva aplicada à saúde leva em consideração a possibilidade de acidentes. Na verdade, *segurança em primeiro lugar* é um símbolo da AMP. Dela você recebe a sugestão de ficar alerta e impor sua vontade de viver – de salvar a vida e a propriedade.

Certifique-se de não estar dirigindo para o próprio funeral

Um artigo de jornal trouxe a seguinte manchete: "Atrasados para um funeral, seis morrem em pane a 160 km/h". A chamada informava: "Seis funerais foram precipitados no domingo devido à colisão de um carro cujo motorista estava pisando no acelerador com medo de que ele e seus parentes chegassem atrasados para um funeral".

Dirija com cuidado se você quer se manter física e mentalmente saudável, além de viver por mais tempo. Como pedestre, fique alerta aos perigos e obedeça às leis de trânsito. Quando estiver de carona, lembre-se de que está à mercê das fraquezas físicas e mentais desse motorista, caso haja alguma, bem como do estado mecânico do carro. Tenha a coragem de se recusar a andar com um motorista embriagado ou em um automóvel no qual os freios não funcionem direito – mesmo que o carro seja seu. A vida que você salva pode ser a sua.

Segurança em primeiro lugar salva vidas com AMP

Embora cada um de seus 41 andares tenha custado US$ 1 milhão, o edifício Prudential, em Chicago, foi o prédio de escritórios de seu tipo mais barato já construído. Por quê? Porque não custou uma única vida! Não houve nenhum acidente grave. Sistemas de segurança foram instalados em virtude de AMP.

Em comparação, atitudes mentais negativas abrangendo ignorância e descuido causaram acidentes trágicos:

Uma morte a cada trinta metros de altura do edifício Empire State.

110 mortes na construção da represa Hoover.

Uma vida a cada 33 metros na construção da ponte entre San Francisco e Oakland.

80 mortes na construção do aqueduto do Rio Colorado.

1.219 mortes na construção do Canal do Panamá! (Houve outras 4.766 mortes adicionais durante a construção desse projeto por outras causas.)

97 mortes na construção da represa Grand Coulee e do projeto da bacia do Rio Colúmbia.

Claro que ninguém sabe realmente quando a tragédia vai sobrevir. O melhor é estar sempre preparado. Você estará preparado se tiver uma Atitude Mental Positiva. Tia Kitty, da história a seguir, estava.

Quando sobrevém a tragédia

Tia Kitty perdeu seu filho único quando ele tinha 9 anos de idade. Como muitas mães e boas donas de casa, ela não tinha formação de negócios. Mas tinha uma forte fé religiosa. Sabia que, apesar de sua grande perda, seu trabalho era seguir vivendo e contribuir com sua parte para tornar este mundo um lugar melhor para se viver. Mas como poderia manter a saúde física e mental para conseguir ir em frente? Tia Kitty concluiu que, a fim de aliviar a dor e preencher o grande vazio na vida, teria que se manter ocupada e fazer tudo ao alcance de suas habilidades para tornar outras pessoas felizes, uma vez que já não podia fazê-lo por seu filho.

Então conseguiu um emprego de garçonete em um restaurante movimentado. A jornada de trabalho era longa. O serviço exigia falar com as pessoas e agir de forma alegre. A fé na religião e um sincero interesse pelas outras pessoas, combinados com trabalho e tempo, neutralizaram a dor e salvaram a saúde física e mental de Kitty.

Aluna de ensino médio sente dores antes de exames

Sua saúde pode ser afetada por muitas influências internas. E algumas dessas influências podem ser produto da imaginação. Devido à inter-relação entre mente e corpo, a mente subconsciente pode criar transtornos físicos aparentes, induzidos por distúrbios emocionais, para ocasionar um resultado específico desejado. Uma experiência de vida real irá comprovar a afirmação.

Uma garota do ensino médio experimentava severas dores lombares na manhã de qualquer dia em que fosse fazer um exame de alemão ou de história. Ela não gostava dessas matérias. Não estava devidamente preparada. As dores eram tão severas que ela acreditava que não conseguiria levantar-se da cama. Não era fingimento. Ela sofria.

Uma característica peculiar da dor era que, por volta das 15h30, quando acabava o período escolar do dia, a dor diminuía. Na mesma noite, quando o namorado vinha visitá-la, a dor desaparecia de forma admirável.

Você provavelmente está pensando que a garota poderia fazer um tratamento psiquiátrico. Poderia. Ela e muitos outros têm sido ajudados pela religião e pela psiquiatria.

Religião e psiquiatria

Essas duas não são tão distantes como muitos podem pensar. Por quê? Porque regras para a saúde física e mental e uma vida mais longa foram entremeadas à religião muito tempo antes de palavras semelhantes a fisiologia, psicologia e psiquiatria fazerem parte de qualquer idioma. Isso é especialmente verdadeiro em relação à aplicação de técnicas que afetam a mente subconsciente. É fácil ver por que as clínicas psiquiátricas e os serviços de aconselhamento estão se tornando parte de igrejas independentemente de suas denominações religiosas.

O MINISTRO DE MILHÕES AJUDA OS DOENTES

O reverendo Norman Vincent Peale e o doutor Smiley Blanton estabeleceram a Fundação Americana de Religião e Psiquiatria. É uma clínica sem fins lucrativos e não sectária em Nova York. Qualquer pessoa com um problema emocional é elegível para ajuda, independentemente de raça, religião ou capacidade de pagamento. Existe hoje uma equipe de 35 profissionais em turno integral e parcial composta por ministros, psiquiatras, psicólogos e assistentes sociais psiquiátricos. Se você quiser obter informações sobre como estabelecer um serviço de aconselhamento em sua igreja, escreva para a fundação.

O QUE VEM PELA FRENTE?

Saúde mental e física são duas grandes recompensas de uma Atitude Mental Positiva. É verdade que AMP requer esforço, paciência e prática para ser adquirida e mantida. Mas um propósito definido, pensamento límpido e claro, visão criativa, ação corajosa, persistência e percepção verdadeira, tudo isso aplicado com entusiasmo e fé vai ajudá-lo em muito a atingir e manter uma Atitude Mental Positiva.

E o que vem pela frente à medida que você se aproximar de seus objetivos definidos? A felicidade encontra-se à frente.

Se você é feliz agora, vai desejar manter e aumentar essa maravilhosa felicidade que já tem. Se não está feliz agora, vai querer saber como pode ser feliz. Vamos ao Capítulo 18, intitulado "Você pode atrair felicidade?", para encontrar princípios de sucesso de AMP adicionais para aumentar a velocidade em nossa busca da felicidade.

PILOTO Nº 17

PENSAMENTOS PELOS QUAIS SE GUIAR

1. Você pode ter uma saúde perfeita. Uma Atitude Mental Positiva afeta sua saúde. Atrai boa saúde para você. Uma atitude mental negativa atrai má saúde.

2. Pensar bons pensamentos, pensamentos positivos e alegres, irá melhorar a maneira como você se sente. O que afeta sua mente também afeta seu corpo.

3. Atitude Mental Positiva em relação àqueles que você ama pode ser o meio de salvar a vida deles. Lembre-se do pai que salvou a vida do filho recém-nascido entrando em ação com AMP.

4. Aprenda a praticar AMP em vez de ceder à AMN, como a esposa do engenheiro. AMN permitiu que a morte a levasse.

5. Desenvolva dentro de si uma Atitude Mental Positiva tão poderosa que se infiltre de sua mente consciente para o subconsciente. Se fizer isso, vai descobrir que, em momentos de necessidade e de emergência, ela vai fulgurar automaticamente de volta na mente consciente. Mesmo na maior emergência da vida: a morte.

6. Estude a Bíblia e outros livros inspiradores. Eles vão ensinar como se motivar para uma ação positiva desejável e, com isso, ajudar a alcançar as metas que você deseja.

7. Aprenda a usar os dezessete princípios do sucesso e aplicá-los à sua vida. Você os memorizou?

8. Toda a riqueza do mundo não pode, por si só, comprar uma boa saúde. Mas você pode obter boa saúde esforçando-se por ela e observando regras simples de higiene e hábitos de boa saúde. Lembre-se: John D. Rockefeller teve que se aposentar aos 57 anos por causa de problemas de saúde, mas, por meio de Atitude Mental Positiva e de uma vida saudável, chegou à avançada idade de 97 anos.

9. AMP reconhece a importância da educação em higiene física, mental e social, bem como o fato de que a ignorância nesses assuntos pode significar pecado, doença e morte. Mantenha-se a par dos acontecimentos que afetam sua saúde física, mental e moral.

10. Nunca abandone a esperança, pois *sempre existe uma cura potencial para cada enfermidade.* Desenvolva AMP e deixe a adivinhação fora das questões de saúde, buscando ajuda no momento certo.

11. AMP repele acidentes e tragédias, mantendo a pessoa alerta a perigos o tempo todo. Entretanto, caso sobrevenha a tragédia, AMP pode orientá-lo a enfrentar revezes de forma calma e deliberada.

12. Uma mente sã e um corpo são estão ao alcance se você colocar AMP a trabalhar a seu favor. Lembre-se: você pode desfrutar de boa saúde e viver mais tempo com AMP.

SINTO-ME SAUDÁVEL! SINTO-ME FELIZ!
SINTO-ME FANTÁSTICO!

CAPÍTULO 18

VOCÊ PODE ATRAIR FELICIDADE?

Você pode atrair felicidade?

Abraham Lincoln certa vez comentou: "Observei que as pessoas são quase tão felizes quanto suas mentes decidem".

Existe uma pequena diferença entre as pessoas, mas essa pequena diferença faz uma grande diferença! A pequena diferença é a *atitude*. A grande diferença é ser *positiva* ou *negativa*.

Pessoas que querem ser felizes vão adotar uma Atitude Mental Positiva e ser influenciadas pelo lado de AMP de seu talismã. Assim, a felicidade será atraída para elas. E aquelas que viram AMN para cima fazem da infelicidade o seu negócio. Elas não atraem – elas repelem a felicidade.

QUERO SER FELIZ

Uma canção popular começa com palavras que contêm uma grande dose de verdade: "Eu quero ser feliz, mas não serei até fazer você feliz também". Uma das maneiras mais seguras de encontrar a felicidade para si mesmo é dedicar as energias para fazer outrem feliz. Felicidade é uma coisa fugaz, transitória. E, caso se proponha a procurá-la, você vai verificar que é evasiva. Porém, se tenta levar felicidade para outra pessoa, ela então vem para você.

A escritora Claire Jones, esposa de um professor do departamento de religião da Universidade de Oklahoma, contou a história de felicidade que eles experimentaram no começo da vida de casados:

> Moramos em uma cidade pequena nos dois primeiros anos de casados, e nossos vizinhos eram um casal muito idoso, a mulher quase cega e confinada a uma cadeira de rodas. O homem, que também não estava lá muito bem, mantinha a casa e cuidava da esposa.
>
> Meu marido e eu estávamos decorando nossa árvore natalina alguns dias antes do Natal, quando num impulso decidimos montar uma árvore para os idosos. Compramos uma pequenina, decoramos com enfeites e luzes, embrulhamos alguns presentinhos e levamos lá na noite da véspera de Natal.
>
> A velha senhora chorou ao enxergar vagamente as luzes brilhantes. Seu marido disse várias vezes: “Faz anos que não temos uma árvore”. Eles mencionaram a árvore quase todas as vezes em que fomos visitá-los durante o ano seguinte.
>
> No Natal seguinte, nenhum dos dois estava mais na pequena casa. Era uma coisa pequena que havíamos feito para eles. Mas ficamos *felizes* por termos feito.

A felicidade que experimentaram como resultado da bondade foi um sentimento muito profundo, cálido, cuja memória permanecerá com eles. Foi um tipo muito especial de felicidade, que vem para aqueles que fazem atos bondosos.

Mas o tipo de felicidade mais comum e constante fica mais próximo de um estado de contentamento: um estado nem feliz, nem infeliz. Você é uma pessoa feliz quando experimenta de modo predominante o estado mental positivo no qual está feliz, combinado com esse estado mental neutro em que não está infeliz.

Você pode ser feliz e contente ou infeliz. A escolha é sua. O fator determinante é se você está sob a influência de uma Atitude Mental Positiva ou negativa. E você pode controlar esse fator.

Deficiências não são barreira para a felicidade

Se já houve uma pessoa de quem se poderia esperar que se queixasse da infelicidade, essa pessoa foi Helen Keller. Nascida surda, muda e cega, privada do conhecimento da comunicação normal com as pessoas que a cercavam, tinha apenas o sentido do tato para ajudá-la no contato com os outros e experimentar a felicidade de amar e ser amada.

Mas ela fez contato, e, com a ajuda de uma professora dedicada e brilhante que se aproximou de Helen Keller pelo amor, aquela menininha surda, muda e cega tornou-se uma mulher brilhante, alegre, feliz. Helen Keller escreveu certa vez:

> Alguém que, pela bondade de seu coração, fala uma palavra útil, dá um sorriso incentivador ou suaviza uma parte acidentada no caminho do outro sabe que o prazer sentido é uma parte muito íntima de sua natureza que vive por si. A alegria de ultrapassar obstáculos que antes pareciam intransponíveis e empurrar a fronteira da realização para mais longe – qual alegria é como essa?
>
> Se aqueles que buscam a felicidade parassem um momento e pensassem, veriam que as delícias que já experimentam são tão incontáveis como a grama a seus pés ou as gotas de orvalho brilhando sobre as flores da manhã.

Helen Keller contou suas bênçãos e ficou profundamente grata. Então compartilhou a maravilha dessas bênçãos com os outros, fazendo-os sentirem-se deleitados. Como ela compartilhou o que era bom e desejável, atraiu para si mesma mais daquilo que era bom e desejável. Quanto mais você compartilhar, mais terá.

Se compartilhar a felicidade com os outros, ela crescerá mais abundante dentro de você. Contudo, se compartilhar miséria e infelicidade, atrairá miséria e infelicidade para si. Todos nós conhecemos gente que está eternamente às voltas com encrencas – não problemas ou oportunidades disfarçadas. No caso delas, trata-se de e-n-c-r-e-n-c-a. Aconteça o que acontecer a elas, simplesmente não é bom. Isso acontece porque estão sempre compartilhando seus problemas com os outros.

Existe muita gente solitária nesse mundo que anseia por amor e amizade, mas parece nunca obter. Alguns repelem o que buscam com AMN. Outros enroscam-se em seus cantinhos e nunca se aventuram. Esperam secretamente que algo bom venha para eles, mas não compartilham nada de bom de que desfrutam. Não percebem que, quando negam aos outros aquilo que têm de bom e desejável, sua própria porção do que é bom e desejável diminui.

Outros, no entanto, têm coragem de fazer algo a respeito da solidão e encontram resposta compartilhando o bom e belo com os demais. Havia um menino assim, que na verdade era um menino muito solitário e infeliz. Quando nasceu, sua coluna era arqueada em uma corcunda grotesca, e sua perna esquerda era torta. Olhando para a criança, o médico garantiu ao pai do menino: "Apesar disso, ele vai se desenvolver bem".

A família era pobre. A mãe do bebê morreu antes de ele completar um ano de idade. Quando cresceu, as outras crianças rejeitaram-no por causa do corpo disforme e da incapacidade de participar com sucesso em muitas de suas atividades. O nome dele era Charles Steinmetz. Ele era um rapazinho solitário e infeliz.

Mas o Grande Doador de Todo o Bem não tinha ignorado o rapazinho. Para compensar o corpo disforme, Charles fora dotado de uma mente extraordinariamente perspicaz. Usando seu maior patrimônio disponível, Charles ignorou as deficiências físicas, sobre as quais sentia que não podia fazer nada, e trabalhou para se sobressair com sua mente. Aos 5 anos de idade, sabia conjugar verbos em latim. Com 7 anos, aprendeu grego e noções de hebraico. Aos 8 anos, tinha uma boa compreensão de álgebra e geometria.

Quando foi para a faculdade, destacou-se em todos os estudos. Na verdade, formou-se com honras. Ele havia economizado seus tostões cuidadosamente para poder alugar um terno para a ocasião. Mas, com a crueldade desrespeitosa tão frequentemente característica das pessoas sob a influência de AMN, as autoridades escolares colocaram um bilhete no quadro de avisos dispensando Charles das cerimônias.

Finalmente ocorreu a Charles que, em vez de tentar forçar para si o respeito das pessoas, fazendo-as tomar conhecimento de sua aptidão mental, ele cultivaria sua amizade, usaria suas habilidades não para atrair a atenção e satisfazer seu ego, mas para a promoção do bem da humanidade. Para dar início ao novo estilo de vida, embarcou em um navio e foi para os Estados Unidos.

Chegando ao país, Charles Steinmetz começou a procurar emprego. Várias vezes foi rejeitado por causa de sua aparência, mas enfim conseguiu uma vaga na General Electric como desenhista, recebendo US$ 12 por semana. Além das funções regulares, passava longas horas na pesquisa elétrica e se esforçou para cultivar a amizade dos colegas de trabalho, tentando compartilhar com eles o que tinha de bom e desejável.

Depois de algum tempo, o presidente do conselho da General Electric reconheceu o raro gênio daquele homem e disse: "Cá está a nossa fábrica inteira. Faça o que quiser com ela. Sonhe o dia inteiro, se quiser. Nós lhe pagaremos para sonhar".

Charles trabalhou duro, longa e fervorosamente. Durante sua vida, patenteou mais de duzentas invenções elétricas e escreveu muitos livros e artigos sobre problemas de teoria elétrica e engenharia. Ele conhecia a satisfação de um trabalho bem feito. E também conhecia a satisfação de fazer contribuições duradouras para tornar este mundo um lugar melhor para se viver. Acumulou riqueza e adquiriu uma bela casa que compartilhou com um jovem casal que conhecia. Assim, Steinmetz experimentou a felicidade de uma vida plena e útil.

A felicidade começa em casa

A maior parte da vida de cada um de nós é passada em nossa casa, com a família. Infelizmente, o lar, que deveria ser um refúgio de amor, felicidade e segurança, com frequência transforma-se em local de antagonismo, onde os membros não gozam de relacionamento feliz e harmonioso. Podem surgir problemas por muitos motivos.

Em uma das nossas aulas do curso "AMP – A ciência do sucesso", foi perguntado a um jovem muito talentoso e agressivo de cerca de 24 anos de idade: "Você tem algum problema?". "Sim", ele respondeu. "Minha mãe. Na verdade, resolvi sair de casa neste fim de semana."

Quando o aluno foi convidado a discutir o problema, tornou-se evidente que a relação entre ele e mãe não era harmoniosa. Ficou nítido para o instrutor que a personalidade dominante e agressiva da mãe era semelhante à do aluno.

A classe foi informada de que a personalidade de um indivíduo pode ser comparada aos poderes de um ímã. Quando dois poderes iguais estão em linha e empurram ou puxam na mesma direção, são movidos um para o outro por atração. Quando os poderes são opostos um ao outro, resistem e repelem um ao outro. Quando colocados lado a lado e confrontados com as mesmas forças externas, os indivíduos, como ímãs, permanecem entidades separadas; todavia, seu poder para atrair e repelir essas forças é aumentada, mesmo que se oponham entre si. O instrutor prosseguiu:

> Parece que seu comportamento e o de sua mãe são tão semelhantes que você pode determinar como ela reage a você pela forma como você reage a ela. Provavelmente, você pode avaliar os sentimentos dela analisando os seus. Portanto, pode resolver seu problema facilmente.
>
> *Quando duas personalidades vigorosas são opostas e é desejável que vivam juntas em harmonia, pelo menos uma deve usar o poder de AMP.*
>
> Aqui está a sua missão específica para esta semana: quando sua mãe pedir que faça alguma coisa, faça alegremente. Quando ela expressar uma opinião, concorde de forma agradável e sincera ou não diga nada. Quando ficar tentado a encontrar uma falha nela, encontre algo de bom para dizer. Você terá uma experiência muito agradável. Ela provavelmente seguirá seu exemplo.

"Não vai funcionar!", respondeu o estudante. "Ela é muito difícil de se conviver!"

"Você está absolutamente certo", respondeu o instrutor. "Não vai funcionar – a menos que você tente resolver isso com uma Atitude Mental Positiva."

Uma semana depois, perguntaram ao jovem como ele vinha lidando com o problema. Sua resposta foi: "Fico feliz em dizer que não houve uma palavra desagradável entre nós durante toda a semana. Pode ser de seu interesse saber que decidi permanecer em casa".

Quando os pais não entendem os filhos

Existe uma tendência das pessoas de presumir que todo mundo sempre gosta do que elas gostam e sempre pensa o que elas pensam. As pessoas tendem a julgar as reações dos outros pelas próprias reações. No caso do jovem que tinha um problema com a mãe, essa conclusão poderia ser correta. Contudo, muitos pais com frequência têm problemas com os filhos porque não conseguem perceber que a personalidade dos filhos é diferente da deles. É um erro os pais não perceberem que o tempo muda tanto os filhos quanto eles mesmos, pois não ajustam suas atitudes mentais para compensar as mudanças dentro dos filhos e de si.

"Eu não a entendo", disse o pai

Um advogado e sua esposa tinham cinco filhos maravilhosos. Os pais estavam infelizes porque a filha mais velha, caloura no ensino médio, não reagia como eles esperavam. A filha também estava infeliz.

"Ela é uma boa garota, mas não a entendo", disse o pai. "Ela não gosta de trabalhar em casa, todavia, labuta por horas ao piano. No verão, consegui um emprego numa loja de departamentos, mas ela não quis trabalhar. Só quer tocar piano o dia inteiro."

Nossa recomendação foi de que os pais e a filha fizessem uma Análise Vetorial de Atividade com um dos autores. No Capítulo 10, intitulado "Como motivar os outros", você leu sobre Análise Vetorial de Atividade. Os resultados foram muito reveladores. Verificamos que a garota tinha ambições, energias e traços que iam tão além de qualquer um dos pais que lhes seria difícil compreender as reações dela a eles até que compreendessem que cada pessoa é diferente.

Os pais pensavam que, embora fosse bom saber tocar piano, era bom para uma garota trabalhar em casa e trabalhar em uma loja no verão. Uma paixão por ser pianista seria apenas perda de tempo. "Ela vai se casar um dia e terá que cuidar da casa. Deveria ser mais prática", argumentavam os pais.

As aptidões e tendências que motivavam a filha foram explicadas aos pais. Foram apresentados os motivos pelos quais era difícil entenderem-na. Também se explicou à filha por que seus pais pensavam de um jeito e ela de outro. Quando os três se esforçaram para entender o que ocasionava o problema e como poderiam ajustar-se com uma Atitude Mental Positiva, conseguiram conviver em maior harmonia.

Para ter um lar feliz, seja compreensivo

Para ser feliz, seja compreensivo com as outras pessoas. Perceba que o nível de energia e as capacidades do outro podem não ser os mesmos que os seus. Ele pode não pensar como você. Tente entender que o que ele gosta pode não ser o que você gosta. Quando perceber isso, você vai achar mais fácil desenvolver AMP e fazer aquilo que criará reações desejáveis nos outros.

Os polos opostos de um ímã se atraem, e o mesmo ocorre entre pessoas com traços de personalidade opostos. Onde há uma comunhão de interesses, dois indivíduos podem experimentar uma associação feliz juntos, embora cada um tenha características opostas em muitos aspectos. Um pode ser ambicioso, agressivo, confiante e otimista, bem como ter persistência inabalável, energia e ímpeto fabulosos. O outro pode ter tendência a ser satisfeito, medroso, tímido, envergonhado, discreto e humilde e pode carecer de confiança em si.

Muitas vezes pessoas de natureza oposta são atraídas uma pela outra e, quando se juntam, complementam, fortalecem e inspiram uma à outra. Elas misturam as personalidades, e, com isso, os extremos de cada uma são neutralizados. Assim, em uma é evitado o crescimento da rigidez, e na outra, da frustração.

Você ficaria feliz e inspirado se fosse casado com uma pessoa cuja personalidade fosse exatamente como a sua? Seja sincero consigo. A resposta provavelmente seria "não".

Os filhos também podem ser ensinados a ser compreensivos e apreciar tudo o que os pais fazem por eles. Muita infelicidade nos lares é causada porque os filhos não apreciam e entendem seus pais. Mas de quem é a culpa? Dos filhos, dos pais ou de ambos?

Algum tempo atrás, tivemos um encontro com o presidente de uma grande organização de sucesso. O nome dele aparecera sob uma luz favorável em todos os grandes jornais do país pelo bom trabalho feito enquanto exerceu um cargo público. Contudo, no dia em que o vimos, estava muito infeliz. "Ninguém gosta de mim! Até meus filhos me odeiam! Por que isso?", perguntou.

Na verdade, esse homem era uma pessoa de boas intenções. Deu aos filhos tudo o que o dinheiro pode comprar. Manteve-os deliberadamente imunes às necessidades que o forçaram quando criança a ganhar a força que desenvolveu como homem. Tentou protegê-los daquelas coisas da vida que para ele não eram bonitas. Eliminou a necessidade de que lutassem como ele teve que lutar. Nunca pediu ou esperou a gratidão de seus filhos e filhas quando eram crianças e nunca recebeu. Todavia, presumiu que o compreendessem e não se esforçou para verificar.

As coisas seriam diferentes se tivesse ensinado os filhos a serem apreciativos e a obterem força lutando as próprias batalhas pelo menos parcialmente. Ele experimentou a felicidade por fazê-los felizes sem ensiná-los a serem felizes fazendo os outros felizes. Por isso os filhos deixaram-no infeliz. Talvez, se tivesse conversado com os filhos enquanto cresciam e contado das lutas que havia travado em benefício deles, eles pudessem ter sido mais compreensivos.

Mas não há nenhuma necessidade de esse homem, ou qualquer um em situação semelhante, permanecer infeliz. Ele pode virar o lado de AMP do seu talismã para cima e sinceramente tentar tornar-se conhecido e compreendido por seus entes queridos. E ele pode dedicar tempo para mostrar que ama, compartilhando a *si mesmo* em vez de apenas dar as coisas materiais que sua riqueza pode proporcionar. Se compartilhar de si com tanta liberalidade quanto compartilhou de seu dinheiro, vai experimentar a rica recompensa de ter o amor e a compreensão como retorno.

Claro que esse homem tinha boas intenções. Tinha a intenção correta com seus filhos e os outros. Mas não tinha sido sensível às reações deles. Simplesmente tinha presumido que entenderiam. E não tinha tido tempo para ajudá-los a entender.

Ele poderia ajudar a si mesmo lendo livros inspiradores. Recomendamos vários, incluindo *Como fazer amigos e influenciar pessoas*. E dissemos que seus filhos eram pessoas.

Atraia e rechace por meio da comunicação verbal

Independentemente de quem você seja, você é uma pessoa maravilhosa! No entanto, certos indivíduos podem não pensar assim. Se você sente que eles reagem desfavoravelmente, com antagonismo injustificado para muitas coisas que diz e faz, você pode fazer algo a respeito. Eles são tão humanos quanto você.

Você tem o poder de atrair e repelir. E pode usar esse poder com sabedoria para atrair os amigos certos e repelir aqueles com influência indesejável ou prejudicial sobre você. Com uma atitude mental negativa, você automaticamente fica sujeito a repelir as coisas boas da vida e atrair as indesejáveis, inclusive o tipo errado de amigos.

Reações indesejáveis por parte de outros podem ser motivadas pelo que e como diz ou por sentimentos e atitudes interiores. A voz, como a música, muitas vezes é um reflexo do humor, da atitude e dos pensamentos ocultos da mente. Pode ser tão difícil perceber que a culpa recai sobre você quanto tomar a iniciativa de se corrigir quando perceber que a culpa às vezes recai *mesmo* sobre você, *mas você pode fazê-lo!*

Você pode aprender com um bom vendedor. Ele é forçado a treinar para ser sensível às reações dos clientes em potencial – e fazer algo a respeito. A atitude dos comerciantes bem-sucedidos – *o cliente sempre tem razão* – é a atitude mais difícil para alguns indivíduos adotarem; todavia, dá resultados.

Se você se esforçasse para deixar seus parentes felizes com a mesma Atitude Mental Positiva que um vendedor usa para comercializar uma mercadoria para os clientes potenciais, sua vida doméstica e social se tornaria mais feliz e bem-sucedida – isso no caso de você ter um problema de conflito de personalidade em casa.

Se seus sentimentos costumam ser feridos por causa do que as pessoas dizem ou como dizem, é bastante provável que você mesmo seja frequentemente culpado de ofender os outros pelo que ou como diz. Tente determinar os verdadeiros motivos para suas reações de sentimentos feridos e então evite causar as mesmas reações nos outros.

Se você se ofende com fofoca, pode presumir que não deveria fofocar, ou vai ofender os outros. Se considera censurável o tom de voz e a atitude de alguém em relação a você, evite ofender os outros falando ou agindo da mesma maneira. Se não fica feliz quando alguém grita com você em tom de voz zangado, presuma que é repelente para outrem se você gritar com ele – mesmo que seja seu filho de 5 anos ou um parente muito próximo. Se você se sente ofendido porque outra pessoa entende sua intenção de forma equivocada, mostre confiança – dê às outras pessoas o benefício da dúvida.

Se não considera agradáveis discussões, sarcasmo, humor com cutucadas pessoais, críticas a suas ideias, amigos e parentes, é lógico presumir que os outros tampouco achem isso agradável. E, se gosta de ser elogiado, se gosta de ser lembrado, se fica feliz em saber que alguém pensa em você, pode presumir que os outros vão ficar felizes se você os elogiar, se lembrar deles ou mandar uma mensagem para que saibam que está pensando neles.

Uma carta pode trazer felicidade

A ausência faz o coração afeiçoar-se mais se há uma troca de cartas. Muita gente acabou casando porque o amor ficou mais forte com a ausência.

Poesia, imaginação, romance, idealismo e êxtase desenvolvem carinho e compreensão por meio da troca de cartas. Todo indivíduo pode expressar pensamentos que talvez nunca fossem manifestados se a palavra escrita não fosse usada como meio. Cartas de ternura não precisam e não devem parar com o casamento. Samuel Clemens (Mark Twain) escrevia bilhetes de amor para sua esposa diariamente, mesmo quando estavam em casa. Eles viveram uma vida de verdadeira felicidade juntos.

Você é o que você pensa

Para escrever, você deve pensar. Quando escreve uma carta, cristaliza seu pensamento no papel. Sua imaginação é desenvolvida por lembrar do passado, analisar o presente e perceber o futuro. Quanto mais frequentemente se escreve, mais prazer tem-se em escrever. Ao fazer perguntas, você, como escritor, direciona a mente do destinatário para canais desejados. Você pode fazer com que seja fácil ele responder. Assim, quando responde, o outro se torna o escritor, e você tem a alegria adicional de ser o destinatário.

Aquele que recebe a carta é forçado a pensar em *você*. Se sua carta é bem pensada, tanto a razão quanto as emoções do destinatário podem ser direcionadas ao longo de caminhos desejados. Pensamentos inspiradores serão gravados indelevelmente na memória, na mente subconsciente.

Você pode atrair felicidade? Sim, é claro que pode atrair felicidade. Como? Você pode atrair felicidade com AMP. Uma Atitude Mental Positiva atrairá para você toda a saúde, riqueza e felicidade que desejar. Atitude Mental Positiva consiste em características como fé, esperança, caridade, otimismo, alegria, generosidade, tolerância, tato, bondade, honestidade, iniciativa, sinceridade, simplicidade e bom senso.

Contentamento

Como colunista publicado nacionalmente, Napoleon Hill certa vez escreveu um artigo intitulado "Contentamento". Você pode considerá-lo útil. Eis o que dizia:

> O homem mais rico de todo o mundo vive no Vale Feliz. Ele é rico em valores que perduram, em coisas que ele não pode perder – coisas que o suprem de alegria, boa saúde, paz mental e harmonia dentro da alma.
>
> Aqui está um inventário de suas riquezas e como ele as adquiriu:
>
> "Encontrei a felicidade ajudando os outros a encontrá-la.
>
> "Encontrei boa saúde vivendo com temperança e comendo apenas o alimento de que meu corpo necessita para se manter.
>
> "Não odeio nenhum homem, não invejo nenhum homem, mas amo e respeito toda a humanidade.

"Estou envolvido em um trabalho de amor com o qual misturo muita diversão; portanto, raramente fico cansado.

"Rezo diariamente, não por mais riqueza, mas por mais sabedoria para reconhecer, abraçar e desfrutar da grande abundância de riquezas que já possuo.

"Não falo nome algum a não ser para honrá-lo e não difamo homem algum por qualquer motivo que seja.

"Não peço favores de ninguém, exceto o privilégio de compartilhar minhas bênçãos com todos que a desejem.

"Estou de bem com minha consciência; portanto, ela me orienta com exatidão em tudo o que faço.

"Tenho mais riqueza material do que preciso porque estou livre da ganância e cobiço apenas aquelas coisas que posso usar de modo construtivo enquanto eu viver. Minha riqueza vem daqueles a quem beneficiei compartilhando minhas bênçãos.

"A propriedade que possuo no Vale Feliz não é tributável. Ela existe principalmente em minha mente, em riquezas intangíveis que não podem ser avaliadas para tributação ou apropriadas, exceto por aqueles que adotam meu estilo de vida. Criei essa propriedade ao longo de uma vida inteira de esforço observando as leis da natureza e formando hábitos de acordo com elas".

Não existem direitos autorais para o credo de sucesso do homem do Vale Feliz. Se você adotá-lo, pode receber sabedoria, paz e contentamento.

No livro *The Power of Faith*, o rabino Louis Binstock disse o seguinte sobre o tema da felicidade: "O homem nasceu unido – um só todo. É o tipo de mundo por ele moldado que o dilacerou. Um mundo de loucura. Um mundo de falsidade. Um mundo de medo. Com o poder da fé, que se una de novo – fé em si, em seus semelhantes, em seu destino, em seu Deus. Então, e só então, o mundo será verdadeiramente unido. Então, e só então, o homem encontrará felicidade e paz".

Lembre-se: *se o homem estiver certo, seu mundo estará certo*. Ele pode atrair felicidade assim como pode atrair infelicidade, riqueza ou pobreza. Seu mundo está certo? Ou sentimentos de culpa o estão impedindo de conquistar o sucesso que você quer? Se assim for, você vai querer ler o próximo capítulo para garantir a felicidade em sua vida.

PILOTO Nº 18

PENSAMENTOS PELOS QUAIS SE GUIAR

1. Abraham Lincoln disse certa vez: "Observei que as pessoas são quase tão felizes quanto suas mentes decidem". Você vai se decidir a ser feliz? Caso não, vai se decidir a não ser infeliz?
2. Existe uma pequena diferença entre as pessoas, mas essa pequena diferença faz uma grande diferença! A pequena diferença é a *atitude.* A grande diferença é ser *positiva* ou *negativa.*
3. Uma das maneiras mais seguras de encontrar a felicidade para si mesmo é dedicar as energias para fazer outrem feliz.
4. Se você procurar a felicidade, vai verificar que ela é evasiva. Mas, se tentar levá-la a alguém, retornará para você multiplicada muitas vezes.
5. Se você compartilhar a felicidade e tudo que é bom e desejável, vai atrair a felicidade e tudo que é bom e desejável.
6. Se você compartilhar miséria e infelicidade, atrairá a miséria e infelicidade para si mesmo.
7. A felicidade começa em casa. Os membros de sua família são pessoas. Motive-os a serem felizes como um bom vendedor motiva seus clientes potenciais a comprar.
8. Quando duas personalidades vigorosas se opõem e é desejável que vivam juntas em harmonia, pelo menos uma deve usar o poder de AMP.
9. Seja sensível às suas reações e às reações dos outros.
10. Você gostaria de viver contente no Vale Feliz?

PARA SER FELIZ, FAÇA OS OUTROS FELIZES!

CAPÍTULO 19

LIVRE-SE DESSE SENTIMENTO DE CULPA

Você tem um sentimento de culpa. Isso é bom! Mas livre-se dele.

Sentimento de culpa é bom. E toda pessoa neste mundo, independentemente de quão boa ou ruim possa ser, às vezes vai experimentá-lo. Esse sentimento é o resultado de uma voz mansa e delicada falando com você. Sua consciência é essa voz.

Agora, pense por um momento: o que aconteceria se a pessoa não sentisse culpa depois de agir errado? Quem não sente culpa por uma ação errada específica muitas vezes é incapaz de distinguir entre certo e errado – ou não foi educado para saber a diferença entre certo e errado no que diz respeito àquela ação. Ou pode não ser são.

Muitos sentimentos de culpa são herdados. E outros são adquiridos.

Sabemos que com frequência se desenvolve um conflito mental quando emoções e paixões herdadas são refreadas pela sociedade em que se vive e que pessoas em um ambiente podem ter um código de ética totalmente diferente e oposto ao código de pessoas em outro. No entanto, sempre que o indivíduo aprendeu um padrão ético específico e o viola, ele desenvolve um sentimento de culpa. Em alguns casos, no entanto, a violação de um padrão moral da sociedade é boa porque o padrão em si pode ser ruim. E reiteramos: sentimento de culpa é bom – motiva até mesmo as pessoas dos mais altos padrões morais ao pensamento e à ação dignos.

Havia um homem justo que odiava e perseguia incansavelmente o povo de uma minoria religiosa. Mas ele desenvolveu um sentimento de culpa. E o mundo sabe que corrigiu seu erro quando o sentimento de culpa o motivou à ação desejável. Ele se tornou um grande evangelista. E seus pensamentos, palavras e ações mudaram a história do mundo durante os últimos dois mil anos. Paulo de Tarso era o nome dele.

Depois houve um homem cujo sentimento de culpa pelo que acreditava serem as más ações de sua vida o deixou tão arrependido que também foi motivado à ação desejável. Ele passou seus dias na prisão escrevendo um livro. E a obra é uma referência clássica para o ensino de nobreza de caráter e da beleza da vida. O nome dele era John Bunyan.

Houve também o pecador sobre o qual contamos no Capítulo 15, que doou meio milhão de dólares para o Clube de Meninos de Chicago e um milhão para sua igreja. Ele fez isso para expiar parte de sua culpa. Deu dinheiro para evitar que meninos e meninas caíssem nas armadilhas e ciladas da vida que tinha experimentado.

Até mesmo um benfeitor da humanidade como Albert Schweitzer foi motivado pelo sentimento de culpa. Sentiu-se culpado por ficar aquém de suas responsabilidades com seus semelhantes. E, como ele podia, mas não estava fazendo algo de útil, o sentimento de culpa levou-o a dar início à sua grande missão.

Você vê agora que um sentimento de culpa com AMP é bom? Mas também existe o sentimento de culpa com AMN. E esse é ruim.

Nem todos os sentimentos de culpa trazem resultados benéficos. Quando o indivíduo tem um sentimento de culpa e não se livra dele com AMP, os resultados são muitas vezes os mais nocivos.

O grande psicólogo Sigmund Freud disse: "Quanto mais o nosso trabalho avança e mais fundo penetra o nosso conhecimento na vida mental de neuróticos, mais claramente dois novos fatores se fazem notar e exigem nossa atenção mais minuciosa como fontes de resistência. Ambos podem ser incluídos sob a descrição única de 'necessidade de estar doente' ou 'necessidade de sofrer'. (...) O primeiro desses dois fatores é a *sensação de culpa* ou *consciência de culpa*".

Freud está certo. Sentimentos de culpa têm motivado homens a destruir suas vidas, mutilar seus corpos ou ferir-se de outras maneiras para expiar o pecado. Hoje, felizmente, tais métodos raramente são praticados. E não são permitidos em países civilizados. Todavia, sua contraparte ainda pode ser encontrada, pois a mente consciente pode não se sentir culpada, mas a subconsciente, sim.

A mente subconsciente nunca esquece. E usa seu poder de modo tão eficaz quanto a mente consciente. Satisfaz a necessidade do indivíduo que não se livra do sentimento de culpa com AMP. Isso o deixa doente; o faz sofrer.

Sentimento de culpa pode ensinar a consideração pelos outros

Consideração pelos outros é uma qualidade que cada um de nós tem de aprender a desenvolver. O bebê recém-nascido pouco se importa com o conforto e a conveniência de qualquer outra pessoa. Ele quer o que quer quando quer. Então, nesse estágio do desenvolvimento, o indivíduo começa a aprender, pouco a pouco, que existem outros seres no mundo também e, em certa medida pelo menos, precisará conceder-lhes um pouco de consideração. Contudo, o egoísmo é uma característica humana comum que diminui em cada um de nós apenas por meio do desenvolvimento. Quando temos idade suficiente para entender que tais sentimentos não são bons, sentimos uma pontada de culpa quando nos entregamos ao egoísmo. Isso é bom, pois nos faz pensar duas vezes quando surge a ocasião e podemos escolher entre agradar a nós mesmos ou agradar aos outros.

O neto de 6 anos de idade de Thomas Gunn foi visitá-lo em sua casa em Cleveland, Ohio. O menino corria até a esquina todos os dias no final da tarde para encontrar o avô quando ele chegava do trabalho. Isso deixava o avô muito feliz. Quando se encontravam, ele dava um saquinho de balas para o neto.

Um dia, o garoto correu até a esquina e cumprimentou seu avô com entusiasmo e expectativa: "Onde estão minhas balas?". O senhor idoso tentou ocultar a emoção. "Você me encontra todos os finais de tarde", hesitou antes de continuar, "só pelo saco de balas?" O menino pegou o saquinho que o avô tinha tirado do bolso. Nada mais foi dito enquanto caminhavam para casa. A criança ficou magoada. Ficou infeliz. Não comeu os doces. Eles não pareciam mais desejáveis. Ela tinha ferido alguém que amava.

Naquela noite, quando o menino de 6 anos e o avô ajoelharam-se para fazer suas orações em voz alta juntos, o neto adicionou uma frase toda dele: "Por favor, Deus, faça com que o vovô saiba que eu o amo".

A infelicidade do menino e o remorso por causa do que havia feito foram bons. Por quê? Porque o forçaram a tomar medidas para livrar-se do sentimento de culpa e reparar o que havia feito.

Para se livrar da culpa, faça reparações

Sentimentos de culpa podem surgir de muitas e variadas causas. Mas o sentimento de culpa traz consigo um sentimento de dívida... dívida que deve ser reduzida e eliminada.

Isso é muito bem ilustrado pela história do jovem médico do romance *Sublime obsessão*, de Lloyd C. Douglas. Você vai lembrar que o herói da história é um rapaz que se sentia em dívida com o mundo porque sua vida fora salva às custas da vida de um grande cirurgião que havia sido uma bênção para o mundo. Foi esse sentimento de dívida que o fez se tornar um especialista em cérebro com igual capacidade à do homem cuja vida ele sentiu que havia tirado. Com o diário do homem que morreu, o jovem aprendeu uma filosofia de vida que o levou a desenvolver uma sublime obsessão. Assim, por causa do sentimento de culpa, também se tornou uma pessoa digna.

Cada história é a história de alguém. E todos os dias no seu jornal diário você lê a história de uma pessoa: alguém como Jim Vaus, cuja vida foi salva de muitas maneiras porque ele reagiu a uma decisão irrevogável para livrar-se de seu sentimento de culpa. Ele entrou em ação.

Para se livrar da culpa, entre em ação

Às vezes as pessoas são apanhadas em uma teia de injustiça e parecem incapazes de se libertar. Desistem de tentar. E então ficam cada vez mais enredadas, até ser preciso uma experiência quase abaladora para libertá-las. Foi o caso de Jim Vaus, que deveu a vida literalmente à decisão de dizer "Eu irei"; ainda assim, essa decisão veio bem tarde na vida.

Por muitos anos, Jim tinha ido de encontro aos mandamentos. Parecia estar tentando violá-los todos, um por um. A primeira vez que quebrou a injunção "Não roubarás" ainda estava na faculdade. Um dia roubou US$ 92,74, foi para o aeroporto, comprou um bilhete e voou para a Flórida. Um pouco mais tarde, roubou de novo, dessa vez em um assalto à mão armada. Foi apanhado e preso. Pouco tempo depois, recebeu anistia para que pudesse entrar para o exército; no entanto, mesmo no exército, se meteu em encrenca. A corte marcial declarou "desvio de propriedade do governo para uso privado".

E assim foi indo. A carreira de Jim Vaus seguia deslizando ladeira abaixo. Quanto mais vezes agia errado, mais culpa sentia. Culpa leva a culpa, bem como a mentiras e fraude para escondê-la. Conscientemente, Jim não se sentia mais culpado – porque o sentimento consciente de culpa estava amortecido. Mas não era assim com a mente subconsciente. Foi onde o sentimento de culpa acumulou-se sem que percebesse.

Como nos casos que você lê com frequência no jornal, foi preciso uma experiência abaladora para despertá-lo. Vaus enfim deu baixa do exército, casou-se e mudou-se para a Califórnia, onde montou um negócio de consultor em eletrônica. Um dia, um homem conhecido simplesmente como Andy o procurou e expôs uma grande ideia para vencer as corridas com um dispositivo eletrônico. Dentro de semanas, Vaus estava profundamente envolvido com o submundo. E dirigindo um carro de US$ 9 mil. Tinha uma linda casa no subúrbio e mais atividades do que podia dar conta.

Um dia, teve uma discussão com a esposa. Ela queria saber de onde vinha todo aquele dinheiro, e ele não quis dizer. Então ela começou a chorar. Jim não suportava ver a esposa chorar. Ele a amava. A consciência o incomodava.

Como queria fazer as vontades da esposa, sugeriu um passeio na praia. No caminho, ficaram presos em um engarrafamento: centenas de carros estavam se enfiando em um estacionamento.

"Olhe, Jim", disse Alice. "É Billy Graham! Vamos. Pode ser interessante."

Ainda tentando fazer a vontade dela, Vaus foi. Pouco depois de sentar, ficou emocionalmente perturbado: pareceu que Graham falava diretamente com ele. A consciência o incomodava tanto que parecia que ele tinha sido escolhido. Graham questionou: "O que um homem lucra se ganha o mundo inteiro e perde sua alma?". Em seguida, anunciou: "Tem um homem aqui que já ouviu tudo isso antes, que está endurecendo seu coração. Com orgulho, empertiga o pescoço e está decidido a sair sem tomar uma decisão. Mas esta será sua última chance".

Sua última chance? Para Jim, o pensamento foi alarmante. Talvez tenha tido uma premonição. Ou talvez estivesse pronto. O que o pregador queria dizer?

Graham convocou as pessoas a dar um passo à frente. Queria que dessem um passo físico simbolizando uma decisão. "O que está acontecendo?", Jim perguntou-se. Por que sentia vontade de chorar? De repente, viu-se falando: "Vamos, Alice". Obedientemente, Alice caminhou para o corredor e virou-se para sair da tenda. Jim, que vinha atrás dela, pegou-a pelo braço e a fez dar a volta.

"Não, querida", disse ele. "Para cá."

Anos mais tarde, depois que tinha mudado completamente de vida, Jim deu uma palestra em Los Angeles. Contou de suas experiências no submundo. Falou sobre o dia da decisão, o dia em que foi instruído a voar para St. Louis em uma missão de escuta telefônica. "Não fui para St. Louis", disse. "Em vez disso, encontrei a coragem para ficar de joelhos." Jim falou de suas bênçãos e sobre como havia agradecido a Deus por elas, pedido perdão, tentado neutralizar seus delitos, e salientou a aplicação da Regra de Ouro.

Após a palestra, uma senhora veio até ele e disse: "Senhor Vaus, acho que você vai gostar de saber de uma coisa. Eu trabalhava no gabinete do prefeito na época em que você deveria ter ido para St. Louis. Naquele dia, chegou um teletipo do FBI. Dizia, senhor Vaus, que uma gangue rival de St. Louis iria ao seu encontro. Para matá-lo a tiros".

Uma fórmula recomendada para se livrar da culpa

A sua "última chance" pode não ser tão dramática como a de Jim Vaus. Todavia, há uma maravilhosa lição na história dele. Como Jim conseguiu livrar-se dos seus sentimentos de culpa? Ele o fez seguindo um padrão bem-definido. É o padrão que todos nós podemos seguir.

> Antes de tudo, você escuta ao ouvir conselhos, uma palestra, um sermão inspirador que possa mudar sua vida.
>
> A seguir, conta suas bênçãos e agradece a Deus por elas. Lamenta com sinceridade e pede perdão. Quando percebe as bênçãos, não é difícil lamentar sinceramente pelos erros que cometeu. E arrepender-se de verdade. Então terá coragem de pedir perdão a Deus.
>
> Você deve dar o primeiro passo à frente. É importante, pois é um símbolo por meio de um gesto físico na direção de uma vida diferente. Quando Jim caminhou pelo corredor, fez um anúncio público de que lamentava pelo passado e agora estava pronto para mudar de vida.
>
> Além disso, deve fazer reparações dando o segundo passo à frente: começar imediatamente a corrigir cada má ação.
>
> E então o passo mais importante de todos: aplicar a Regra de Ouro. Isso deve ser fácil. Agora, quando ficar tentado a fazer o mal, aquela "voz mansa e delicada" vai sussurrar para você. Quando ela sussurrar, pare e escute. Conte suas bênçãos. Imagine-se no lugar da outra pessoa. Tome a decisão de fazer o que você gostaria que fosse feito se estivesse no lugar do outro.

Essa é a fórmula para se livrar de sentimentos de culpa. Se você enfrenta problemas com a tentação e se a culpa subsequente o impede de usar a energia em uma direção construtiva, aprenda o padrão para a liberdade da culpa. Relacione-o com sua vida. Aplique-o. E caminhe na direção do sucesso.

Atitude Mental Positiva o conclama a usar os poderes de seu consciente e subconsciente para:

- Procurar a verdade.
- Motivar-se a adotar medidas construtivas.
- Esforçar-se para alcançar os mais altos ideais que possa conceber, condizentes com boa saúde física e mental.
- Viver de forma inteligente na sociedade.
- Ajudar a abster-se daquilo que causará dano desnecessário.
- Começar de onde está e levar aonde você quer estar, independentemente do que você seja ou do que tenha sido.

Qualquer coisa que o impeça de nobres conquistas na vida deve ser deixada de lado. Isso coloca sobre você o ônus de saber ou descobrir o que é certo ou errado e o que é bom ou mau sob determinada circunstância e em determinado momento.

Você está familiarizado com os Dez Mandamentos, a Regra de Ouro e outros padrões do bem na sociedade em que vive. E cabe a você determinar as normas que irão guiá-lo para seus objetivos desejados.

"Uma coisa é saber a meta, e outra é trabalhar na direção dela", escreveu o bispo Fulton J. Sheen em *Life Is Worth Living*. Escolha suas metas. Trabalhe na direção delas. Dirija seus pensamentos, controle suas emoções, entre em ação e assim você ordena o destino. Você pode encontrar a resposta se continuar procurando. Como? Uma ajuda importante é "adquirir caráter".

Adquirir caráter

"Caráter é algo que se adquire, não que se aprende", foi uma citação instigante de Arthur Burger, ex-diretor-executivo dos Clubes de Meninos de Boston. Ela apareceu em um artigo da *Reader's Digest* intitulado "Quatrocentos mil meninos são membros do Clube".

Adquirir aqui tem dois significados distintos: (1) ser afetado pela exposição ao ambiente (muitas vezes uma reação subconsciente) e (2) apreender e manter (ação consciente).

Uma forma eficaz de adquirir caráter é colocar a si ou seus filhos em um ambiente que desenvolva pensamentos, motivações e hábitos desejáveis. Se o ambiente selecionado não for suficientemente eficaz depois de um tempo razoável, faça substituições e modificações.

Mas o caráter também pode ser aprendido. Se os pais dedicassem mais tempo ao ensino do caráter por preceito e por exemplo, seus filhos iriam adquirir e aprender essa qualidade admirável tão necessária para o sucesso.

O que faz um delinquente?

E. E. Bauermeister, ex-supervisor de ensino na Penitenciária Estadual da Califórnia em Chino, disse: "Nossos jovens precisam de orientação para distinguir o certo do errado e deveriam recebê-la em casa. Quando começamos a falar de delinquência juvenil, devemos renomeá-la e colocar a responsabilidade no seu devido lugar. Temos um caso de delinquência paterna na América atual. Os pais não assumem obrigações e responsabilidades que são deles. Todo mundo nasce com potencial para o bom caráter".

J. Edgar Hoover fez a seguinte declaração: "Você pode ler volumes e mais volumes sobre a causa do crime, mas o crime é causado literalmente pela falta de uma coisa: um sentimento de responsabilidade moral por parte das pessoas".

A razão para as pessoas carecerem de um sentimento de responsabilidade moral é a falta do sentimento de culpa. Elas não desenvolvem o próprio caráter porque sua consciência está embotada e não as orienta. E, de seu caráter imoral e amoral defeituoso, seus filhos não podem adquirir caráter, nem aprender sobre ele.

Quando uma virtude está em conflito com outra

Às vezes não é tão fácil decidir entre dizer *sim* ou não. A questão a ser resolvida pode envolver um conflito de virtudes. Toda pessoa em algum momento encara tal conflito e deve tomar uma decisão. Deve escolher entre o que deseja fazer e o que deveria fazer, ou entre o que ela quer e o que a sociedade espera dela.

A escolha deve necessariamente ser feita entre virtudes, tais como amor, dever e lealdade. Por exemplo, (a) o amor e o dever de um pai em conflito com o amor e o dever de um marido ou esposa, (b) a lealdade a um indivíduo em conflito com a lealdade com outro indivíduo ou (c) a lealdade a um indivíduo em conflito com a lealdade a uma organização ou sociedade.

Vamos ilustrar com a história dos vendedores que trabalhavam com George Johnson. Eles foram confrontados pelo conflito entre a lealdade a um indivíduo e a lealdade a outro indivíduo, bem como à organização que este representava.

George Johnson treinou, incentivou, inspirou e financiou um vendedor que chamaremos de John Black. George tinha plena confiança em John. Gostava dele. Deu-lhe uma oportunidade. Deixou-o atender seus melhores clientes – contas havia muito estabelecidas. No contrato de sociedade, foi acordado que, em caso de rescisão, o vendedor não molestaria o negócio da empresa de forma alguma, nem iria interferir em sua organização de vendas. Johnson deu o livro *Quem pensa enriquece – O legado* para Black. A obra motivou John à ação – à ação errada! Ele não leu o que não estava escrito. Seu único interesse era a aquisição de dinheiro. Acreditava que o fim justificaria todos os meios. Por causa de seus padrões negativos, reagiu agressivamente com uma atitude mental negativa.

"George Johnson é como um pai para mim. Sim, penso nele como um pai", dizia o vendedor, mas, ao mesmo tempo, secretamente havia planejado transferir os clientes e a equipe de vendas da empresa para uma firma concorrente – por dinheiro.

John foi bem recebido na casa de seus colegas vendedores, que não sabiam de seus pensamentos ou planos. Ao visitá-los em suas casas, Black levava em conta a honestidade e decência dos indivíduos em cumprir uma promessa e não trair um segredo. Ele perguntava: "Que tal dobrar seus ganhos? Que tal ter maior segurança?". A resposta era: "Parece bom! Do que se trata?". Black então anunciava: "Não quero que ninguém provoque confusão; portanto, vou contar somente se você me der sua palavra de honra de não contar para ninguém. Você faz uma promessa solene?".

Quando a resposta era sim, ele se esforçava para seduzir o colega para a organização concorrente. Tentava neutralizar suas dores de consciência, referindo-se a insatisfações reais ou imaginárias. Os vendedores ficaram em uma sinuca. Por um lado, tinham feito uma promessa solene a John de não contar o que ele estava fazendo. Por outro lado, sabiam que aquilo seria prejudicial para seu empregador. E deviam uma fidelidade maior a George Johnson e à organização que ele representava.

Os vendedores tiveram a coragem de tentar limpar as teias de aranha do pensamento de John e mostrar que o que ele estava cogitando não era certo. Quando este não reagiu, mas persistiu à sua própria maneira, souberam o que fazer: apresentaram os fatos a George Johnson. Optaram pela virtude da lealdade ao empregador. Como Abraham Lincoln disse uma vez: "Ficar com quem está certo, ficar com ele enquanto estiver certo e afastar-se dele quando estiver errado".

Os vendedores mostraram seu verdadeiro caráter quando tomaram a decisão. Mostraram que eram homens corajosos, honestos e leais. Souberam decidir entre o certo e o errado quando uma virtude entrou em conflito com outra.

Existem muitos conflitos assim. Na sua vida, você será confrontado pela necessidade de tomar decisões em casos nos quais as virtudes estão em conflito com outras virtudes. Qual será a sua decisão? Talvez isto ajude:

Faça aquilo que sua consciência diz que não irá desenvolver um sentimento de culpa. Isso é o certo a fazer. Para ajudá-lo a chegar à decisão certa sob tais circunstâncias, complete a Análise do Quociente de Sucesso no capítulo seguinte.

PILOTO Nº 19

PENSAMENTOS PELOS QUAIS SE GUIAR

1. Você tem um sentimento de culpa. Isso é bom! Mas livre-se desse sentimento de culpa!

2. Para se livrar do sentimento de culpa, faça reparações.

3. Uma fórmula recomendada para ajudá-lo a se livrar da culpa é:
    - Escute conselhos, uma palestra, sermão, etc. e relacione e assimile os princípios.
    - Conte suas bênçãos e agradeça a Deus por elas.

- A seguir, lamente de verdade por suas más ações. Tristeza verdadeira necessariamente incorpora uma decisão sincera de cessar o delito.
- Dê o primeiro passo à frente: reconheça sua culpa e sua intenção de fazer reparações.
- Faça reparações na medida de suas capacidades.
- Memorize, entenda e tente aplicar a Regra de Ouro em suas tratativas com os outros.

4. Qualquer coisa que o impeça de nobres realizações na vida deve ser deixada de lado.
5. Caráter pode ser adquirido e aprendido.
6. O que você faz quando duas virtudes estão em conflito uma com a outra?
7. Está sobre você o ônus de descobrir o que é certo ou errado e saber o que é bom ou mau sob determinada circunstância e em determinado momento.

VOCÊ TEM UM SENTIMENTO DE CULPA?

ISSO É BOM.

MAS LIVRE-SE DESSE SENTIMENTO DE CULPA!

PARTE V

AÇÃO, POR FAVOR!

NEGLIGÊNCIA

Lembre-se de que você, apenas você, pode eliminar suas verdadeiras limitações quando aprender e empregar a arte da motivação com AMP. Essas limitações são:

1. Atitude mental negativa e negligência em mudar para uma Atitude Mental Positiva.
2. Ignorância, por intermédio da negligência, sobre como usar os poderes da sua mente.
3. Negligência em dedicar tempo ao pensamento, estudo e planejamento para estabelecer e alcançar metas desejáveis.
4. Negligência em adotar a ação necessária quando você sabe o que fazer e como fazer.
5. Negligência em aprender como reconhecer, relacionar, assimilar e aplicar princípios universais que, quando usados, podem ajudar a alcançar qualquer objetivo que você possa ter e que não viole as leis de Deus ou os direitos de seus semelhantes.
6. Aquilo que você estabelece em sua mente ou aceita como insuperável.

Lembre-se também: negligência é um dos hábitos mais rápidos e fáceis de neutralizar e superar *se você quiser* neutralizar e superar.

CAPÍTULO 20

AGORA É HORA DE TESTAR O SEU QUOCIENTE DE SUCESSO

Você já leu tudo, menos os últimos três capítulos de *Atitude Mental Positiva*. E agora seria um bom momento para dar uma olhada na sua atitude mental. Você pode fazer isso por si. Mas antes queremos que saiba que nossa atitude é de que *o ônus do ensino cabe à pessoa que quer ensinar.*

E a quem cabe o ônus da aprendizagem? Talvez J. Milburn Smith tenha a resposta. Smith subiu de *office-boy* a presidente da empresa Continental Casualty de Chicago. Ele nos disse:

> O ônus da aprendizagem cabe à pessoa que quer aprender, não à que quer ensinar. Um "não-dá" é uma pessoa cuja crença é de que uma ideia não é boa para si a menos que ela mesma a crie.
>
> Eu digo: copie o sucesso. Tudo o que fiz, tomei emprestado de outra pessoa ou negócio. Respeite e escute aqueles que têm experiência.
>
> Os homens experientes tinham algo que eu queria. Por isso me associei a homens mais velhos e bem-sucedidos. Adotei o que eles têm: o que é bom, o conhecimento e a experiência, mas não as fraquezas. E então adicionei ao que eu tinha. Assim, me beneficiei até mesmo dos erros deles, bem como dos meus.
>
> Para aprender, deve-se pagar o preço. Eu estava disposto a pagar, pois não fui ensinado. Aprendi. Conhecimento? Você deve procurá-lo!

Copie o sucesso, diz J. Milburn Smith.

Você pode começar fazendo algumas perguntas a si mesmo: estou disposto a pagar o preço? Estou disposto a adotar o que é bom, o conhecimento e a experiência, mas não as fraquezas dos homens sobre os quais li neste livro?

Se a resposta for sim, temos uma sugestão que sabemos que irá ajudar. Mas vamos primeiro lembrá-lo de que, ao ler as páginas deste livro, você frequentemente foi convocado a responder perguntas sobre si mesmo. Embora possam ter parecido perguntas simples, existe coisa mais difícil do que se autoavaliar corretamente? "Conhece a ti mesmo" é provavelmente a exortação mais difícil já dada ao homem.

Para ajudá-lo na tarefa de autoconhecimento, os autores prepararam um questionário de análise pessoal que tem ajudado muitos homens e mulheres a fazer isso da forma mais satisfatória. Você já fez muitos testes – de inteligência, aptidão, personalidade, vocabulário e todo o resto.

Mas este é diferente. Chamamos de Análise do Quociente de Sucesso. Baseia-se nos dezessete princípios do sucesso responsáveis pelas realizações de valor de líderes mundiais proeminentes de todos os campos. O teste tem muitas finalidades:

- Direcionar pensamentos para canais desejados.
- Cristalizar o próprio pensamento.
- Indicar a posição atual na estrada para o sucesso.
- Incentivá-lo a decidir exatamente onde você quer estar.
- Medir suas chances de atingir o destino desejado.
- Indicar suas atuais ambições e outras características.
- Motivá-lo à ação desejável com AMP.

Nossa sugestão

Sugerimos que você tente responder imediatamente à Análise de Quociente de Sucesso de forma cuidadosa e sincera, com o máximo de sua capacidade. Não tente se enganar. O teste só será válido se você responder todas as perguntas com a verdade, como você a vê agora.

ANÁLISE DO QUOCIENTE DE SUCESSO

1. Objetivo definido	SIM	NÃO
a. Você já se decidiu a respeito de uma meta definida principal na vida?		
b. Você definiu um limite de tempo para chegar a essa meta?		
c. Você tem planos específicos para alcançar sua meta de vida?		
d. Você já determinou quais benefícios definidos sua meta de vida trará?		

2. Atitude Mental Positiva	SIM	NÃO
a. Você sabe o que se entende por Atitude Mental Positiva?		
b. Você controla sua atitude mental?		
c. Você sabe qual a única coisa sobre a qual qualquer pessoa tem total poder de controle?		
d. Você sabe como detectar uma atitude mental negativa em si e nos outros?		
e. Você sabe como fazer de AMP um hábito?		

3. Fazer um "esforço extra"	SIM	NÃO
a. Você tem por hábito fornecer um serviço maior e melhor do que é pago para fazer?		
b. Você sabe quando um empregado está habilitado a ganhar mais?		
c. Você conhece alguém que chegou ao sucesso em qualquer vocação sem fazer mais do que foi pago para fazer?		
d. Você acredita que alguém tenha o direito de esperar um aumento de salário a menos que esteja fazendo mais do que é pago para fazer?		
e. Se você fosse seu patrão, estaria satisfeito com o tipo de serviço que está produzindo agora como empregado?		

4. Pensamento exato	SIM	NÃO
a. Você tem como um dever aprender mais sobre a sua ocupação constantemente?		
b. Você tem por hábito expressar opiniões sobre temas com os quais não está familiarizado?		
c. Você sabe como encontrar os fatos quando precisa de conhecimento?		

5. Autodisciplina	SIM	NÃO
a. Você controla sua língua quando está zangado?		
b. Você tem por hábito falar antes de pensar?		
c. Você perde a paciência facilmente?		
d. Você é geralmente calmo?		
e. Você tem por hábito permitir que emoções se imponham sobre a razão?		

6. MasterMind	SIM	NÃO
a. Você está influenciando outras pessoas para ajudá-lo a alcançar seu objetivo de vida?		
b. Você acredita que uma pessoa pode ter sucesso na vida sem a ajuda dos outros?		
c. Você acredita que um homem pode ter sucesso facilmente em sua ocupação se enfrenta oposição da esposa ou de outros membros da família?		
d. Existem vantagens quando empregador e empregado trabalham juntos em harmonia?		
e. Você fica orgulhoso quando um grupo ao qual pertence é elogiado?		

7. Fé aplicada	SIM	NÃO
a. Você tem fé na Inteligência Infinita?		
b. Você é uma pessoa íntegra?		
c. Você tem confiança em sua capacidade de fazer o que decide fazer?		
d. Você está razoavelmente livre dos sete medos básicos? (Medo da pobreza, medo de críticas, medo de problemas de saúde, medo da perda do amor, medo da perda da liberdade, medo da velhice e medo da morte.)		

8. Personalidade agradável	SIM	NÃO
a. Seus hábitos são ofensivos aos outros?		
b. Você tem por hábito aplicar a Regra de Ouro?		
c. Você é estimado por aqueles com quem trabalha?		
d. Você aborrece os outros?		

9. Iniciativa pessoal	SIM	NÃO
a. Você planeja seu trabalho?		
b. O seu trabalho deve ser planejado para você?		
c. Você tem qualidades excepcionais que outros em sua área de trabalho não têm?		
d. Você tem por hábito procrastinar?		
e. Você tem por hábito tentar criar planos melhores para fazer seu trabalho de forma mais eficiente?		

10. Entusiasmo	SIM	NÃO
a. Você é uma pessoa entusiasmada?		
b. Você direciona seu entusiasmo para a realização de planos?		
c. O entusiasmo se impõe sobre o seu julgamento?		

11. Atenção controlada	SIM	NÃO
a. Você tem por hábito concentrar seus pensamentos no que está fazendo?		
b. Você é facilmente influenciado a mudar planos ou decisões?		
c. Você fica inclinado a abandonar suas metas e planos quando encontra oposição?		
d. Você continua trabalhando independentemente de distrações inevitáveis?		

12. Trabalho em equipe	SIM	NÃO
a. Você convive harmoniosamente com os outros?		
b. Você concede favores tão livremente quanto pede?		
c. Você tem desentendimentos frequentes?		
d. Existem grandes vantagens na cooperação amistosa entre colegas de trabalho?		
e. Você está ciente dos danos que alguém pode causar por não cooperar com os colegas de trabalho?		

13. Aprendizado com a derrota	SIM	NÃO
a. A derrota o faz parar de tentar?		
b. Se você falha em determinado esforço, continua tentando?		
c. Derrota temporária é a mesma coisa que fracasso?		
d. Você aprendeu alguma lição com a derrota?		
e. Você sabe como a derrota pode ser convertida em um ativo que levará ao sucesso?		

14. Visão criativa	SIM	NÃO
a. Você usa sua imaginação de forma construtiva?		
b. Você toma as próprias decisões?		
c. A pessoa que apenas segue instruções sempre vale mais do que quem também tem novas ideias?		
d. Você é inventivo?		
e. Você tem ideias práticas ligadas a seu trabalho?		
f. Quando desejável, você busca conselhos sólidos?		

15. Orçamento de tempo e dinheiro	SIM	NÃO
a. Você poupa uma percentagem fixa de renda?		
b. Você gasta dinheiro sem levar em conta uma futura fonte renda?		
c. Você dorme o suficiente todas as noites?		
d. Você tem por hábito empregar tempo livre para estudar livros de autoaperfeiçoamento?		

16. Manutenção da boa saúde	SIM	NÃO
a. Você conhece os cinco fatores essenciais da boa saúde?		
b. Você sabe onde começa a boa saúde?		
c. Você está ciente da relação entre relaxamento e boa saúde?		
d. Você conhece os quatro importantes fatores necessários para o equilíbrio correto da boa saúde?		
e. Você sabe o significado de “hipocondria” e “doença psicossomática”?		

17. Uso da força cósmica do hábito no que se refere aos hábitos pessoais	SIM	NÃO
a. Você tem hábitos que sente não conseguir controlar?		
b. Você recentemente eliminou hábitos indesejáveis?		
c. Você recentemente desenvolveu quaisquer novos hábitos desejáveis?		

Como avaliar as respostas

Todas as seguintes perguntas devem ter sido respondidas com NÃO: 3c – 3d – 4b – 5b – 5c –5e – 6b – 6c – 8a – 8d – 9b – 9d – 10c – 11b – 11c – 12c – 13a – 13 c – 14 c – 15b – 17a. Todas as outras questões devem ter sido respondidas com SIM. Sua pontuação seria 300 se todas as perguntas tivessem sido respondidas "Não" ou "Sim" conforme mostrado acima. Esse é o resultado perfeito, e pouquíssima gente já fez tal pontuação. Agora vamos ver qual foi a sua.

Número de respostas "Sim" ao invés de "Não":

_____ x 4 = _____

Se você respondeu "Não" a alguma das perguntas restantes que deveriam ter sido respondidas com "Sim", deduza quatro pontos de cada uma.

Número de respostas "Não" em vez de "Sim":

_____ x 4 = _____

Some os subtotais e subtraia de 300. Essa será a sua pontuação.

Exemplo

Número de respostas "Sim" em vez de "Não": 3 x 4 =	12
Número de respostas "Não" em vez de "Sim": 2 x 4 =	8
Número total de respostas erradas	20
Pontuação perfeita	300
Menos o número total de respostas erradas	20
Sua pontuação	280

ENCONTRE SUA CLASSIFICAÇÃO

300 pontos	Perfeito (muito raro)
299 a 275 pontos	Bom (acima da média)
274 a 200 pontos	Razoável (média)
199 a 100 pontos	Fraco (abaixo da média)
Abaixo de 100 pontos	Insatisfatório

AGORA VOCÊ DEU UM PASSO IMPORTANTE RUMO AO SUCESSO E À FELICIDADE

Você tentou responder as perguntas da Análise do Quociente de Sucesso de forma penetrante e honesta. Se não tentou, tentará. O importante a lembrar é que esses resultados não são finais e inalteráveis. Se fez uma pontuação alta, significa que será capaz de assimilar e praticar os princípios deste livro muito rapidamente. Se a sua pontuação não foi tão alta, não se desespere. Aplique AMP. Você *pode* alcançar grande sucesso na vida.

Quando você recorre à ajuda de um psicólogo para descobrir que negócio ou profissão pode ser adequado, frequentemente é feita uma bateria de testes. A imagem que emerge dos testes pode mostrar suas tendências particulares. No entanto, o psicólogo não considera o resultado como final. Ele sempre marca uma entrevista pessoal para descobrir o que um teste não irá responder. Ele usa os resultados dos testes e a entrevista para aconselhá-lo e avaliar seu progresso. Da mesma forma, *você* pode usar a primeira pontuação no questionário como um meio de medir o crescimento de seu Quociente de Sucesso.

Leia *Atitude Mental Positiva* mais uma vez de capa a capa. E uma outra vez. E outra vez ainda. Leia em voz alta com seu marido, esposa ou um amigo íntimo, discuta ponto por ponto. Leia até que cada princípio se torne uma parte da sua vida, motivando cada uma de suas ações.

Então, quando tiver aplicado esses princípios sinceramente por três meses, faça o teste de QS de novo. Não só muitas respostas erradas vão se tornar certas, mas respostas que você deu corretamente na primeira vez serão mais enfáticas e confiantes.

Todavia, seu Quociente de Sucesso pode ser mais que um parâmetro. Pode servir para realçar as áreas onde você precisa trabalhar mais arduamente para o autoaperfeiçoamento. Também revelará seus pontos fortes especiais.

Seu futuro está à frente. Você tem o poder de direcionar pensamentos e controlar emoções. Apenas acorde o gigante adormecido dentro de você.

Como?

Você vai encontrar a resposta no próximo capítulo.

PILOTO Nº 20

PENSAMENTOS PELOS QUAIS SE GUIAR

1. Reveja a Análise do Quociente de Sucesso com frequência, até poder afirmar com sinceridade para si mesmo: "Agora consigo dar a resposta certa para cada questão". Cada uma das questões vai direcionar sua mente para um canal específico, por meio do qual é possível determinar facilmente o que pode e deve fazer.
2. Existe valor em resolver problemas ou desenvolver hábitos desejáveis fazendo as perguntas certas a si mesmo. Anote-as por escrito e então, no tempo dedicado ao pensamento, empenhe-se em encontrar as soluções adequadas para obter os resultados desejados.

SEMEIE UMA AÇÃO E COLHERÁ UM HÁBITO.
SEMEIE UM HÁBITO E COLHERÁ UM CARÁTER.
SEMEIE UM CARÁTER E COLHERÁ UM DESTINO.

CAPÍTULO 21

ACORDE O GIGANTE ADORMECIDO DENTRO DE VOCÊ

Você é a pessoa mais importante do mundo.

Pare e pense sobre si mesmo: em toda a história do mundo, nunca houve ninguém exatamente igual a *você*, e em todo o tempo infinito por vir, nunca haverá. *Você* é o produto da *sua* hereditariedade, meio ambiente, corpo físico, mente consciente e subconsciente, experiência, posição e direção determinadas no tempo e espaço... E algo mais, incluindo poderes conhecidos e desconhecidos. *Você* tem o poder de relacionar, usar, controlar ou harmonizar todos esses poderes. E pode direcionar pensamentos, controlar emoções e ordenar o destino com AMP.

Você é uma mente com um corpo.

Sua mente consiste em poderes gigantescos duais invisíveis: o consciente e o subconsciente. Um é um gigante que nunca dorme. Chama-se mente subconsciente. O outro é um gigante que quando adormecido é impotente. Quando desperto, sua energia potencial é ilimitada. Esse gigante é conhecido como mente consciente. Quando os dois trabalham em harmonia, podem relacionar, usar, controlar ou harmonizar todos os poderes conhecidos e desconhecidos.

O QUE QUERES TU?

"O que queres tu? Estou pronto a obedecer-te como teu escravo – eu e os outros escravos da lâmpada", disse o gênio.

Desperte o gigante adormecido dentro de você. Ele é mais poderoso do que todos os gênios da lâmpada de Aladim. Gênios são fictícios. Seu gigante adormecido é real!

O que você quer? Amor? Boa saúde? Sucesso? Amigos? Dinheiro? Uma casa? Um carro? Reconhecimento? Paz mental? Coragem? Felicidade? Ou você faria de seu mundo um lugar melhor para se viver? O gigante adormecido dentro de você tem o poder de tornar seus desejos realidade.

O que você quer? Diga e é seu.

Acorde o gigante adormecido dentro de você! Como?

Pense. *Pense com Atitude Mental Positiva.*

O gigante adormecido, como o gênio, deve ser convocado com magia. Mas você tem essa magia. É seu talismã com o símbolo AMP de um lado e AMN do outro. As características de AMP são as positivas, simbolizadas por palavras como fé, esperança, honestidade e amor.

Você se lançou em uma grande jornada

Chamamos os resumos no final dos capítulos de "pilotos". Isso porque você está indo para algum lugar. Não está parado. Está no seu caminho através de águas turbulentas e muitas vezes desconhecidas. Para chegar ao final de sua jornada com êxito, precisará de muitas das habilidades do navegador.

Assim como a bússola de um navio é afetada por influências magnéticas perturbadoras, exigindo que o piloto faça certos ajustes a fim de manter o navio no curso certo, você deve ter em conta as poderosas influências que o afetam ao navegar pela vida. Uma bússola é corrigida para fornecer valores verdadeiros independentemente de variação e desvio. O mesmo se aplica à vida, em que as variações são influências ambientais e os desvios são as atitudes negativas dentro de sua mente consciente e subconsciente. Você deve corrigir esses desvios quando ocorrem em sua pilotagem.

À sua frente pode haver decepções, adversidades e perigos. São rochas e bancos de areia ocultos pelos quais você deve passar ao navegar no seu curso. Você consegue fazer isso quando sua bússola é compensada pela variação. Se está ciente dos recifes de coral e das marés, pode aproveitar cada um deles. Você pode selecionar a influência ambiental da luz de um farol ou o som de uma boia para seguir um curso que irá levá-lo em direção a seu destino sem acidentes graves.

Ao pilotar seguindo um curso, você deve contar com a exatidão da sua bússola. Compensar a bússola não é uma ciência exata. Uma salvaguarda necessária é a incessante vigilância da parte do navegador. É possível, no entanto, corrigir uma bússola de forma muito eficaz.

Assim como uma agulha magnética fica em linha direta com os polos magnéticos norte e sul, quando sua bússola for compensada, você automaticamente reagirá em conformidade com o seu objetivo, o seu ideal mais elevado. E o ideal mais elevado do homem é a vontade de Deus.

Este livro agora irá com você em sua jornada de sucesso

Atitude mental positiva trará sucesso, riqueza, saúde física, mental e espiritual e felicidade quando você reagir favoravelmente a ele. Lembre-se do que Andrew Carnegie disse: "Qualquer coisa na vida que valha a pena ter, vale a pena trabalhar para ter".

Desperte o gigante adormecido! No próximo capítulo, intitulado "O incrível poder de uma bibliografia", você vai descobrir a arte de ler um livro inspirador de uma forma que irá ajudá-lo a despertar o gigante adormecido dentro de você.

PILOTO Nº 21

PENSAMENTOS PELOS QUAIS SE GUIAR

1. O que queres tu? Amor? Boa saúde? Sucesso? Amigos? Dinheiro? Uma casa? Um carro? Reconhecimento? Paz mental? Coragem? Felicidade? Ou você faria de seu mundo um lugar melhor para se viver?

2. Diga e pode ser seu – *se* você aprender e empregar os princípios encontrados neste livro que se aplicam a você.

3. Pense. *Pense com uma Atitude Mental Positiva.* E siga com ação desejável.
4. Compense sua bússola para evitar perigos e assim chegar em segurança ao destino escolhido.
5. O ideal mais elevado do homem é a vontade de Deus.
6. Acorde o gigante adormecido dentro de você!

ACORDE O GIGANTE ADORMECIDO DENTRO DE VOCÊ!

CAPÍTULO 22

O INCRÍVEL PODER DE UMA BIBLIOGRAFIA

Este capítulo é uma bibliografia. E essa bibliografia tem um incrível poder potencial. Nela pode estar o botão oculto que, quando pressionado, será usado para liberar o poder dentro de você – os vastos recursos inexplorados e não utilizados que só você tem. Esperamos que ela dê início a uma reação em cadeia que o ajude a alcançar o verdadeiro sucesso. Se você quer motivar a si e aos outros, diga com um livro.

Diga com um livro

Em *Atitude Mental Positiva,* os autores utilizaram uma técnica que se revelou extremamente eficaz em seus livros, palestras e serviços de aconselhamento. Recomendamos livros de autoajuda que a experiência tem demonstrado causar uma reaçao positiva e desejável no leitor.

No século 20, os Estados Unidos foram particularmente afortunados no desenvolvimento de um grupo de autores com talento singular para escrever de uma forma que planta sementes de pensamentos motivadores para quem está à procura de autoaperfeiçoamento. O leitor reage com ação desejável.

Embora alguns dos livros que recomendamos estejam fora de catálogo, as verdades universais neles contidas são tão válidas hoje como no dia em que foram escritas. E tais livros podem ser obtidos em sebos ou alugados numa biblioteca.

Novamente, pedimos que você leia, estude, entenda e aplique os princípios inspiradores e de autoajuda contidos em livros, revistas e artigos de jornal.

Leia tudo o que você conseguir encontrar sobre aqueles que tiveram carreiras bem-sucedidas no mesmo campo que o seu para determinar quais princípios você pode usar para ter sucesso. Leia também as histórias de sucesso de pessoas de outras áreas de trabalho e encontre o denominador comum, o princípio envolvido. Compartilhe com os outros uma parte do que você tem que seja bom e desejável: um livro, artigo, editorial, poema inspirador e de autoajuda.

Foi isso que Nate Lieberman fez. Por muitos anos, ele foi um representante de fábrica. E tinha uma sublime obsessão. Ao longo desse tempo, compartilhou milhares de livros inspiradores com seus amigos. E foi Lieberman que fez de Emerson e de W. Clement Stone amigos próximos ao presentear este com os *Ensaios* de Emerson. Da mesma forma, apresentou-o aos autores de *Suggestion and Autosuggestion, The Law of Psychic Phenomena, Invention and Uncounscious* e muitos mais.

O compartilhamento de ideias e ideais é maravilhoso – você doa e ainda guarda para si também. Brownie Wise sabia disso. Precisava sustentar a si e ao filho doente. O magro salário não bastava para pagar os cuidados médicos do filho, de modo que ela arranjou um serviço de vendas em meio período na Tupperware Home Parties, Inc. para aumentar a renda.

Brownie precisava de dinheiro. Com isso, o filho poderia ter os melhores cuidados médicos. Poderiam se mudar para um clima que o ajudasse na recuperação da saúde. Brownie orou por ajuda. Encontrou.

Brownie leu um livro inspirador, *Quem pensa enriquece – O legado*. Leu uma vez e depois leu novamente. Na verdade, leu o livro seis vezes. Então reconheceu os princípios pelos quais estava procurando, e algo aconteceu. Ela fez acontecer! Viu como poderia aplicar os princípios à própria situação, e as ideias foram postas em ação. Não demorou para seus ganhos na Tupperware excederem US$ 18 mil por ano. Dentro de alguns anos, sua renda anual estava acima de US$ 75 mil. Ela acabou se tornando vice-presidente e gerente-geral da empresa. Brownie Wise desfrutou da distinção de ser reconhecida como uma das mulheres gerentes de venda de destaque nos Estados Unidos. Continuou sua carreira de sucesso e tornou-se presidente da empresa de cosméticos Viviane Woodard.

O sucesso excepcional dessa mulher de negócios começou com um livro e continuou com um livro. Muito de seu sucesso é devido à motivação bem-sucedida de seus representantes. Ela compartilhou o que tinha aprendido lendo *Quem pensa enriquece – O legado* e comprou exemplares do livro para seus representantes de vendas. Exortou-os a ler tantas vezes quanto ela tinha lido e a aplicar os princípios nas vidas deles.

A história de Lee S. Mytinger e William S. Casselberry, Ph.D., é outro exemplo do valor dos livros na conquista do sucesso. Esses homens ajudam a natureza a trazer boa saúde para homens, mulheres e crianças por meio da venda de Nutrilite, um suplemento alimentar contendo vitaminas e minerais. Suas vendas arrecadam muitos milhões de dólares anualmente.

Mytinger e Casselberry leram *Quem pensa enriquece – O legado*. Assimilaram o que leram e entraram em ação. Parte do sucesso deveu-se à capacidade de motivar seus distribuidores com vitaminas mentais e espirituais. Fizeram isso com o mesmo livro que os inspirou. Cada novo funcionário recebia um curso e uma palestra inspiradora ensinando os fundamentos do sucesso. Eles distribuíram milhares de livros de autoajuda porque sabiam dos efeitos surpreendentes que têm na produtividade e no sucesso dos representantes de vendas.

W. Clement Stone usava amplamente a literatura inspiradora em sua organização. Sua empresa comprava milhares de livros para distribuir aos funcionários, acionistas e representantes. O sucesso e o crescimento de suas empresas foram fenomenais – não por acaso.

Como ler um livro

Existe uma arte para ler um livro de autoajuda. Quando ler, concentre-se. Leia como se o autor fosse um amigo pessoal e estivesse escrevendo para você – e só para você. Lembre-se de Abraham Lincoln, que, quando lia, tirava um tempo para reflexão, para que pudesse relacionar e assimilar os princípios na experiência própria. Seria sábio seguir o bom exemplo dele.

Determine o que está procurando quando lê um livro de autoajuda. Se sabe o que procura, está mais apto a encontrar do que se não tiver um objetivo específico. Se você realmente quer reconhecer, relacionar, assimilar e aplicar os princípios do sucesso contidos entre as capas de um livro inspirador, deve trabalhar nisso. Um livro de autoajuda não é para ser folheado rapidamente da mesma forma que você poderia ler um romance policial. Em *Como ler livros*, Mortimer J. Adler estimula o leitor a seguir um padrão definido. Eis aqui um padrão ideal:

Passo A: Leitura pelo conteúdo geral. Essa é a primeira leitura. Deve ser uma leitura rápida, para pegar o fluxo arrebatador de pensamento contido no livro. Mas dedique tempo para sublinhar as palavras e frases importantes. Faça anotações nas margens e anote brevemente as ideias que fulguram em sua mente enquanto lê. Isso obviamente só pode ser feito em um livro seu. Mas as anotações e marcações tornam seu livro mais valioso para você.

Passo B: Leitura com uma ênfase particular. Uma segunda leitura tem a finalidade de assimilar detalhes específicos. Você deve prestar especial atenção para ver se entende e realmente capta quaisquer novas ideias que o livro apresente.

Passo C: Leitura para o futuro. Essa terceira leitura é mais uma façanha de memória que uma tarefa de leitura. Memorize literalmente os trechos que têm significado especial para você. Encontre maneiras pelas quais eles possam se relacionar a problemas que enfrenta atualmente. Teste novas ideias, experimente, descarte as inúteis e imprima as úteis de forma indelével em seus padrões de hábito.

Leitura posterior para refrescar a memória e reacender a inspiração. Existe uma história famosa sobre o vendedor diante de um gerente de vendas dizendo: "Faça aquele velho discurso sobre vendas para mim outra vez, estou ficando meio desanimado". Todos nós podemos ficar desanimados. Devemos reler o melhor de nossos livros em tais momentos para, antes de mais nada, reacender o fogo que nos faz ir em frente.

Listamos alguns livros de autoajuda inspiradores (uns poucos são instrucionais) que podem motivá-lo à ação desejável. Cada um contém tesouros escondidos que você pode descobrir por si.

Contudo, antes de percorrer a lista e com isso completar a sua primeira leitura de *Atitude Mental Positiva,* deixe-nos mais uma vez lembrá-lo: *compartilhe com outros uma parte do que você tem que é bom e desejável e acorde o gigante adormecido dentro de você.* Então este livro, *Atitude Mental Positiva,* não será o fim. Será o início de uma nova era em sua vida.

Faça o final de sua escolha.

A BÍBLIA

- Andemos honestamente como de dia, não em orgias e bebedices, não em impudicícias e dissoluções, não em contendas e ciúmes; mas revesti-vos do Senhor Jesus Cristo, e não vos preocupeis com a carne para não excitardes as suas cobiças. (Romanos 13:13–14)
- Porque ele é tal quais são os seus pensamentos. (Provérbios 23:7)
- Se podes! Tudo é possível ao que crê. (Marcos 9:23)
- Creio! Ajuda a minha incredulidade! (Marcos 9:24)
- Faça-se-vos conforme a vossa fé. (Mateus 9:29)
- A fé sem obras é morta. (Tiago 2:26)
- Tudo quanto suplicais e pedis, crede que o tendes recebido, e tê-lo-eis. (Marcos 11:24)
- Se Deus é por nós, quem será contra nós? (Romanos 8:31)
- Pedi, e dar-se-vos-á; buscai, e achareis; batei, e abrir-se-vos-á. (Mateus 7:7)
- Pois tive fome, e destes-me de comer; tive sede, e destes-me de beber; era forasteiro, e recolhestes-me; estava nu, e vestistes-me; enfermo, e visitastes-me; preso, e viestes ver-me. (Mateus 25:35–36)
- Ide por todo o mundo. (Marcos 16:15)
- Pois não faço o bem que quero; mas o mal que não quero, esse pratico. (Romanos 7:19)
- Não pratico o que quero, mas faço o que abomino. (Romanos 7:15)
- Não tenho prata nem ouro, mas o que tenho, isto te dou. (Atos 3:6)
- O amor ao dinheiro é a raiz de todos os males. (1 Timóteo 6:10)
- Não furtarás. (Êxodo 20:15)

LIVROS PARA LEITURA ADICIONAL

Adler, Mortimer J. *How to Read a Book,* Simon & Schuster.

Alger, Horatio. *Robert Coverdale's Struggle,* Hurst & Company.

Baudoin, Charles. *Suggestion and Autosuggestion*, The Macmillan Company.

Beaty, John Y. *Luther Burbank, Plant Magician*, Julian Messner, Inc.

Bettger, Frank. *How I Raised Myself from Failure to Success in Selling*, Prentice-Hall, Inc.

Bienstock, Louis. *The Power of Faith*, Prentice-Hall, Inc.

Brande, Dorothea. *Wake up and Live*, Simon & Schuster.

Brazier, Mary A.B. *The Electrical Activity of the Nervous System – A Textbook for Students*, Macmillan Company.

Bristol, Claude M. *The Magic of Believing*, Prentice-Hall, Inc.

Bristol, Claude M. & Sherman, Harold. *TNT, the Power within You*, Prentice-Hall, Inc.

Burbank & Hall. *Training of the Human Plant*, The Century Company.

Campbell, Walter S. *Writing: Advice and Devices*, Doubleday.

Carnegie, Andrew. *Autobiography of Andrew Carnegie*, Houghton Mifflin Company.

Carnegie, Dale. *How to Win Friends and Influence People*, Simon & Schuster.

Clarke, Edwin Leavitt. *The Art of Straight Thinking*, Appleton-Century-Crofts, Inc.

Clason, George S. *The Richest Man in Babylon*, Hawthorn Books, Inc.

Collier, Robert. *The Secret of the Aages*, Robert Collier.

Colson, Charles. *Born Again*, Chosen Books.

Copi, Irving. *Introduction to Logic*, The Macmillan Company.

Coué, Emile. *Self-mastery through Conscious Autosuggestion*, American Library Service.

Dakin & Dewey. *Cycles*, Henry Holt & Company.

Danforth, William H. *I Dare You*, I Dare You Committee.

Dewey, Edward R. & Mandino, Og. *Cycles: The Mysterious Forces that Trigger Events*, Hawthorn Books.

Dey, Frederic Van Rensselaer. *The Magic Story*, DeVorss & Company.

Douglas, Lloyd C. *The Magnificent Obsession*, Houghton Mifflin Company.

Dumas, Alexander. *The Question of Money*.

Durant, Will. *The Story of Philosophy*, Simon & Schuster.

Eddy, Mary Baker. *Science and Health, with Key to the Scriptures*, Charles H. Gabriel.

Einstein, Albert. *Essays in Science*, Philosophical Library.

Elliot, Paul L. & Wilcox, William S. *Physics, a Modern Approach*, The Macmillan Company.

Franklin, Benjamin. *Autobiography of Benjamin Franklin.*

Freud, Sigmund. *An Outline of Psychoanalysis*, W.W. Norton & Company.

Gordon, Arthur. *Norman Vincent Peale: Minister to Millions*, Prentice-Hall, Inc.

Hayakawa, S. I. *Language in Thought & Action*, Harcourt, Brace & Company.

Hill, Napoleon. *Como aumentar o seu próprio salário*, Citadel Editora.

O manuscrito original – As leis do triunfo e do sucesso de Napoleon Hill, Citadel Editora.

Quem pensa enriquece – O Legado, Citadel Editora.

Science of Success Course, Combined Registry Company.

Hudson, Thomson Jay. *The Divine Pedigree of Man*, Hudson-Cohan Publishing Company.

The Law of Psychic Phenomena, A.C. McClurg & Company.

Hunter, Edward. *Brainwashing*, Farrar, Straus & Cudahy.

James, William. *Principles of Psychology*, Henry Holt & Company.

Jones, Francis A. *The Life Story of Thomas A. Edison*, Grosset and Dunlap.

Jones, Jim. *If You Can Count to Four*, Whitehorn Publishing Company, Inc.

Kohe, Martin J. *Your Greatest Power*, Combined Registry Company.

Maltz, Maxwell. *Psycho-cybernetics*, Prentice-Hall, Inc.

Mandino, Og. *The Greatest Salesman in the World*, Frederick Fell Publishers, Inc.

The Greatest Secret in the World, Frederick Fell Publishers, Inc.

Marden, Orison Swett. *Pushing to the Front*, Success Company.

Mills, Clarence, M.D. *Climate Makes the Man*, Harper & Brothers.

Moutmasson, Joseph-Marie. *Invention and the Unconscious*, Harcourt, Brace & Company.

Moore, Robert E. & Schultz, Maxwell I. *Turn on the Green Lights in Your Life*, Prentice-Hall, Inc.

Newman, Ralph. *Abraham Lincoln: His Story in His Own Words*, Doubleday & Company.

Osborn, Alex F. *Applied Imagination*, Charles Scribner's Sons.

Your Creative Power, Charles Scribner's Sons.

Overstreet, Harry & Bonaro. *What We Must Know about Communism*, W. W. Norton & Company.

Packard, Vance. *The Hidden Persuaders*, David McKay Company, Inc.

Peale, Norman Vincent. *The Power of Positive Thinking*, Prentice-Hall, Inc.

Rhine, Joseph B. *New World of the Mind*, William Sloan & Associates.

The Reach of the Mind, William Sloan & Associates

Rhine, Joseph B. & J.C. Pratt. *Parapsychology*, C. C. Thomas.

Rickover, Rear. *Education and Freedom*, E. P. Admiral H. G. Dutton & Company.

Scheinfeld, Amram. *The New You & Heredity*, J. P. Lippincott.

Sheen, Msgr. Fulton J. *Life Is Worth Living*, McGraw-Hill Co.

Smiles, Samuel. *Self-help*, Belford, Clarke & Company.

Stone, W. Clement. *The Success System that Never Fails*, Prentice-Hall, Inc.

Sweetland, Ben. *I Can*, Cadillac Publishing Company.

I Will, Prentice-Hall, Inc.

Walker, Harold Blake. *Power to Manage Yourself*, Harper & Brothers.

Walker, Mary Alice & Walker, Harold Blake. *Venture of Faith*, Harper & Brothers.

Walker, John K. *John D., a Portrait in Oils*, Vanguard Press.

Witty, Dr. Paul Andrew. *The Gifted Child*, D. G. Heath & Company.

PILOTO Nº 22

PENSAMENTOS PELOS QUAIS SE GUIAR

1. Como Brownie Wise, Mytinger e Casselberry, W. Clement Stone e muitos outros gestores de organizações de vendas bem-sucedidos, você pode motivar a si mesmo e aos outros à ação desejável com livros de autoajuda inspiradores – livros que podem ser avaliados por resultados reais atingidos pelos leitores.
2. Brownie Wise achou necessário ler *Quem pensa enriquece – O legado* seis vezes antes de reconhecer os princípios que poderia aplicar.

Então algo aconteceu. Ela fez acontecer. Desenvolva seu poder mental estudando *Atitude Mental Positiva* tão frequentemente quanto seja necessário para entender como atingir qualquer meta desejável que não viole a lei de Deus ou os direitos de seus semelhantes.

3. Quando você ler um livro de autoajuda inspirador:
   a. Concentre-se.
   b. Leia como se o autor fosse um amigo íntimo e estivesse escrevendo para você – e só para você.
   c. Saiba o que está procurando.
   d. Entre em ação – experimente os princípios recomendados.
4. Avalie o livro *Atitude Mental Positiva* pelo que você realmente pensar e fizer para se tornar uma pessoa melhor e fazer de seu mundo um lugar melhor para você e os outros viverem.
5. Você é uma pessoa melhor e seu mundo será um lugar melhor para se viver porque você leu *Atitude Mental Positiva*. Não é verdade?

SUCESSO COM ATITUDE MENTAL POSITIVA:

VOCÊ CONSEGUE SE REALMENTE QUISER!

VOCÊ QUER?
